suhrkamp taschenbuch
wissenschaft 1372

Siegfried J. Schmidt
Die Zähmung des Blicks

Konstruktivismus - Empirie - Wissenschaft

Suhrkamp

Die Deutsche Bibliothek – CIP-Einheitsaufnahme
Schmidt, Siegfried J.:
Die Zähmung des Blicks :
Konstruktivismus – Empirie – Wissenschaft /
Siegfried J. Schmidt, –
1. Aufl. – Frankfurt am Main : Suhrkamp 1998
(Suhrkamp-Taschenbuch Wissenschaft, 1372)
ISBN 3-518-28972-1

suhrkamp taschenbuch wissenschaft 1372
Erste Auflage 1998

Druck: Wagner GmbH, Nördlingen
Printed in Germany
Umschlag nach Entwürfen von
Willy Fleckhaus und Rolf Staudt

1 2 3 4 5 6 – 03 02 01 00 99 98

Inhalt

Vorbemerkungen

»Alles sollte so einfach wie möglich gemacht werden, aber nicht einfacher.«

(A. Einstein)

Die Frage nach »der Wirklichkeit« oder nach »der Realität« (so die meisten Philosophen) – Europas »dämonischem Begriff« (G. Benn) – hat alle europäischen Philosophien beschäftigt und wird schon fast automatisch jedem neuen philosophischen Entwurf bzw. Diskurs gestellt, so auch dem Konstruktivismus. Und einige Konstruktivisten (allen voran G. Roth 1995) arbeiten sogar selbst mit beiden Begriffen und einer prekären Differenz zwischen beiden, die (nicht nur ihm) so manches epistemologische Kopfzerbrechen bereitet (hat).

Auf diese Frage will ich im Folgenden aus *meinem* Verständnis von Konstruktivismus heraus *eine* Antwort versuchen.

Dieser Antwortversuch macht und sucht – wie üblich und unvermeidlich, will man sich nicht als Meisterdenker aufspielen – immer wieder Halt bei Argumenten aus anderen Diskussionszusammenhängen, die in dieselbe oder in ähnliche Richtungen zu gehen scheinen wie meine eigene Argumentation. Darüber hinaus suche ich aber auch Korrespondenzen in der Literatur und der bildenden Kunst, um meinen Text sozusagen mehrstimmig anzulegen und zu demonstrieren, wie andere Diskursstile zu ähnlichen Themen angelegt werden können, wie es sich anhört und aussieht, wenn man anders redet und beobachtet als Philosophen und Wissenschaftler. (Vielleicht kann man dies als eine Abart von Hypertext ansehen, vor allem wenn man die Anhänge entsprechend nutzt – sozusagen einblendet.)

Bei diesem Versuch einer Mehrstimmigkeit (ohne Harmonieversprechen) stütze ich mich im literarisch-essayistischen Bereich vor allem auf das mehrbändige Aphorismusprojekt von Franz Josef Czernin.[1] Die Beiträge aus der bildenden

1 F. J. Czernin, die aphorismen. 8 bände. Wien: Sonderzahl 1992. – Zitiert wird im Folgenden nach Czernins Dezimalsystem. Da (vermutlich, leider) nicht

Kunst dienen wohlgemerkt nicht als Beleg meiner Argumentation, sondern illustrieren, wie man in anderen Sozialsystemen bzw. in anderen Diskursen mit der Frage nach der Wirklichkeit umgeht.

Mein Verfahren mag (und wird) kritisiert werden, man wird (und mag) Einheitlichkeit, Originalität usw. vermissen, auf Sampling o. Ä. erkennen usw.

Ludwik Fleck hat, wie viele andere vor ihm und nach ihm, betont, daß unsere Erkenntnisse viel mehr aus Erlerntem als aus Erkanntem bestehen – Ordnungen aus/auf Ordnungen.

Wenn also – von Ausnahmen wie N. Luhmann und J. Derrida abgesehen – die Zeit für einheitliche Supertheorien vorbei zu sein scheint, wird m. E. ein Verfahren plausibel, ganz unterschiedliche Argumente und Diskurselemente im Ordnungsrahmen konstruktivistischer Grundannahmen auf ihre gegenseitige Kompatibilität wie auf ihren Anregungscharakter hin zu testen. Der leitende Gesichtspunkt bei dieser Selektion und Kombination ist also nicht ›Wahrheit‹, sondern ›Problemlösungskapazität‹. Und das Problem lautet: Wie kann heute ein plausibler konstruktivistischer Empiriebegriff konzipiert werden? Diese Zielsetzung wird auch dem (ohnehin unerfüllbaren) hermeneutischen Anspruch übergeordnet, jedes Argument aus einem Kontext heraus angemessen darzustellen und zu »verstehen« – Dekontextualisierung und Sampling haben sich nicht nur in der Gegenwartsmusik als eine produktive Strategie erwiesen.

Und ohnehin geht es mir so wie Gertrude Stein, die lakonisch konstatierte: »Als ich im College war studierte ich Philosophie ja das war's man wußte nicht was man sah weil man sagte man sähe was man wüßte, und wenn man es sähe wüßte man's nicht mehr weil man dann zwei geworden wäre« (1996: 19).

Zum Titel dieses Buches möchte ich nur folgende Anmerkung machen: G. J. Lischka hat einer umfangreichen Dokumentation von künstlerischen und wissenschaftlichen Auseinandersetzungen mit dem Thema Sehen und Technolo-

alle Leserinnen und Leser Franz Josef Czernin kennen, füge ich im Anhang eine von ihm verfaßte bio-bibliographische Notiz an (Anhang 1).

gie den sprechenden Titel »Der entfesselte Blick« gegeben (Lischka 1993). Auf diese Metapher bezieht sich mein Buchtitel.

Siegen, im Frühjahr 1997 S. J. Schmidt

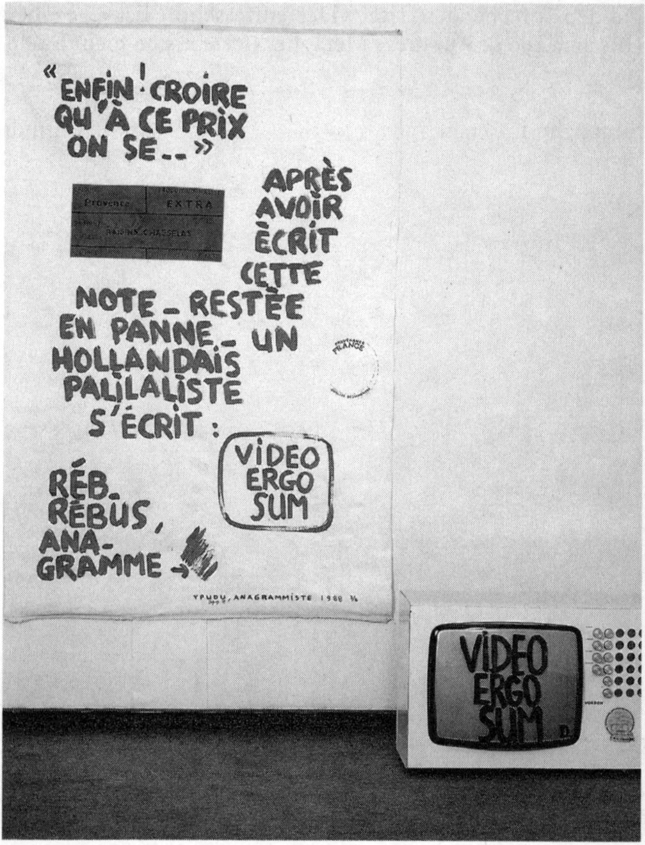
« ENFIN ! CROIRE QU'À CE PRIX ON SE.. »
Provence
EXTRA
RAISINS CHASSELAS
APRÈS AVOIR ÈCRIT CETTE NOTE _ RESTÈE EN PANNE _ UN HOLLANDAIS PALILALISTE S'ÉCRIT :
VIDEO ERGO SUM
RÉB_ RÉBUS, ANA-GRAMME →
FRANCE
YPUDU, ANAGRAMMISTE 1988
VIDEO ERGO SUM

1.
Die Frage nach der Realität – nur eine philosophische Altlast?

Die Welt ist alles, was für den Beobachter der Fall ist.
Ich nehme wahr, daß ich denke, also bin ich.
(Abb., S. 10)
»Wie das Auge, so auch das Ding.«
(William Blake)

Im philosophischen Diskurs hat sich bis heute ein Typ von Fragen bzw. von Behauptungen gehalten, den man als »systematisch irreführend« bezeichnet (»systematically misleading« nennt ihn die analytische Sprachphilosophie). Dazu zählen, an prominenter Stelle, die Behauptung »Die Realität existiert« sowie die Gegenbehauptung »Die Realität existiert nicht«. Systematisch irreführend war diese Behauptung bzw. die Frage nach der Existenz der Realität nachweislich in der Geschichte der Philosophie – hat sie doch bis heute eine nicht enden wollende Realismus-Debatte ausgelöst. Argumentativ, sozusagen intrinsisch irreführend ist die Behauptung bzw. die Frage aus zwei Gründen:

- Wer ernsthaft die Frage stellt, ob die Realität existiert, hat sie bereits beantwortet; denn wo sonst als »in der Realität« sollte ein Mensch diese Frage stellen![2]
- Wer nach »der Realität« fragt bzw. ihre Existenz behauptet oder negiert, operiert mit einem sprachlichen Ausdruck, für den es keinen Referenten gibt (»die Realität«) – es sei denn, man greift zu semantischen Kunst-Stücken, wie sie Differenztheorien erlauben, und formuliert: »Von *Realität* soll die Rede sein, um die Einheit der Differenz von *Erkenntnis und Gegenstand* zu bezeichnen« (N. Luhmann 1988: 42).

2 »Die Frage nach der Wirklichkeit an sich ist demnach eine sinnlose Tautologie, da Wirklichkeit eine Bedingung und kein Resultat der Prädikation ist« (S. Moser 1995: 14 f.).

Poeten, übrigens, setzen sich mit dem Realismusproblem ebenfalls auseinander – nur: sie lösen es nicht, sie rufen es an. Und das klingt dann etwa bei Oskar Pastior so:

Anrufung des Realismusproblems

Schwer hochgeborener Katheter! Rektor der Weichen
von Schmargen! Trumm Unbehagener von Katz und Mitz!
Deiner pferdigen Blümnis Anschimmerer! Halogener Po-

tentat zu Impfendurst! Von Seiten Heberleins und
Schludern sehr verneigter Zungenschlitz! O verbal-
diademer Zeitungsleser! Portokalen-Kolportator! Ver-

menschlicher! Von und zu Bürstenzwang rosendig und
über schorrer Lobsal Klotz erhabener Verdächtigungs-
Suderer, koketter! Glöckner der Mimen! Mime der Mi-

sogynen! Muskete Sütterlins! Afrodynobombaster Kata-
spast! Holder Exzessor von Mymyzyn! Staatlich ver-
eidigter Übersetzer! Geheimnis-Krämer in Klypto zu

den Eukorbatschen und Susen! Auf Schoß Haferschleim
Haar über Lorchel und Castrabetz! Synoidaler Anti-
path! Schmeiß-Verfestiger! Kur-Packung von Leichen-

theil! Großmächtiger Losreißer und Anerkennungsbre-
cher nach Span und Hobel zur zweiundfünfzigsten Brem-
se! Tulai Muttule! Kobalt und Kukuruz! Insummanter

Maß- und Warzen-Lieferant meines assymetrischen Bun-
kers und Leib-Pharisäer des Dienstags, herzaller-
schlenkerter Kotetz-Ausrutscher, ha, Phosphatter!

(aus: O. Pastior 1980: 62)

Angesichts philosophischer Realismusdebatten[3] kann man sich des Eindrucks eines erheblichen pragmatischen Defizits nicht erwehren. Nehmen wir als Beispiel nur den seit G.

3 Eine klare Schilderung der bisher vertretenen Varianten von Realismus liefert St. Weber. Er teilt die Varianten ein in: ontologische vs. erkenntnistheoretische, externalistische vs. internalistische sowie direkte vs. indirekte Realismen (1996).

Berkeley strapazierten Tisch im Arbeitszimmer der Philosophen, dessen Existenz in den beiden Situationen: »Augen zu – Augen auf« so vielfach diskutiert worden ist. »Wo ist der eben wahrgenommene Tisch, wenn ich die Augen schließe?« lautet die bange Frage. So kann nur ein Philosoph mit ontologischem Faible fragen – sein Tischler wie seine Putzfrau könnten ihm sofort die richtige Antwort geben; und das nicht nur auf diese sinnlose Frage, sondern auch auf die scheinbar tiefgründige Einsicht, mit der bis heute Konstruktivisten strapaziert werden: Es sei doch unbestreitbar, daß dieser Tisch da vor uns existiert! Nur Philosophen glauben zu wissen, was diese Existenzaussage über die Erfahrung hinaus besagt, die Tischler, Putzfrauen und am Arbeitstisch arbeitende Philosophen mit Tischen gemacht haben und machen.[4]

Warum beginne ich meine Überlegungen zum Thema Empirie gerade mit solchen Trivialitäten?

Zu den Konstanten der Kritik am (Radikalen) Konstruktivismus gehört die Behauptung, Konstruktivisten leugneten entweder die Realität oder sie seien heimliche Realisten[5] – auf jeden Fall sei ihr Verhältnis zur Realität gestört, und empirische Forschung liege völlig außerhalb der wissenschaftlichen Möglichkeiten von Konstruktivisten (so etwa G. Pasternack 1994). Ein weiterer und gewichtiger Vorwurf lautet, viele Konstruktivisten seien – ganz gegen ihre erkenntnistheoretischen Überzeugungen – geradezu positivistisch empiriehörig, indem sie ihre Position auf empirische Forschungsergebnisse einiger (Neuro-)Biologen stützten, ohne den Geltungsanspruch dieser Ergebnisse zu prüfen[6] und sie ebenso konsequent wie anderes Wissen als Konstruktion einzuschätzen (= Vorwurf der erschlichenen Letztbegründung).

4 »Da das Prädikat ›existiert‹ dem Beschriebenen keine weitere Eigenschaft hinzufügt, kann man es weglassen« (N. Luhmann 1990a: 513) (Abb. S. 15).

5 So argumentiert, in immer neuen Anläufen, H. J. Wendel (z. B. 1989, 1990). Vgl. dazu G. Rusch (1995).

6 P. Janich hat diesen Einwand wie folgt auf den Begriff gebracht: »Statt dessen bleibt der Radikale Konstruktivismus gegenüber den Resultaten von Physik und Biologie philosophisch naiv, indem er schlicht voraussetzt, daß diese Wissenschaften recht haben, ohne dafür Gründe angeben zu können« (1992: 37).

Was ist gegen solche (unterschiedlich gut begründeten) Einwände vorzubringen? Nun, man kann wie N. Luhmann das Problem sozusagen ex cathedra lösen:

»Was immer seine Anhänger sagen mögen: selbstverständlich ist der Konstruktivismus eine realistische Erkenntnistheorie, die empirische Argumente benutzt. [...] das Resultat ist die These der Systemabhängigkeit aller Erkenntnis mit dem Korrelat einer Beobachtung zweiter Ordnung, eine ebenfalls immer empirisch und systemisch gemeinte Beobachtung beobachtender Systeme« (1990: 15).

Aber damit ist dann zwar ein zentraler Topos konstruktivistischen Denkens eingeführt, nämlich der Beobachter, aber nicht geklärt, was denn unter ›empirisch‹ zu verstehen ist. Man kann die Anfrage an das Empirieverständnis des Konstruktivismus auch in den Kontext der gegenwärtigen Hochkonjunktur von Realismus-Debatten einordnen und dort sozusagen philosophisch entsorgen. So fragt sich P. Janich zu Recht:

»Die gegenwärtige, weit verzweigte Realismus-Debatte wirft manche Rätsel auf, deren größtes sein könnte, warum sie überhaupt geführt wird. Bis in alle Verzweigungen hinein gewinnt man den Eindruck, daß hier nur ein neuer Austragungsort für alte Fragen und Kontroversen aus Wissenschaftstheorie und Sprachphilosophie, genauer aus Bedeutungs- und Wahrheitstheorie, gefunden wurde. [...] oder muß man die Behauptung F. von Kutscheras, daß ›wir außerhalb der Philosophie alle Realisten sind‹, so verstehen, daß es sich bei der Realismusdiskussion nur um die Aufarbeitung einer innerphilosophischen und selbstproduzierten Altlast handelt?« (1995: 460)[7]

Aber vielleicht erscheint diese argumentative Schützenhilfe wenig überzeugend, da sie ebenfalls von einem (wenn auch

7 Entsorgungsmentalität für philosophische Altlasten entwickelt in besonders provokanter Weise der Philosoph R. Rorty. Er plädiert für die Abschaffung der philosophischen Erkenntnistheorie, ja eines Philosophiebegriffs, der Gewißheiten finden und bieten möchte. »Betrachtet man die Erkenntnis nicht als das Bemühen, die Natur abzubilden, sondern als abhängig von der Gesprächspraxis und von sozialem Umgang, so wird man hoffentlich keine Metapraxis mehr ins Auge fassen, die eine Kritik aller möglichen Formen sozialer Praxis leistet« (1987: 191).

KEINE KUNST

nicht radikalen, sondern methodischen) Konstruktivisten bzw. methodischen Kulturalisten (Hartmann/Janich 1996) stammt.

Schließlich, und das soll in diesem Beitrag versucht werden, kann man zum Zwecke der Binnenklärung des konstruktivistischen Diskurses danach fragen, welche Probleme, Konzepte und Ansätze aus der inzwischen schon verwirrenden Vielfalt konstruktivistischer Perspektiven sinnvoll bei einer plausiblen Konzeption von ›empirisch‹ berücksichtigt werden können. Dabei sollen vor allem auch Argumente der »methodischen Philosophie« des sogenannten Erlanger Konstruktivismus sowie seiner Weiterentwicklung im methodischen Kulturalismus berücksichtigt werden, um den Dialog zwischen »den Konstruktivisten« bewußter, als bisher von (radikal)konstruktivistischer Seite geschehen, aufzunehmen, und weil ich davon überzeugt bin, daß dieser Dialog für beide Seiten interessant werden kann. –

Aber beginnen wir zunächst mit einer zusammenfassenden Darstellung (radikal)konstruktivistischer Argumentationen zum Thema Empirie.

2.
Wirklichkeit als operative Differenz

»Wirkliche Realität ist immer unrealistisch.«
(Franz Kafka)

Fragen nach Wirklichkeit, Realität, Empirie, Objektivität und Wahrheit sind m. E. typische Fragen von Beobachtern zweiter Ordnung.[8] Sie treten auf, wenn die intuitive Realitätsgewißheit von lebensweltlich Handelnden (= Beobachtern erster Ordnung) gestört oder in Frage gestellt wird bzw. wenn Beobachter zweiter Ordnung die Gründe für die praktische Realitätsgewißheit von Beobachtern erster Ordnung auf deren Genesis und Geltung hin reflektieren.

Diese Reflexion – bzw. der ihr zugeordnete Diskurs – hat sich in der europäischen Philosophie seit den Griechen in einem (*ontologisch*) dualistischen Format vollzogen, dessen Dichotomien die grundlegenden Probleme der europäischen Erkenntnistheorie markieren. So bemerkt etwa J. Mitterer:

> »Am Anfang der Philosophie stehen nicht Probleme, sondern nicht-problematisierte Voraussetzungen. Diese Voraussetzungen sind dichotomische Unterscheidungen (in der Erkenntnistheorie und Sprachphilosophie etwa die Dichotomien Sprache–Welt, Beschreibung–Objekt, Aussage–Gegenstand, Sein–Bewußtsein, Subjekt–Objekt und andere). Der Versuch, die Beziehung zwischen den Gliedern dieser Dichotomien zu klären, führt zu den philosophischen Problemen (Objektivitätsproblem, Referenzproblem, Identitätsproblem, Außenweltproblem, vor allem aber zum Wahrheitsproblem)« (1992: 11).[9]

8 Philosophiegeschichtlich interessant erscheint mir, daß die meisten Philosophen sich primär mit dem ersten Teil der Differenz wirklich/nicht wirklich beschäftigt haben. – Vielleicht macht (auch) dies die Faszination der Spekulationen M. Heideggers über das Nichts aus.

9 Eine Systematisierung der Start-Dualismen nach dem Re-entry-Modell G. Spencer Browns hat St. Weber (1996: 18) vorgeschlagen. Danach wird Erkennen dualisiert in Beobachter/Beobachtetes; dann wird der Beobachter dualisiert in Gehirn/Geist; und schließlich wird das Beobachtete dualisiert in Wahres (= Reales)/Falsches (= Virtuelles).

Und auch S. Ceccato kommt in seiner Analyse des 2500jährigen Diskurses der europäischen Erkenntnistheorie zu dem Ergebnis, daß dieser Diskurs mit einer folgenschweren undurchschauten Startoperation begonnen hat: Griechische Philosophen wie Empedokles, Leukipp oder später Platon führten das Konzept der Aktivität des Erkennens ein und setzten dabei zwei Komponenten zueinander in Beziehung, die zuvor unhinterfragt zu voneinander unabhängigen Ausgangseinheiten erklärt worden waren: Subjekt und Objekt, Beobachter und Beobachtetes. »Man hatte dabei«, resümiert W. Zitterbarth Ceccatos Argumentation,

> »... aber vergessen, daß der Unterschied von Subjekt und Objekt, von Beobachter und Beobachtetem ein bereits von uns produzierter ist, daß diese Begriffspaare durch unsere vorgängige Unterscheidungstätigkeit bereits aufeinander bezogen sind, so daß die Beziehungsstiftung durch die neu eingeführte Aktivität des ›Erkennens‹ ganz überflüssig ist und den falschen Eindruck einer originären, ursprünglichen und nicht weiter hintergehbaren Leistung erweckt« (1991: 74 f.).

Damit verweist Ceccato auf die fundamentale Rolle von Unterscheidungen ebenso wie darauf, daß Unterscheidungen *mit Sicherheit* nur dem kognitiven System und seinen Operationen, nicht aber der Umwelt als deren intrinsische Eigenschaften zugeordnet werden können.

Diese Anfangsüberlegungen erlauben bereits die Formulierung einiger Hypothesen zum Thema Wirklichkeit und Erkenntnis, die im Folgenden genauer diskutiert werden sollen.

Beobachter erster Ordnung gehen als Akteure im täglichen Leben faktisch – und sinnvollerweise – wie metaphysische Realisten[10] zu Werke. Dabei wirkt – wie P. Kruse gezeigt hat – vor allem die *Stabilität* der Wahrnehmungsgegenstände als

10 P. Janich kommentiert die Behauptung »Wir sind alle Alltagsrealisten« dahingehend, daß wir »(1) in Handeln und Verhalten Ding- und Ereigniskonstanz berücksichtigen, daß wir (2) affirmative und negative Existenzbehauptungen zur Beurteilung von anderen Behauptungen heranziehen und daß wir (3) Erklärungs- und Deutungsweisen für die Suche und Konstruktion von Ursachen und Gründen verwenden« (1995: 473).

»... unverzichtbares Konnotat der Begriffe Wirklichkeit und Realität. Eine derartig zwingende inhaltliche Resonanz jedoch wirkt weitreichend deproblematisierend, verblaßt zum stillschweigenden Wissen. [...] Die unwillkürliche Stabilitätserwartung gegenüber dem anschaulich Angetroffenen steht in einem wechselseitigen Begründungszusammenhang mit einem weiteren tief im Alltagsempfinden verankerten ›a priori‹: der Annahme der direkten Erkennbarkeit einer bewußtseinsunabhängigen Realität« (1988: 35) (Abb., S. 19).

Wenn man vom Beobachten und von Unterscheidungen ausgeht,[11] muß man den scheinbaren Truismus ernst nehmen, daß Beobachter und Beobachtetes oder, allgemeiner gesprochen: daß System(e) und Umwelt(en) nicht unabhängig voneinander bestimmt werden können.[12] Diese gegenseitige Abhängigkeit ist die Bedingung der Möglichkeit von Bewußtsein wie von Gegenständen des Bewußtseins. Erst wenn wir in der Wahrnehmung Grenzen ziehen, können wir (nach dem wahrnehmungspsychologischen Figur-Grund-Mechanismus) etwas *als etwas*, also im Unterschied zu etwas anderem wahrnehmen und benennen. Mit der Konstitution einer Grenze konstituieren wir daher stets eine Differenz, die Objekt-*wahr*-nehmung und Benennung erst ermöglicht. Die komplizierte Diskussionslage in einer differenztheoretischen Konzeption von Bewußtsein haben O. Jahraus und B. Marius so klar dargestellt, daß ich statt eines Referates ihrer Darstellung diese selbst ausführlich zitiere.

»Bewußtsein würde sich überhaupt nicht vollziehen, wenn es nicht etwas gäbe, was zumindest für das Bewußtsein nicht Bewußtsein wäre. Als Minimalbedingung für den Bewußtseinsvollzug muß man noch nicht einmal eine Mannigfaltigkeit von differenten und d. h. Differenzen bildenden Gegebenheiten ansetzen, sondern es

11 ›Beobachten‹ wird im Folgenden nicht umgangssprachlich benutzt, sondern als *terminus technicus.* Mit G. Spencer Brown wird ›Beobachten‹ definiert als Gebrauch einer Unterscheidung zum Zwecke der Bezeichnung einer und nicht der anderen Seite. Unterscheiden und Bezeichnen werden zugleich durchgeführt. (Vgl. Abschnitt 9.)

12 Eine schöne Formulierung findet man bei W. J. Ong: »Natürlich sind jede Sprache und jedes Denken in gewisser Weise analytisch: Sie brechen das dichte Kontinuum der Erfahrung, William James' ›summendes, brummendes Durcheinander‹, in mehr oder weniger vereinzelte, bedeutungstragende Segmente auseinander« (1987: 105).

reicht eine System-Umwelt-Differenz. Das Bewußtsein muß auf eine solche Differenz stoßen, um sich zu vollziehen. Diese Differenz wird zum Katalysator des Bewußtseinsvollzugs. Gleichzeitig gilt aber auch: Wenn man eine solche Differenz annimmt, kann man sie nicht unabhängig vom Bewußtsein annehmen, vielmehr ist das Bewußtsein selbst Bestandteil einer Differenz zwischen System und Umwelt. Die Differenz zwischen System und Umwelt, auf die das Bewußtsein in seinem Vollzug zuerst stößt, ist die Differenz, die das Bewußtsein selbst zu einem System in einer Umwelt macht. Daß sich Systeme und ihre Umwelten differenzieren lassen, ist als Epiphänomen davon zu werten, daß der Bewußtseinsvollzug selbst eine Differenz zwischen System und Umwelt so voraussetzt, daß sich das Bewußtsein als System konstituieren kann. Das bedeutet aber, daß die Systemkonstitution des Bewußtseins auf eine Umwelt bezogen ist, die notwendigerweise nicht Bewußtsein ist, aber gleichzeitig als Umwelt notwendigerweise in die Systemkonstitution – ex negativo – miteinfließt. Als mitkonstitutive Umwelt kann demnach nur in Frage kommen, was Bewußtseinsvollzug ermöglicht, was also konstitutiv dazu beiträgt, daß sich Bewußtsein in der Konkretisation von Bewußtseinsgegenständen vollzieht, was schließlich die Differenz von Bewußtsein und Bewußtseinsgegenständen mit produziert: Kommunikation. Die Differenz von System und Umwelt ist ein operativer Ausfluß der Differenz von Bewußtsein und Kommunikation. Man könnte auch formulieren: Das Bewußtsein, so wie es sich vollzieht, ist die Voraussetzung dafür, daß man überhaupt erst von System, von Umwelt, von Differenz und von der Differenz zwischen System und

Umwelt sprechen kann. Denn es gilt: Mit der Differenz von System und Umwelt konstituiert sich das Bewußtsein selbst als System in Differenz zur Kommunikation als Umwelt des Bewußtseins« (1995: 51 f.).

Diese Version von Dualismus entgeht meines Erachtens dem Vorwurf monistischer Theoretiker wie J. Mitterer oder St. Weber, hier handle es sich doch wieder um eine metaphysische und ontologische Theorie; denn das hier versuchte Dualismus-Konzept ist eindeutig prozessual und temporär angelegt. Es besagt, daß unsere Kognition nicht ohne Differenz*setzungen operieren* kann;[13] es besagt nicht, daß die Realität aus solchen Differenzen *besteht*. Daß solche Differenzen bzw. Dualismen dann – im Sinne von H. Vaihingers Als-ob-Strategien – von Beobachtern erster Ordnung und auch von den meisten Beobachtern zweiter Ordnung wie ontische Gegebenheiten weiterprozessiert werden, steht auf einem anderen Blatt (vgl. das Thema Alltagsrealismus). Hier geht es allein um die Einsicht, daß Differenz als theoretische Prämisse notwendig Dualismus zur Folge hat.

Hinweise auf die basale Rolle von Dichotomien bei der Wahrnehmung und dem Aufbau von Wirklichkeitsmodellen finden sich nicht nur bei Gestaltpsychologen, sondern auch bei Anthropologen und Soziologen. P. Bourdieu (1987) z. B. schildert, daß und wie die »Welt« der Kabylen auf Gegensätzen aufgebaut ist. So wird etwa die Tätigkeit der beiden Geschlechter nach drei Hauptgegensätzen strukturiert: Bewegung nach drinnen/draußen bzw. unten/oben; Gegensatz zwischen Feuchtem und Trockenem und Gegensatz zwischen stetigen und unstetigen Handlungen. Diese Hauptgegensätze sind eingebaut in ein ganzes Netz weiterer Gegensätze (Himmel/Erde, Feuer/Wasser, binden/trennen, Übertretung/Sühne usw.), wobei sowohl die Trennung als auch die Vereinigung der Gegensätze wichtig ist.

Aus Studien früher Sprachen wie z. B. des Koptischen und Lateinischen weiß man, daß Adjektive jeweils beide Seiten einer Differenz bedeuten konnten (z. B. lat. altus: hoch/tief).

13 Eine Anmerkung zur Terminologie: Vom *Operieren* eines Systems spreche ich immer dann, wenn die unbewußt ablaufende Arbeitsweise eines Systems gemeint ist und nicht eine gezielt herbeigeführte Handlung.

G. Lloyd (1966) hat für viele sog. primitive Gesellschaften den dichotomischen Aufbau ihrer Wirklichkeitsmodelle einschließlich einer dualistischen Organisation der Gesellschaft nachgewiesen. Zudem verweist er auf die entscheidende Rolle, die Gegensatzpaare in frühgeschichtlichen spekulativen Philosophien gespielt haben.

Und auch N. Luhmann baut seine Theorie sozialer Systeme (1985) bekanntermaßen über dichotomen Codes auf und verlängert damit die Differenzlogik von der Wahrnehmung bis in die Genese und das Funktionieren sozialer Systeme.[14]

Auch ohne inhaltliche Aussagen holistischer Philosophien zu übernehmen, kann also auf unterscheidungstheoretischer Grundlage meines Erachtens folgendes Argument formuliert werden: Subjekt und Objekt, Wirklichkeit und Erkenntnis lassen sich von uns nicht als Identitäten, sondern nur als Einheiten von Differenzen bestimmen. Wenn Unterscheidungen den konditionierten Operationen des Systems zugeschrieben werden,[15] Systeme aber nicht ohne Umwelt bestimmt werden können, dann müssen die Unterscheidungen, die Systeme in Umwelten treffen und die sich durch Wiederholung und Interaktion stabilisieren lassen, als Fremdreferenz interpretiert werden. Umwelt erfahren *wir* also als Instanz, die unsere Handlungen viabel bzw. nicht-viabel (im Sinne Ernst von Glasersfelds) macht, die *uns* – in der Formulierung von W. Kamlah – »Widerfahrniswissen«[16] zu gewinnen erlaubt. Mit der Redeweise von ›Widerfahrnis‹ wird nicht etwa – unter der Hand – ein altes realistisches Kriterium für Realität eingeführt. Vielmehr ist Widerfahrnis ein bewährtes Wirklichkeitskriterium *für Beobachter,* das ihre

14 Eine höchst interessante Ausarbeitung unterscheidungstheoretischer Ansätze hat kürzlich Rodrigo Jokisch vorgelegt: Logik der Distinktionen. Zur Protologik einer Theorie der Gesellschaft. Opladen: Westdeutscher Verlag 1996. Nach Jokisch ist etwas *als* etwas möglich qua Einheit der Distinktion von symmetrischer Differenz und asymmetrischer Unterscheidung; und das Soziale ist *als* Soziales möglich qua Einheit der Distinktion von Handlung und Kommunikation.

15 H. von Foerster hat immer wieder demonstriert, daß Objekte Zeichen für stabiles Eigenverhalten von Organismen sind (= Eigenwerte) (vgl. z. B. 1993: 279).

16 Von »Widerstandserfahrung« im Zusammenhang mit Realitätskonstruktion spricht übrigens auch N. Luhmann (1995: 71).

Attribuierungen von Fremdreferenz bestätigt (sozusagen als »Seins-*Gewißheit*«).

Bei diesen Überlegungen müssen einige Voraussetzungen im Auge behalten werden.

Wenn über Stabilität als Konnotat von Objekten bzw. allgemein von Erfahrungswirklichkeit gesprochen wird, dann darf dabei der *Zeitfaktor* nicht übersehen werden. Die Konstruktion von Objektkonstanz (als Resultat neuronaler Eigenwertbildung *sensu* von Foerster) ist jeweils an zeitlich bestimmte und prinzipiell auch zeitlich begrenzte Operationen kognitiver Systeme gebunden; mit anderen Worten, *Stabilität* muß genauer in Form *zeitrelativer* Stabilitäten gedacht, also an das konkrete *Operieren der Systeme* gebunden werden. Dabei ist dann genau zu unterscheiden zwischen System-Umwelt-Konstellationen auf den verschiedenen Beobachterebenen.

Der Aktant in seiner alltäglichen Lebenswelt, theoretisch gefaßt als *Beobachter erster Ordnung*, der bei seinen Beobachtungen notwendigerweise mit der Unterscheidung von Selbst- und Fremdreferenz operiert, muß – wie N. Luhmann (1995) betont – die Funktionsstelle Fremdreferenz irgendwie besetzen, kann also auf Wirklichkeitsannahmen gar nicht verzichten. Auf dieser Ebene kann zwischen der Wirklichkeit, »wie sie ist« und »wie sie beobachtet wird«, nicht unterschieden werden. Das ist erst auf der Ebene einer gezielten und reflektierten Beobachtung von Beobachtern möglich, also theoretisch gefaßt: auf der Ebene der *Beobachtung zweiter Ordnung*; aber auch hier kann die Funktionsstelle »Fremdreferenz« nicht leer bleiben und so weiter. Mit anderen Worten: Jedes beobachtende System konstruiert unweigerlich durch sein Operieren bzw. im Vollzug seines Operierens Wirklichkeit, die nach zeitlich und kontextuell unterschiedlichen Kriterien empfunden, geprüft und evaluiert wird. Das gilt auch für Beobachtungen zweiter Ordnung, die *als Operationen* nicht anders ablaufen können als Beobachtungen erster Ordnung, auch wenn sie sich hinsichtlich ihres Skopus und ihres Bewußtseinsgrads voneinander unterscheiden.

Die Betonung der zeitlich gebundenen Operationalität beobachtender Systeme eröffnet auch einen Ausweg aus dem Dilemma vieler Konstruktivisten, die sich genötigt sehen, zwischen ›Wirklichkeit‹ und ›Realität‹ zu unterscheiden. So schrieb noch jüngst G. Roth:

»Wenn ich [...] davon ausgehe, daß die Wirklichkeit durch das reale Gehirn erzeugt wurde, so folgt daraus logisch, daß es eine Entität geben muß, welche nicht Teil der Wirklichkeit ist. [...] Obwohl erkenntnistheoretisch die Realität vollkommen unzugänglich ist, muß ich erstens ihre Existenz annehmen, um nicht in elementare Widersprüche zu geraten, und zweitens kann mir niemand verbieten, mir Gedanken über die Beschaffenheit der Realität zu machen, und zwar zu dem Zweck, die Phänomene *in meiner Wirklichkeit* besser erklären zu können. Ich darf nur keine objektive Gültigkeit hierfür beanspruchen; vielmehr unterstreiche ich den *praktischen* Wert meiner Theorie« (1995: 321 f.).

Kritiker wie A. Ros (1994), J. Mitterer (1992) oder St. Weber (1996) haben wohl Recht, wenn sie die derart paradox eingeführte Realität als »das metaphysische Utopia« oder »das Jenseits« des Diskurses vieler Konstruktivisten bezeichnen. Statt dessen schlagen die Autoren vor, den Widerspruch der Zwei-Welten-Theorie durch den Hinweis auf die Zeitabhängigkeit von Prädikationen aufzulösen, so etwa bei Mitterer als Differenz von Beschreibungen »so far« und »from now on«.[17] S. Moser faßt die Konsequenzen dieses Vorschlags prägnant so zusammen:

»Die Wirklichkeit vor und nach einer Beschreibung ist demnach zwar epistemisch verschieden, aber ontologisch gleich. Versteht man Wirklichkeit konsequent als Operationsprozeß, so macht es keinen Sinn, zwischen wirklichen und realen Operationen zu unterscheiden. Wirklichkeit ist weniger eine Frage des Ortes als vielmehr eine Frage der Zeit. Operationalität drückt die Temporalisierung des Wirklichkeitsbegriffs aus« (1995: 16).[18]

Auch das Argument, mit ›Realität‹ könne die Erfahrung des Scheiterns benannt werden, läßt Ros nicht gelten. Er verweist vielmehr darauf, daß die Realität nicht die Ursache des

17 Um den Text nicht mit ausführlichen Referaten oder weiteren Zitaten zu belasten, führe ich die wichtigsten Punkte der Mittererschen Position in Anhang 2 an.

18 An anderer Stelle formuliert S. Moser: »Die Ausführung der Operation ›Realität‹ besteht im ›Realisieren von Wirklichkeit‹« (a.a.O.: 17).

Scheiterns sein kann, weil Wirkursachen nur in Erfahrungswirklichkeiten auftreten (1994: 186). Auf der Linie dieser Überlegungen läßt sich dann auch der (in der Regel mißverstandene) *Konstruktionsbegriff* der Konstruktivisten und Konstruktivistinnen bestimmen als konkretes, zeitlich gebundenes benennendes Beobachten, das keineswegs immer bewußtseinspflichtig ist. Ros seinerseits schlägt vor, Konstruktion als Verallgemeinerung der Struktur sprachlicher Prädikationen zu sehen. ›Konstruktion‹ bezeichnet demgemäß die Fähigkeiten, »... sich gegenüber Gegenständen als Gegenständen einer bestimmten Art zu verhalten« (1994a: 190).

Wirklichkeit und Realität: Eine Glosse

1 *Wirklichkeit ist die Mutter aller Realitäten.*
2 *Die Wirklichkeit ist alles, was Realität ist.*
3 *Wo eine Wirklichkeit ist, da ist auch eine Realität.*
4 *Die Wirklichkeit der Realität ist die Realität der Wirklichkeit.*
5 *Die Wirklichkeit der Realität ist die Realität des Beobachters.*
6 *Könnte die Wirklichkeit die Realität einholen, sie würde sie nicht bemerken.*
7 *Was die Wirklichkeit der Realität voraus hat, läßt sich nur in der Wirklichkeit sagen.*
8 *Die Realität kann der Wirklichkeit nichts hinzufügen.*
9 *Die Wirklichkeit ist allen Realitäten zum Trotz.*
10 *Die Wirklichkeiten sind kein Schatten der Realität.*
11 *Medienwirklichkeit kennt keine Realität.*
12 *Ist die Realität der Canossa-Gang der Wirklichkeit?*
13 *Wirklichkeiten kommen und gehen – und mit ihnen die Realitäten.*
14 *Würde sich die Wirklichkeit der Realität beugen – wer würde es bemerken?*
15 *Realität ist aller Laster Anfang.*
16 *Über allen Realitäten ist Ruh, in Wirklichkeit spürest du einen Hauch.*
17 *Am Anfang war die Realität, und die Realität war die Wirklichkeit, und die Wirklichkeit war die Wahrheit.*

18 *Was die Realität der Wirklichkeit zufügt, verrät die Wirklichkeit.*
19 *Sollte die Wirklichkeit die Magd der Realität sein – vor wem sollten wir uns mehr fürchten?*
20 *Wer die Wirklichkeit ehrt, braucht keine Realität (mehr).*

Die alte empiristische Frage, ob die Welt oder die menschliche Vernunft Schiedsrichterin in allen substantiellen Fragen mit Wahrheitsanspruch ist (oder sein sollte),[19] muß »dekonstruiert« werden: Weder die Welt noch die Vernunft ist Schiedsrichterin, sondern kollektives Wissen, Kommunikation und Kultur. Damit schließt diese Argumentation *partiell* an hermeneutische und dialektische Argumentationen an, insofern diese annehmen, Ausgangspunkt des Erkenntnisprozesses sei nicht ein isoliertes Erkenntnissubjekt oder ein isolierbares Objekt, sondern das historisch-konkrete Wissen, also Hegels »Totalität der Bestimmungen«,[20] die als begrifflich-semantische Konstrukte jeder sachlich-inhaltlichen Bestimmung zugrunde liegen, ja sie im Sinne einer Strukturdeterminiertheit kognitiver Systeme allererst ermöglichen.

Wenn es für Menschen kein unterscheidungsloses Beobachten gibt, dann ist alles, was für einen Beobachter Wirklichkeit ist, Wirklichkeit aufgrund der Einheit seiner Unterscheidungen. Das ist der Sinn der These, Erkenntnis sei Konstruktion. Diese Begründung hält N. Luhmann für stichhaltiger als die vielfach zu lesende Begründung dieser These durch Verweis auf die Mitwirkung vielfältiger Ursachen (sprachlicher, psychischer, sozialer) am Zustandekommen von Erkenntnis, die seiner Ansicht nach schon rein logisch nicht stichhaltig ist.

> »Wer von bestimmten Ursachen auf ›Erkenntnis‹ schließt, kann sich nicht gegen den Einwand wehren, daß auch andere Ursachen mitwirken (zum Beispiel Realitätskontakt) und daß die angegebenen Ursachen nicht alles erklären können (zum Beispiel nicht die Übereinstimmung der Beobachter). Erkenntnistheoretische Thesen müssen auf der Ebene der Beobachtung zweiter bzw. dritter

19 So die Formulierung bei R. M. Burian (1980).
20 Vgl. dazu G. Pasternack (1994). – Ganz ähnlich bestimmt N. Luhmann Gesellschaft als Träger von Wissen und Erkenntnis.

Ordnung [...] formuliert werden« (1990a: 511; vgl. dazu auch unten Abschnitt 9).

Zu diesen grundlegenden konstruktivistischen Annahmen gibt es zahlreiche *Parallelen* in anderen Diskurszusammenhängen, von denen wenigstens drei hier kurz erwähnt werden sollen,[21] um mögliche Anschlußstellen konstruktivistischer Empiriediskurse zumindest anzudeuten.

a Neopragmatisten wie H. Stachowiak vertreten – wie Konstruktivisten – die Auffassung, daß Menschen Wirklichkeit nicht entdecken, sondern nur schaffen bzw. konstruieren können. Der Wirklichkeitsbegriff erfährt also »... eine aktiv-operative Deutung, und zwar nicht nur in dem vorgreifenden Sinn der nach Zwecken und Zielen erst herzustellenden Wirklichkeit, sondern auch im Sinne der *Re*konstruktion vorhandener und gewesener Wirklichkeit«. *Alle* unsere Wirklichkeitserkenntnis ist, so Stachowiak, wesentlich Entscheidung und Aktion, und zwar unter konkreten Voraussetzungen und Intentionen sowie »... in der Anbindung an geschichtlich-lebensweltliche Zusammenhänge, die wir nur im Maße der Freiheitsspielräume beeinflussen können, die sie uns belassen« (1973: 14 f.).[22]

b Eine zweite Parallele findet sich bei L. Fleck. In einem kurzen Aufsatz von 1929 (»Zur Krise der ›Wirklichkeit‹«) formuliert er bereits die wichtigsten Grund-Sätze einer Position, die heute als »kulturalistischer Konstruktivismus« in der Diskussion auftaucht (vgl. S. J. Schmidt 1994).

21 Da die Parallelen zum Radikalen Konstruktivismus bei N. Goodman schon von vielen Autoren hervorgehoben worden sind, gehe ich hier nicht nochmals darauf ein (vgl. zuletzt St. Weber 1996). Wie bekannt geht auch Goodman von einer Vielheit von Wirklichkeiten aus, denen jedoch Wahrheitsbegriffe zugeordnet werden können. Für besonders wichtig halte ich seinen Hinweis, daß es keinen Anfang des »world making« gibt, daß vielmehr Welterzeugung von anderen Welterzeugungen bzw. von anderen Welten ausgehen (vgl. etwa Goodman 1989; Goodman/Elgin 1993) (Abb. S. 27). – Zum Verhältnis von Konstruktivismus und E. Rösslers Endophysik vgl. St. Weber (1996) sowie P. Weibel (in verschiedenen Beiträgen, z. B. Weibel 1993).

22 Parallelen zum Erlanger Konstruktivismus bzw. zur methodischen Philosophie (bzw. neuerdings zum »methodischen Kulturalismus«) von P. Janich oder J. Mittelstraß sind unübersehbar.

die welt
und die
beschriebene welt
und die
beurteilung der beschriebenen welt
und die
begründung der beurteilung der beschriebenen welt
und die
erlebnisse aus begründungen der beurteilung der beschriebenen welt
und die
erfahrungen der erlebnisse aus begründungen der beurteilung der beschriebenen welt
die welt
und die
beschriebene welt
eine welt
zwei welten
eine welt
und eine
beschriebene welt
drei welten
eine welt
und eine
beschriebene welt
und eine
welten
und die
und die

Fleck beginnt seine Argumentation mit einem Hinweis auf die Bedeutsamkeit des Geltenden (»... daß unsere Kenntnisse viel mehr aus dem Erlernten als aus dem Erkannten bestehen ...«) sowie mit der korrespondierenden erkenntnisphysiologischen Beobachtung, daß jede neue Erkenntnistätigkeit vom früheren Erkenntnisstand abhängig ist. Nach Fleck wirken drei eng miteinander verknüpfte Faktorensysteme in allem Erkennen zusammen:

»... die Last der Tradition, das Gewicht der Erziehung und die Wirkung der Reihenfolge des Erkennens. Dies sind soziale Momente, und deshalb muß jede Erkenntnistheorie mit Sozialem und weiterhin mit Kulturhistorischem in Beziehung gebracht werden, insofern sie nicht in schwerem Widerspruch mit der Geschichte der Erkenntnis und der täglichen Erfahrung der Lehrenden und Lernenden geraten will« (1929: 425).

Da wir Menschen nie einer Tabula rasa gleichen und es keinen feststellbaren Beginn des Erkennens gibt, sind wir immer »mittendrin«, und man muß sich fragen, wie Philosophen überhaupt auf die Idee kommen konnten, die Erkenntnis aus Wahrnehmungen, Empfindungen oder anderen Basiselementen *ab ovo* aufbauen zu wollen.
Wenn man das soziale wie das individuelle Moment der Entstehung von Erkenntnis angemessen berücksichtigt, dann kommt man – so Fleck – zu dem Schluß:

»Jedes denkende Individuum hat als Mitglied irgendeiner Gesellschaft seine eigene Wirklichkeit, in der und nach der es lebt. Jeder Mensch besitzt sogar viele, zum Teil einander widersprechende Wirklichkeiten: die Wirklichkeit des alltäglichen Lebens, eine berufliche, eine religiöse, eine politische und eine kleine wissenschaftliche Wirklichkeit. [...] Jedem Erkennen, jedem Erkenntnissystem, jedem sozialen Beziehungseingehen entspricht eine eigene Wirklichkeit« (a.a.O.: 426).

Fleck betont, daß alles Erkannte sein vom Individuum abhängiges »Leben«, seine Eigenschaften, seinen zeitlichen und örtlichen »Stil«, kurz sein eigenes »Schicksal« besitzt. Erkenntnisse werden von Menschen gebildet, aber sie bilden umgekehrt auch die Menschen, so daß hier die Frage nach Ursache und Wirkung töricht ist. *»Denn Erkennen* *ist weder passive Kontemplation, noch Erwerb einzig möglicher Einsicht im fertig Gegebenen. Es ist ein tätiges, lebendiges Beziehungseingehen, ein Umformen und Umgeformtwerden, kurz ein Schaffen.* Weder dem ›Subjekt‹ noch dem ›Objekt‹ kommt selbständige Realität zu; jede Existenz beruht auf Wechselwirkung und ist relativ« (a.a.O.: 426; Hervorhebung im Original).

c Besonders eingehend hat sich N. Luhmann mit dem Problem des Beobachtens beschäftigt (s. u. Abschnitt 9) und dabei deutlich unterschieden zwischen »Realität« und »Objektivität« des Beobachtens.[23]

Die Realität des Beobachtens ist für Luhmann mit dem Vollzug der Operation gegeben, »... und insofern sind alle beobachtenden Systeme reale Systeme mit entsprechenden Realabhängigkeiten.«[24] Aber aus der Realität dieses operativen Vollzugs kann nicht auf die Objektivität seiner Ergebnisse in einem realistischen erkenntnistheoretischen Sinn geschlossen werden. Auch eine Konvergenz von Beobachtungen erlaubt keinen Rückschluß auf die Realität ihres Gegenstandes, sondern allenfalls darauf, daß erfolgreiche Kommunikation stattgefunden hat. Jede Referenz, so betont Luhmann, ob auf das System oder auf Umwelt, ist ein Konstrukt des Beobachtens. »Die Unterscheidung objektiv/subjektiv [...] kollabiert also und wird durch die Unterscheidung Selbstreferenz/Fremdreferenz ersetzt, die in jedem Fall und in beiden Richtungen ein Strukturmoment des Beobachtens selbst ist« (1990a: 78). Systemrelative Unterscheidungen und Bezeichnungen treten damit an die Stelle der Erwartung, das Beobachten erschließe einen Zugang zu einer außerhalb liegenden Realität. Wer immer beobachtet und auf welcher Beobachterposition auch immer, nimmt teil an bzw. gehört zu einem System rekursiver Beobachtungen – exempte Positionen gibt es nicht (a.a.O.: 86). »Im Unterschied zu subjektbezogenen Erkenntnistheorien, die bereits von unzugänglicher Au-

23 ›Realität‹ ist in diesem Referat der Luhmannschen Position natürlich im Sinne Luhmanns gebraucht.

24 Entsprechend heißt es bei R. Kurt: »Das Empirische ist unabdingbar ans Bewußtsein gebunden, und bewußt sein heißt, im Empirischen zu sein« (1994: 344) (Abb. S. 30).

ßenwelt gesprochen hatten, aber am Problem der Mehrheit von Subjekten gescheitert sind, stützt sich der operative Konstruktivismus auf die Rekursivität der systemeigenen Operation und, im Zusammenhang damit, auf das Gedächtnis des Systems, das ständig alle Operationen des Systems mit Konsistenzprüfungen begleitet ...« (Luhmann 1995: 69).

Ich fasse zusammen: In der bisherigen Auseinandersetzung mit konstruktivistischen Positionen ist vor allem deren antirealistische Orientierung bemängelt worden. Die Meinungen darüber, wie nun die konstruktivistische Position positiv zu kennzeichnen ist, gehen allerdings radikal auseinander und reichen von »subjektphilosophisch« über »idealistisch« bis zu »solipsistisch«.

Wie ich an anderer Stelle ausgeführt habe (Schmidt 1994), versucht man in Teilen des neueren konstruktivistischen Diskurses, sowohl die Hypostasierung des Subjekts als auch die des Objekts zum archimedischen Punkt der Erkenntnis zu vermeiden, indem die Unterscheidung Subjekt/Objekt durch die Unterscheidung System/Umwelt ersetzt wird.[25]

Die etwa von G. Pasternack (1995) beklagte Vereinseitigung des Erkenntnissubjekts als Quelle der Konstitutionsleistungen übersieht eine zentral wichtige Differenz im konstruktivistischen Subjektbegriff,[26] die man als Differenz zwischen dem empirischen und dem kognitiven Aspekt des Subjektkonzepts bestimmen kann. Das Subjekt als handelnder und kommunizierender Aktant ist beobachtbar als der *empirische Ort,* in dem kognitive Operationen lokalisiert

25 Reichlich unverständlich ist mir deshalb N. Luhmanns jüngste Unterstellung: »Die Diskussion leidet unter einer problematischen Selbstdarstellung des sog. ›Radikalen Konstruktivismus‹. Dessen Radikalität soll in der Beschränkung auf die Idee, auf das Subjekt, auf den Zeichengebrauch bestehen« (1996: 16, Anm. 7). Leider bringt Luhmann keinen einzigen bibliographischen Hinweis, so daß diese Behauptung nur als unfairer pauschaler Ridikülisierungsversuch des »operativen Konstruktivisten« N. Luhmann bezeichnet werden kann.

26 St. Weber konzipiert in seiner Variante von Konstruktivismus das Subjekt als psychophysische Einheit, die zwischen Monismus und Dualismus oszilliert und im Prozeß der Selbstbeobachtung die Unterscheidungen Leib/Seele bzw. Körper/Geist allererst selbst hervorbringt. Ein Beobachter kann übrigens diese Unterscheidung von außen *nicht* wahrnehmen (1996: 94).

sind.[27] Ohne Gehirne keine Kognition und auch keine Simulation von Kognition.[28] Die vielfältigen Bedingungen, Instrumente und Strategien der Kognition aber sind nicht subjektiv, auch wenn sie von Subjekten stets subjektspezifisch angewandt, empfunden und beurteilt werden müssen. Sie gehören zum kollektiven Wissen einer Gesellschaft in Form von kognitiven Schemata, Sprachen, Common sense-Wissen usw.,[29] und die Subjekte haben im Laufe ihrer Sozialisation durch Interaktion und Kommunikation gelernt, solches Wissen kognitiv so zu erzeugen, daß seine hinreichende Vergleichbarkeit als operative Fiktion erfolgreich unterstellt werden kann. Wie alles Wissen ist auch kollektives Wissen der Aktanten eng »verwoben« mit Handeln und lebensweltlichen Praxen, bestätigt sich durch erfolgreiche Erwartungserwartungen selbst und wird über die Differenz Selbst-/Fremdreferenz temporär entweder auf das Subjekt oder auf die Umwelt bezogen.

Bei all diesen Überlegungen muß – wie eingangs bereits erwähnt – ernsthaft die Voraussetzung mitbedacht werden, daß in differenzlogischen Konzepten im Rahmen der Allgemeinen Systemtheorie[30] die klassische identitätsphilosophische Entgegensetzung von Subjekt und Objekt ersetzt wird durch die operative (prozessuale) und temporäre Differenz System/Umwelt und daß die beiden Pole der Differenz nur in Beziehung zueinander bestimmt werden können. Nur ein System, das diese Differenz plausibel »aufmachen« kann, kann sich über diese Differenz selbst sinnvoll als System beobachten. Nur in einer Umwelt kann ein System operieren. Und nur wenn ein System hinreichend operativ geschlossen ist, um systemverträgliche Umweltkontakte selbst selegieren und verarbeiten zu können, kann es in einer Umwelt überle-

27 Auf das Problem maschineller Simulation von Kognitionsleistungen gehe ich an dieser Stelle nicht ein. Vgl. dazu Schmidt (1996a).

28 Daß das Selbstbewußtsein von Subjekten nur über Differentialität bestimmbar ist, verweist darauf, daß Subjekt und Selbstbewußtsein hier nicht identisch gebraucht werden.

29 H. Esser (1994) schreibt diesem »geteilten Wissen« die Funktion zu, die höchst riskanten Selektionen psychischer Systeme zu erleichtern. – Zum Common sense-Wissen vgl. H. Feilke (1994, 1996).

30 Vgl. dazu die zusammenfassende Darstellung bei G. Ropohl (1978) und die Weiterentwicklung bei G. Schlosser (1993).

ben.[31] Das aber heißt: das System ist die »symmetriebrechende Instanz« (sensu B. Meyer 1995: 7). Das System konstruiert seine immer systemspezifischen Umwelten, und es konstruiert auch alle Möglichkeiten, diese Konstrukte zu beobachten und auf ihren »Realitätsgehalt« hin zu bewerten. Darum liegen alle Kriterien der Prüfung, Geltungssicherung oder Begründung von Aussagen über »Wirklichkeit« im Bereich des Systems und der systemspezifischen Bewertung seiner Umweltkontakte, wobei – da es hier logischerweise auf kommunikative Intersubjektivität ankommt – in die Konstruktion dieser Kriterien all das an kulturellen Wissensbeständen eingeht, was die kommunikative Akzeptanz von Problemlösungen erhöht.

Wirklichkeit, so könnte man knapp bilanzieren, ist eine Funktion des Wissens(gewinns) in der Zeit.

Exkurs: Zur Begrifflichkeit im Handlungsfeld

Den Begriff ›Handlung‹ verwende ich im Folgenden in der Explikation, die ich in *Grundriß der Empirischen Literaturwissenschaft* (Schmidt 1980, Kap. 1) ausführlich entwickelt habe. Die Kurzdefinition lautet: »H ist eine Handlung von Aktant A genau dann, wenn H eine Veränderung oder Aufrechterhaltung eines Zustands ist, die von A in einer Situation im Rahmen seines Voraussetzungssystems gemäß einer Strategie intentional realisiert wird« (a.a.O.: 33). Diese Definition (samt ihrer komplexen Herleitung) ist m. E. durchaus kompatibel mit der Begriffseinführung bei H. Lenk: »Handeln kann aufgefaßt werden als situations-, kontext- und in-

31 »Schließung heißt: daß das System nur eigene Operationen als Anlässe für die Änderung eigener Zustände anerkennen kann; und das heißt auch, daß es Annahmen über die Umwelt nur an eigenen Operationen ablesen, nur mit eigenen Operationen ändern kann. Operativ geschlossene Systeme befinden sich folglich in einer jeweils historischen Ausgangslage; und zwar nicht nur in historisch veränderlichen Situationen, weil ihre Umwelt sich ändert, sondern in einem eigenen Zustand, der jeweils durch vorhergehende eigene Operationen mitbestimmt ist« (N. Luhmann 1990a: 277). Operative Geschlossenheit durch rekursive Vernetzung der Systemoperationen verhindert keineswegs kausale Beziehungen zwischen System und Umwelt, konstituiert aber die Autonomie des Systems.

stitutionsabhängiges, regelbezogenes normen-, wert- oder zielorientiertes, systemhaft eingebettetes, wenigstens partiell ablaufkontrolliertes oder teilbewußtes motiviertes Verhalten eines personalen oder kollektiven Akteurs, das diesem als von ihm durchgeführt zugeschrieben wird« (1978: 345; ähnlich auch N. Groeben 1986: 71).

Mit N. Groeben (1986: 185) benutze ich als Gegenbegriff zu ›Handeln‹ den Begriff ›Verhalten‹. Unter diesen Begriff fasse ich alle Arten des Agierens in Umwelten, die ohne (bewußte oder unbewußte) Intentionalität ablaufen. Zwischen diesen beiden polaren Begriffen kann der Begriff ›*Tun*‹ angesiedelt werden. Beim Tun ist davon auszugehen, daß es zu mehr oder minder großen Teilen außerhalb des bewußten und gewollten Intendierens der Tuenden liegt (Groeben, a.a.O.: 184).

Den vierten Bestandteil dieses Begriffsfeldes bildet der oben bereits eingeführte Begriff ›Operieren‹, womit unbewußt ablaufende Prozesse im Gehirn bezeichnet werden.

Franz Josef Czernin, die aphorismen[32]

4.2.1	hegels gehirn: solange etwas sich von etwas anderem zu unterscheiden beginnt, ist es sowohl das, was es ist, als auch das, was es nicht ist.
4.7.5	*wirklichkeit*: was es ohne das, was wir darüber annehmen, nicht geben würde.
4.2.1.: 13.14	*wirklichkeit*: der augenblick, in dem beziehungen im begriff sind, sich in einem gegenstand zu verfestigen.
4.2.7.: 13.14	*wirklichkeit*: der augenblick, in dem ich mich auf nichts als auf mich selbst beziehe.
4.9.5.2	*wirklichkeit*: jene vermischung von indikativ und konjunktiv, deren sprache unverständlich geworden ist.

32 »Ein Aphorismus, rechtschaffen geprägt und ausgegossen, ist damit, daß er abgelesen ist, noch nicht ›entziffert‹; vielmehr hat nun erst dessen Auslegung zu beginnen, zu der es einer Kunst der Auslegung bedarf« (F. Nietzsche, Zur Genealogie der Moral).

4.1.2.15.: 14 … was das *wirkliche* genannt wird, ist so sehr das ergebnis einer möglichen sichtweise, dass *wirklich* nicht mehr zu bezeichnen scheint als die möglichkeit, unter bestimmten bedingungen sätze *wahr* oder *falsch* zu nennen. aber bezeichnet dieser gedanke nicht gerade die wirklichkeit, deren möglichkeit er verleugnet?

1 sage ich auch alles *in* der welt, so sage ich doch auch immer etwas über die welt.

1.4.: 14 *welt:* was man immer im begriff bleibt, geordnet zu haben.

2.7.: 14.4 daran zu glauben, dass man über die welt sprechen *kann:* darin liegt schon die ganze selbsttäuschung.

2.7.4.: 14.1 gegenstand: alles, was über die welt gesagt wird, sagt nur etwas darüber aus, wie sie begriffen wird.

3.1.9 welt: es ist unsinn zu glauben, dass ich, wenn ich über die sprache spreche, ausschliesslich etwas über die sprache erfahren kann.

5.9.: 14 was ich über die welt denke, ist der hammer, mit dem ich auf den nagel klopfe, der die welt ist. – also kann auch dieses bild nicht halten.

7.1.3.13 wenn das, was wir wahrnehmen, und das, was wir erwarten, einander so hervorbringen, dass wir sowohl das, was wir wahrnehmen, als auch das, was wir erwarten, zu beschreiben meinen.

3. Wissen und Erfahrung

»Wenn ich bin dann kennt mich mein kleiner Hund.«

(G. Stein)

Es entspricht alltäglicher Erfahrung wie der Tradition der Naturwissenschaften anzunehmen, daß wir Wissen aus Erfahrung und Erfahrung durch Wahrnehmung und Beobachtung gewinnen. Im Laufe der Geschichte, vor allem der Geschichte der Naturwissenschaften, hat sich die Auffassung herausgebildet, daß Beobachten ein Verfahren ist, der Natur wert- und zweckfrei gegenüberzutreten. Noch bei A. Einstein, der das Beobachterproblem in der (Mikro-)Physik durchaus gesehen hat, besteht der Beobachter nur aus einem Meßgerät, nicht aus einem nach Bedürfnissen und Zwecken handelnden Physiker.[33]

Werfen wir einen kurzen Blick auf die Entwicklung des philosophischen *Erfahrungsbegriffs*, um nachzuzeichnen, wie es zu dieser spezifischen Engführung des alltäglichen Erfahrungsbegriffs gekommen ist.

> »Im Unterschied zum modernen wissenschaftstheoretischen Sprachgebrauch von ‹E.› [Erfahrung, s. j. s.], der vor allem an E.-*Sätze* und an eine E.-*Praxis* (etwa die experimentelle Nachforschung) denken läßt, verwendet Aristoteles das Wort ›ἐμπειρία‹ genau wie ›τέχνη‹ (Kunst[fertigkeit]) und häufig auch ›ἐπιστήμη‹ (im Sinne von »Wissen«) noch in Anknüpfung an ein Vorverständnis, dem es auf *erworbene Fähigkeiten* des Menschen, auf ein *Geübtsein in* …, ein *Vertrautsein mit* … ankommt – ein Vorverständnis, das auch den alltäglichen Gebrauch des deutschen Wortes ›E. ‹ (›Erfahrenheit‹, ›Erfahrensein‹) noch weitgehend leitet. So heißt es in der ›Metaphysik‹: »Aus der Erinnerung geht bei den Menschen die Empirie hervor; erst viele Erinnerungen nämlich ein und derselben Sache ergeben die Fähigkeit (δύναμις) *einer* E.«[34] (F. Kambartel 1972: Sp. 609).

33 »Die sogenannte operationalistische Revolution der Physik durch A. Einstein bleibt empiristisch naiv« (P. Janich 1992: 36).

34 »Aristoteles behandelt die Erfahrung vor allem am Anfang der ›Metaphy-

Im Gegensatz zur Kunst (τέχνη), dem Wissen des Allgemeinen, charakterisiert Aristoteles die Fähigkeiten der Empirie als Wissen des Besonderen (γνωσις των καθ' 'έκαστον), und das heißt im aristotelischen Kontext: die Beherrschung eines Handlungsschemas, in der Regel einer Unterscheidung. Diese Unterscheidung ist repräsentiert im Zu- und Absprechen eines sprachlichen Ausdrucks. »[...] Empirie im aristotelischen Sinne ist daher wohl weitgehend mit der *elementaren Prädikation* im Sinne der heutigen Logik und Sprachphilosophie gleichzusetzen« (a.a.O.: Sp. 610). Indem Empirie als Wissen, daß etwas so ist, wie es ist, zu ersten generellen Termen führt, gehört sie nach Aristoteles selbst bereits zur Grundlage der wissenschaftlichen Orientierung im Sinne der έπιςτήμη.

Wie W. Schadewaldt immer wieder betont hat, bedeutet ›empeiría‹ bei den Griechen nicht passives Zuschauen bzw. Zuschauerwissen, sondern eine Erfahrung auf der Grundlage eines Probierens, Abtastens, eines interaktiven Sich-Befassens, wie schon der Wortstamm ›peira‹ (Versuch, Probe) ausdrückt (so auch in den lateinischen Ausdrücken ›ex*peri*entia‹/ ›ex*peri*mentum‹) (1978: 169 f.).

Aristoteles' Empirieauffassung prägte das Mittelalter und wirkte nach bis zu Christian Wolff. Eine von Aristoteles abweichende und den modernen Erfahrungsbegriff vorbereitende Konzeption beginnt mit F. Bacons *Novum Organon*, wo ›Empirie‹ nicht nur den *Besitz* menschlicher Fähigkeiten bezeichnet, sondern auch den *Prozeß* und die *Methoden* der Gewinnung solchen Wissens (experiri, experientia). Während im Mittelalter ›experimentum‹ und ›experientia‹ noch weitgehend synonym gebraucht wurden, bereitet sich bei Bacon die Unterscheidung zwischen einer allgemeinen Verwendung von ›Erfahrung‹ und einem engeren naturwissenschaftlichen Verständnis des Terminus ›Experiment‹ vor.

Bei Aristoteles und auch noch bei Bacon wird bei der Begründung singulärer und genereller Sätze sinnvoll von einer

sik‹ (980b - 982a), wo er sie als ein Wissen definiert, das ganz auf dem verknüpfenden Gedächtnis beruht. Denn die Erfahrung umfaßt immer pollá, ›vieles‹, und das Gedächtnis erst muß die Dinge festhalten und verknüpfen« (W. Schadewaldt 1978: 170).

»Berufung auf die Erfahrung« gesprochen und »... damit auf Ergebnisse menschlicher Arbeit rekurriert« (a.a.O.: Sp. 612). Erst J. Locke engt in *empiristischer* Weise handlungsbestimmte Erfahrung auf *Wahrnehmung* ein. Nach seiner Auffassung muß das gesamte Material des Denkens und Wissens (»all the materials of reason and knowledge«) allein aus Erfahrung (»in one word, from *experience*«) gewonnen werden. Damit begründet Locke einen Erfahrungsbegriff, wonach »... dieser Terminus nicht mehr für das Resultat menschlicher Kenntnis- und Verständigungsgeschichte, insbesondere das Ergebnis besonderer methodischer Bemühungen steht, sondern einen frei von menschlicher Arbeit vorgestellten Anfang jeder Erkenntniskonstruktion bezeichnen soll« (a.a.O.: Sp. 613). Während diese Auffassung bis zum Empirismus von R. Carnap fortwirkt, konzipieren Empiriokritizisten wie R. Avenarius und E. Mach Erfahrung als Bezug auf ein »natürliches«, das heißt ein vorwissenschaftliches Weltverständnis, ähnlich wie später E. Husserl, der die Welt der Erfahrung deutet als »... *Lebenswelt*, d. i. die Welt, in der wir immer schon leben, die den Boden für alle Erkenntnisleistungen abgibt und für alle wissenschaftliche Bestimmung« (a.a.O.: Sp. 614). Kant und Hegel begründen dagegen den Traditionsstrang, der die Überzeugung vertritt, daß die Realität nicht als eine unabhängig von den menschlichen Erkenntnisleistungen zugängliche Gegenstandswelt »an sich« begriffen werden kann.[35]

Im Gefolge des logischen Empirismus des Wiener Kreises wird Erfahrung dann zunehmend als Unterscheidungsmerkmal für Wissenschaftstypen herangezogen (Natur- vs. Geisteswissenschaft, Erfahrungs- vs. Formalwissenschaft). ›Erfahrung‹ subsumiert hier pauschal die Ergebnisse von Experimenten und Erhebungen. Spätestens seit K. R. Popper setzt sich dann aber auch hier die Einsicht durch, daß ein Rückgang auf »reine Erfahrung« unmöglich ist, da auch die

35 Vgl. dazu detailliert A. Ziemke (1996). – Ziemke bringt u. a. folgendes Zitat aus Hegels »Phänomenologie des Geistes« zum Thema Salz: »Das Ding ist also in der Tat nur weiß, an *unser* Auge gebracht, scharf *auch*, an *unsere* Zunge, auch *kubisch*, an *unser* Gefühl, und so fort. Die gänzliche Verschiedenheit dieser Seiten nehmen wir nicht aus dem Dinge, sondern aus uns; sie fallen uns an unserem von der Zunge ganz unterschiedenen Auge und so fort, so auseinander« (Ziemke a.a.O.: 153; Hervorhebungen im Text).

sogenannten Daten bereits »Ergebnisse methodisch geleiteter Orientierungsarbeit sind« (a.a.O.: Sp. 617).

Interessant ist in diesem Zusammenhang, daß es auch innerhalb »des« logischen Empirismus des Wiener Kreises durchaus sehr divergente Positionen gab. So hat sich etwa Otto Neurath in verschiedenen Aufsätzen gegen Moritz Schlicks Gegenüberstellung von ›Erkenntnis‹ und ›wirklicher Welt‹ bzw. von ›Wissen‹ und ›Sein‹ gewandt. Neurath bestreitet vehement Schlicks Annahme, die Protokollsätze könnten als »schlichter Ausdruck der Tatsachen« aufgefaßt werden. Statt dessen vertritt er die Auffassung, daß auch die Protokollsätze, die zur Kontrolle sog. Realsätze der Wissenschaft verwendet werden, aufgrund von *Entschlüssen* ausgewählt bzw. zurückgewiesen werden. Neurath betont, daß man nicht etwa Aussagen mit der Wirklichkeit vergleicht, sondern mit anderen Aussagen. Er kommt deshalb zu der Überzeugung:

> »Der logische Empirismus sieht keine Möglichkeit, einen ›absoluten‹ Standpunkt einzunehmen, von dem aus er über ›Wissen‹ und ›Sein‹ spricht; er sieht alle Formulierungen dieser Art ›auf derselben Ebene‹ und sich selbst mitten drin. Man kann sozusagen nur zwischen verschiedenen Sammlungen von [...] ›Enzyklopädien‹ [= Sammlungen von Sätzen, s. j. s.] wählen. [...] Wir wählen dann zwischen zwei Richtungen, zwei Sammlungen von Aussagen, aber wir kommen nicht zu einer Antithese, die eine Analogie zwischen *Wissen* und *Sein* darstellen würde« (Neurath 1981a: 841).

Explizit und radikal wird diese Auffassung etwa von P. Feyerabend (1978) vertreten, der in seiner Auseinandersetzung mit dem wissenschaftstheoretischen Realismus (den er auch Popper unterstellt) eine grundlegende Kritik an der Theorie der *Sinnesdaten* vorträgt, die ja eine zentrale Rolle in der philosophischen Diskussion um Erkenntnis und Wahrheit spielen.

Ganz im Sinne handlungsorientierter Konstruktivisten argumentiert Feyerabend, daß Sinnesdaten erlernt werden müssen und nicht etwa zeitlich und erkenntnistheoretisch primär sind. Er betont, »... daß es nicht die Existenz von Sinnesdaten ist, die das Verhalten in Wahrnehmungssituationen regelt, sondern daß ganz umgekehrt der Zwang, sich

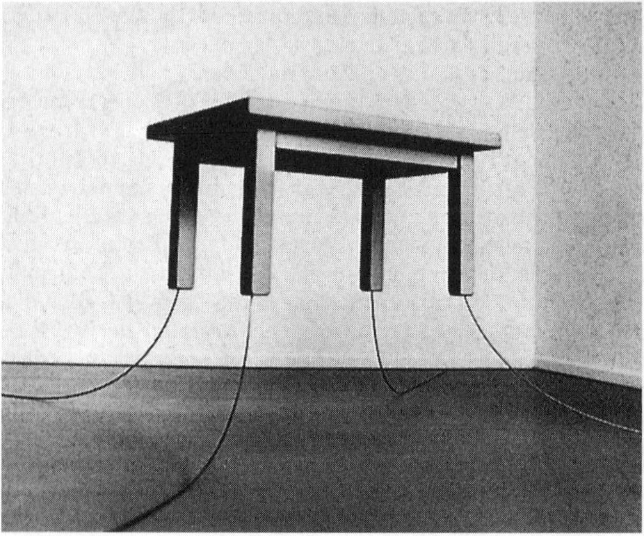

in gewissen Weisen zu verhalten, die Existenz von Sinnesdaten garantiert« (1978: 50).

Am Beispiel der (bei Philosophen scheinbar unvermeidlichen) Diskussion des Satzes »Hier steht ein Tisch« (Abb., S. 40) verweist Feyerabend (ganz ähnlich wie Janich, Mitterer oder Stachowiak) darauf, daß die Unbezweifelbarkeit von Sätzen über Tische zurückgeführt werden muß auf die Definition, die an einer bestimmten Stelle das Prüfverfahren für beendet erklärt und nunmehr die Existenz eines Tisches als sicher betrachtet. Die angebliche Unbezweifelbarkeit von Sätzen über Sinnesdaten hat ihren Grund nicht in der »Natur« der Sinnesdaten, sondern resultiert aus Entschlüssen: »Unsere Diskussion wird sich dann vor allem mit der *Zweckmäßigkeit* dieser Entschlüsse zu befassen haben – und das ist alles, was vom Problem der ›Existenz‹ von Sinnesdaten übrigbleibt« (a.a.O.: 55; Hervorhebung i. O.). Intuitive Sicherheit ist keineswegs ein Garant für Wahrheit. Vielmehr sind Sinnesdaten abhängig von korrespondierenden Erfahrungen sowie von anderen Sätzen bzw. Beschreibungen, ja Feyerabend nimmt an, »... daß das einzige (notwendige und hinreichende) Kriterium für das Vorliegen eines Sinnesdatums in der intuitiven Sicherheit einer bestimmten Beschreibung zu suchen ist« (a.a.O.: 60).[36] Sinnesdaten können nicht getrennt werden vom Prozeß ihrer Beschreibung: »Es gibt also nicht einen Satz, ein Evidenzerlebnis, *und* den Schmerz als drei separate Entitäten. Es gibt nur den Prozeß der sicheren Produktion des Satzes, *und dieser ist bereits das Sinnesdatum*« (a.a.O.: 61; Hervorhebung i. O.; Abb., S. 42). Wenn man wissenschaftstheoretisch den Entschluß faßt, nur solche Mittel der Beschreibung zu verwenden, die planmäßiges Experimentieren und intersubjektive Mitteilung der bei diesen Experimenten erhaltenen Resultate ermöglichen, dann lassen sich Sinnesdaten völlig aus der Diskussion eliminieren. Dahinter steht Feyerabends Annahme, daß erkenntnistheore-

36 Damit wird diese Argumentation anschließbar an die oben referierten Positionen von A. Ros und J. Mitterer, der betont, daß die Überprüfung einer Beschreibung nicht »am Objekt« erfolgt, sondern an einer neuen Beschreibung. Mitterer folgert daraus, daß Wirklichkeit gleichgesetzt werden kann mit dem letzten Stand der Dinge, der noch nicht weiter festgesetzt bzw. verändert worden ist bzw. werden kann.

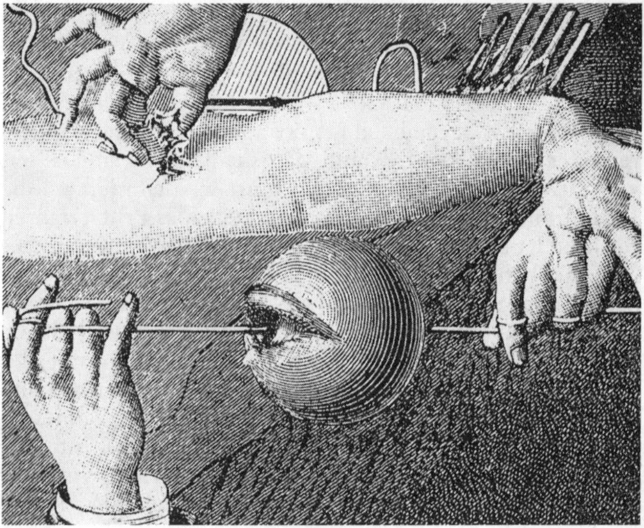

tische Probleme nicht etwa durch *Beweise* gelöst werden, »... sondern durch *Beschlüsse* sowie durch den [empirischen oder logischen] Nachweis, daß die getroffenen Entschlüsse realisierbar sind« (a.a.O.: 66).

In immer neuen Argumentationen entfaltet Feyerabend seine Position, wonach es keine »neutrale Erfahrung« gibt. Die z. T. beobachtbare Einheit von Erfahrungen gründet auf der (partiellen) Einheitlichkeit der Struktur menschlicher Organismen und sagt nichts über die Einheit »der Realität«: Sie ist eine *praktische* Einheit (a.a.O.: 73).

Beobachtungen und Erfahrungen, so lese ich Feyerabend, eröffnen Handlungsmöglichkeiten und resultieren aus Handlungsmöglichkeiten. Erkenntnis ist stets ein historischer Prozeß (a.a.O.: 239) (etwa im Sinne der Bestimmung von L. Fleck 1929); denn Erfahrung ist ein komplexes Produkt aus theoretischen Annahmen, praktischen Handlungen und verbindlichen Traditionen, ein konkretes Sich-Einmischen »ganzer Menschen« (a.a.O.: 331 ff.), kein passives Zuschauen.

Betrachtet man die (erstaunlich wenigen) Überlegungen zum Thema Empirie im konstruktivistischen Diskurs, so wird man feststellen, daß hier eher die Aristotelisch-Baconisch-Kantische als die Lockesche oder Carnapsche Konzeptvariante dominiert. ›Empirisch‹ wird zwar durchaus an ›Erfahrung‹ gebunden, diese wird aber nicht auf Erfahrung der äußeren Sinne eingeschränkt; und ›empirisch‹ wird rückgebunden an erinnerungsbestimmte Aktivitäten im weiteren Sinne, vor allem an Operationen des Unterscheidens und Benennens.[37]

So verstehen etwa H. Hauptmeier und G. Rusch (1984) Erfahrung als einen »... Prozeß, in dem sinnliche, konzeptuelle und motorische Komponenten zusammenspielen, so daß neue ontische Elemente und Operationen, neues ontologisches und operationales Wissen und dadurch neue Wahrnehmungs- und Verhaltensmöglichkeiten entstehen können« (1984: 7 f.). Erfahrung betrifft nach dieser Auffassung den gesamten Kognitionsprozeß einschließlich seiner Bedingungen.

Nach G. Rusch (1987) wird die konstruktivistische Variante des Empiriebegriffs zum einen bestimmt durch die Umorientierung von ›empirisch‹ auf ›Wissen‹ statt auf ›Realität‹, zum anderen durch die Unterscheidung zwischen ontologischem und empirischem, das heißt operationalem Wissen.[38]

Unter »ontologischem Wissen« versteht er dabei das »Weltwissen«, das wir in unseren Konzepten von Objekten, Zuständen, Ereignissen, Folgen von Ereignissen usw. nach zeitlichen, räumlichen, konditionalen oder kausalen Aspekten organisiert haben. Wenn wir nun – systematisch oder unsystematisch – erproben, welche Resultate und Konsequenzen die Konstruktion dieser Objekte und Ereignisse im

37 Das von P. Janich (1992) bemängelte pragmatische Defizit ist in der Tat unübersehbar, besonders deutlich in E. von Glasersfelds Resümee seines Radikalen Konstruktivismus (vgl. von Glasersfeld 1996).

38 Eine vergleichbare Unterscheidung zwischen Beschreibungswissen und Handlungswissen führt P. Janich (1987: 69; 1992: 120) ein und benennt diese Unterscheidung dann auch mit den eher suggestiven Titeln »kontemplatives vs. instrumentelles Wissen« (a.a.O.: 123). – S. Moser vertritt die Auffassung, daß die Unterscheidung von ontologischem und operationalem Wissen der Unterscheidung von Prädikatoren und Operatoren im Erlanger Konstruktivismus entspricht (1995: 15).

Prozeß unserer Kognitionen bezogen auf uns zeitigt, dann entsteht empirisches Wissen. Empirisches Wissen ist operationales, an Tätigkeiten oder Handlungen gebundenes Wissen. Es wird dadurch ausgedrückt, daß wir die Arten und Weisen beschreiben, in denen unsere Tätigkeiten uns selbst, unsere Denk- und Handlungsmöglichkeiten betreffen: »In diesem Sinne ist empirisches Wissen Erfahrungswissen. Indem wir in den Begriffen unserer Kognition erleben, was uns während und infolge unserer Tätigkeiten widerfährt, machen wir Erfahrungen. Und nur diese Erfahrungen machen unser empirisches Wissen aus« (1987: 242).

Es liegt in der Logik dieser Argumentation, daß Empirizität an erfahrende Systeme und deren kognitive Konstruktivität gebunden wird und nicht an objektive Strukturen »der Realität«. Auch empirisches Wissen ist nur Wissen von der Welt, so wie wir sie erfahren und so wie wir dieses Wissen formulieren.[39] Die Erfahrung, daß empirisches Wissen intersubjektivierbar ist, deutet nicht auf System- und auf Kognitions-Unabhängigkeit hin, sondern auf den Grad kognitiver und kommunikativer Parallelität, der einerseits aus der Art des Erwerbs solchen Wissens herrührt (= »gemeinsam geteiltes Wissen«[40]), andererseits aus der Erfahrung, daß solches Wissen für entsprechend sozialisierte Personen überall und jederzeit demonstriert werden kann.[41]

Ruschs konstruktivistisches Empiriekonzept wird durch zwei Merkmale bestimmt: (a) Empirisches Wissen ist notwendig mit anderen geteiltes, also gesellschaftliches oder kollektives Erfahrungswissen (vgl. Rusch 1995); und (b) empirisches Wissen ist als Erfahrungswissen kein Wissen über das Medium bzw. die Umgebung beobachtender Systeme:

39 »Sprechen wir sinnvoll von Realität, so sprechen *wir* von Realität«, formuliert C. F. von Weizsäcker; »spricht niemand von Realität, so ist von Realität nicht die Rede« (1980: 142).

40 ›Teilen‹ bedeutet nicht, dasselbe Stück aus demselben Kuchen schneiden, sondern in vergleichbaren Situationen vergleichbares Wissen erzeugen.

41 Auch N. Luhmann betont, daß bei aller Unterschiedlichkeit der Formen möglichen Unterscheidens Beobachter durchaus auch »gleichsinnig« operieren, also dieselben Unterscheidungen einsetzen können (1995: 92). Nach meiner Auffassung wird solche »Gleichsinnigkeit« von Sprache und Kultur wahrscheinlich gemacht, ohne die kognitive Autonomie der Beobachter zu tangieren. Wichtig ist, daß sie nicht aus Konsens resultiert, sondern aus Common sense (sensu H. Feilke 1994).

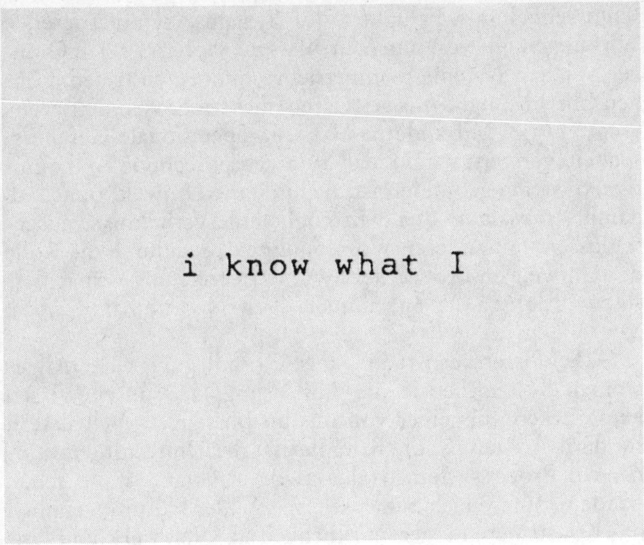

»Denn einerseits sind allein wir selbst das ›Objekt‹ dieses Wissens, und andererseits bleibt es als von uns erwerbbares Wissen an das ›Medium‹ unseres Denkens und Handelns, an unser Er-leben und unsere ontologischen Konzepte gebunden. Es geht gewissermaßen nicht über unsere Welt- oder Realitätskenntnis hinaus, sondern bleibt als operatives Wissen in seinem Element: unserer Welt- oder Realitätskonstruktion. In diesem Sinne ist es so etwas wie ein spezielles Welt-Wissen, nämlich ein Wissen von uns selbst, davon, wie wir uns mit welchen Folgen verhalten, oder m. a. W., was wir tun können« (1987: 242) (Abb. auf dieser Seite).

Diese Auffassung, wonach sich empirisches Wissen auf die Möglichkeiten und Grenzen bezieht, die von uns unterschiedlich konstituierte Umwelt(en) unseren aus kognitiven Operationen gewonnenen Erfahrungen setzen, läßt sich auch bei Vertretern einer *Allgemeinen Systemtheorie* finden. Auf zwei Beispiele sei hier kurz hingewiesen.

Wie B. Meyer feststellt, relativieren Umwelten, also das, was vom System als Fremdreferenz konstruiert wird, die interne Selbstreferentialität und operationale Geschlossenheit des Bewußtseins. Meyer bestimmt dabei operationale Geschlossenheit als Fähigkeit des Systems, symmetrierende Wirkungen nur von innen zuzulassen: »Sofern an den Grenzen solcher Systeme Symmetriebrechungen auftreten, können Einwirkungen nur selegieren, nicht aber symmetrieren« (1993: 139).[42] Mit anderen Worten, ›operationale Geschlossenheit‹ verweist darauf, daß Symmetriebrechung an (kognitive) Systeme gebunden ist, nicht an die Umwelt, ohne daß damit Kausalität qua »Ermöglichungsverhältnis« ausgeschlossen, mit anderen Worten, ohne daß dadurch die Rolle der Umwelt im Prozeß der Symmetriebrechung vernachlässigt würde (a.a.O.: 69; ähnlich auch N. Luhmann 1990a: 276 f.).

G. Schlosser vertritt in seiner Grundlegung einer Allgemeinen Systemtheorie die Auffassung, daß unser Wissen keine Erkenntnis einer von uns unabhängigen Welt liefert, sondern als Maß für die Komplexität der Umweltinteraktionen von Prozeßsystemen (also etwa von Aktanten) angesehen werden sollte. Nach Schlosser ist »Wissen = Tun«, nämlich das Konstruieren einer Wirklichkeit als Netzwerk von Unterschieden. »Was uns zugänglich ist, *ist* unsere Welt. Wie könnten wir ›Welt‹ anders charakterisieren als durch ›zugänglich sein‹, ›erfahren sein‹, ›empirisch sein‹« (1993: 52). Das Erfahrung-Machen wie die Verständigung über unsere Erfahrungen wird bestimmt von bereits erworbenem Wissen sowie von bereits akzeptierten Rechtfertigungen. Damit betont auch Schlosser wie L. Fleck die Traditions- und Erkenntnisbestimmtheit jeder Erkenntnis (a.a.O.: 201).[43]

Eine *system-philosophische* Konzeption des Zusammenhangs von Wissen und Erfahrung im Rahmen einer an G. Spencer Brown anschließenden differenztheoretischen Beobachtertheorie hat N. Luhmann (1990a) in den letzten Jahren ausgearbeitet.

42 Der Vorteil dieser allgemein-systemtheoretischen Bestimmung liegt meines Erachtens darin, daß sie neben Symmetriebrechungen einfache Wechselwirkungen mit der Umwelt berücksichtigen kann, die lineare (quantitative) Einwirkungen kurzer Reichweite und Dauer darstellen (Meyer 1993: 222).

43 Die Parallelen zu Ruschs Konzeption liegen auf der Hand: »... all ontological knowledge can be reduced to operational knowledge«, und: »The social and cultural impact on [empirical research, s. j. s.] can hardly be overestimated« (Rusch 1995: 107, 103).

Luhmann (1990a, 1995a) geht von Wahrnehmung als der eigentlichen Fähigkeit des Bewußtseins aus. In der Wahrnehmung als lebenswichtigem und gelerntem Operieren[44] wird Unterscheiden als Einheit erfaßt. Wichtig für diesen Zusammenhang ist die von Luhmann vorgenommene Trennung von neurophysiologischen Operationen, Bewußtsein (= psychischen Operationen) und Wahrnehmung. In der Form von Wahrnehmungen werden unbewußt ablaufende physiologische Operationen[45] bewußt – in welchem Umfang und mit welcher zeitlichen Verzögerung auch immer. Das Bewußtsein kompensiert die Beschränkung des Nervensystems auf Selbstreferenz, indem es gewissermaßen externalisiert, was ihm als Eigenzustand des Körpers »suggeriert« wird. Das Bewußtsein konstruiert auf der Grundlage der unbeobachtbaren und unbemerkten Aktivitäten des Nervensystems,[46] mit dem es strukturell gekoppelt ist, eine Welt, in der es dann die Differenz zwischen dem eigenen Körper und der Welt und damit sich selber beobachten kann. Wahrnehmung ist also der Mechanismus, der dem »Wahrheit suchenden« System Außenkontakte vermittelt. Nach Luhmann hat das Bewußtsein im Wahrnehmen seine für Kommunikation unerreichbare Eigenart. Wahrnehmungen selber aber sind nicht kommunizierbar – man kann wohl *über* sie kommunizieren.

Wahrnehmen kann man unter anderem, wo sich der eigene Körper befindet.Und dieser eigene Körper muß mit wahrgenommen werden, wenn das Bewußtsein fähig sein soll, Selbst- und Fremdreferenz zu unterscheiden. Durch den Einschluß des eigenen Körpers ist der Wahrnehmung die Welt »komplett, kompakt und undurchdringlich« gegeben. »Die Welt selbst bleibt immer invariant [...]. Die Freiheitsgrade, die das Wahrnehmen dem Bewußtsein anbietet, sind also beschränkt. Sie beziehen sich stets auf Etwas-in-der-

44 ›Operieren‹ wird hier referierend im Sinne Luhmanns gebraucht.

45 Diese neurologischen Prozesse vor der Bewußtseinsschwelle faßt St. Weber als »Gehirnkonstruktivität« zusammen – dramatisch formuliert: das Bewußtsein kommt immer zu spät.

46 »Das Gehirn unterdrückt, wenn man so sagen darf, seine Eigenleistung, um die Welt als Welt erscheinen zu lassen. Und nur so ist es möglich, die Differenz zwischen der Welt und dem beobachtenden Bewußtsein in der Welt einzurichten« (Luhmann 1995a: 15).

wahrnehmbaren-Welt. [...] In diesem Sinn rahmt [...] die Wahrnehmung alle Kommunikation« (Luhmann 1995a: 28).

Bewußtsein ist die unentbehrliche Umweltdimension für Kommunikation. Bewußtseinsprozesse aber können nur dann zu Variationen des Wissens führen, »... wenn sie in Kommunikation umgesetzt und als Kommunikation verstanden oder mißverstanden werden« (1990a: 567). Damit kommt nun die Dimension des Wissens ins Spiel. *Wissen* beschreibt Luhmann als Kondensieren von Beobachtungen. Dabei verweist er nachdrücklich auf das Zeitproblem; denn Wissen betrifft stets eine aktuelle Operation: »Daher kann Wissen nicht nach Art eines zeitbeständigen Vorrats begriffen werden, sondern nur nach der Art einer komplexen Prüfoperation« (a.a.O.: 129). Mit anderen Worten: Wissen muß immer neu hergestellt werden,[47] immer neu in der Kommunikation erprobt werden. Für diese kommunikative Behandlung nun ist kennzeichnend, »... daß die Wahrheit des Wissens ›unmarkiert‹ mitkommuniziert wird« (a.a.O.: 134).

Auch Luhmann koppelt Wissen (und damit auch empirisches Wissen) ab von allen Vorstellungen einer Abbildung von Umwelt im kognitiven System. »Man braucht nicht zu wissen, wie die Welt wirklich ist. Man muß nur die Möglichkeit haben, eigene Erfahrungen zu registrieren und [...] zu erinnern« (a.a.O.: 136)[48] (Abb., S. 49).

Durch eine Verbindung von Wissen, Kommunikation und Erwartungsstil kommt Luhmann zu einer interessanten Verbindung zwischen Wissen und Recht.

Zunächst unterscheidet er zwei Erwartungsstile. Als ›normativ‹ bezeichnet er einen Erwartungsstil in der Kommunikation, der Erwartungen auch im Enttäuschungsfall durchhält, weil sie »berechtigt« sind. Bei einem »kognitiven Erwartungsstil« werden Erwartungen im Enttäuschungsfall

47 Vgl. Schmidt (1993).

48 Vgl. G. Rusch: »Dementsprechend drücken wir empirisches Wissen aus, indem wir die Arten und Weisen beschreiben, in denen solche bestimmten Tätigkeiten usf. uns selbst, unser Denken, unsere Denk- und Handlungsmöglichkeiten betreffen. In diesem Sinne ist empirisches Wissen Erfahrungswissen. Indem wir in den Begriffen unserer Kognition er-leben, was uns während und infolge unserer Tätigkeiten widerfährt, machen wir Erfahrungen. Und nur diese Erfahrungen machen unser empirisches Wissen aus« (1987: 242).

1953 Mondnacht
1956 Kraft
1956 2 Säulen u. Akkumulationssäulen mit Metallteil Hirschkuh u. Hirschfüßen
1958 die Blinde
1962 zur Sibirischen Symphonie
1957 Sender
1957 Plastiken mit Akustik
1954 Markierung
1954 Kreuz im Gestein
1951 Mädchen
1958 Unterhalt von Pennimus
1958 Pennimus
1966 die Donau
1957 Doppelblatt: 2 Mädchen
1951 Kreuz
1957 Doppelblatt: 2 männl. Skelette
1956 Doppelblatt: Ziege
1957 Hirschwagen
1957 Speerwerferin
1950 Backe backe Kuchen (Mutter mit Kind ohne Titel) +
1949 Mädchen
1947 Mutter mit Kind
1956 Dschingis Khans Wiege
1956 Ziegen, Elche, Schwäne
1955 2 x Mutter mit Kind
1949 Lavagestein am Meer
1952 Portrait Hilli Beuys
1953 Sonne am Felskreuz
1952 Lavalandschaft
1962 ohne Titel
1964 ~~Aktions~~-Performer FLUXUS ~~Aktions~~ + (~~Performer~~)
1963 Performerin für Filzdemonstration +
1963 Wärmestrahlungsregler
1962 Element II
1963 2 Totalstrecken (EURASIA)
1962 Fettraum
1954 Ziegen mit Wärmestücke
1964 Filz-Fettecken
1964 Aufzeichnung für FLUXUS-Filzdemonstration
1963 Ente, absorbierender Raum u. Filzlappen
1961 Filzplastik
1959 Sekerin
1950-51 [illegible] Auferstehung
1958 Bienenkönigin
1961 [illegible]konstruktion für Vorwort

korrigiert. Mit Hilfe dieser Unterscheidung wird Wissen definiert als kognitiv stabilisierter Sinn, ›Recht‹ dagegen als normativ stabilisierter Sinn. Daraus folgert Luhmann, daß es Wissen nur gibt, wenn/wo es Recht gibt, und umgekehrt – eine empirisch wohl erst zu prüfende, aber reizvolle Hypothese (a.a.O.: 139).[49]

Nach unseren alltäglichen sozio-kulturellen Erwartungen wird Wissen nicht Individuen zugerechnet (»Neutralisierung des Eigenbeitrags psychischer Systeme«, a.a.O.: 143), sondern es wird die Prätention aufrechterhalten, Wissen sei für *jeden* Beobachter zu erreichen, also anonym. Zudem wird Wissen in Form einer als kognitives Erleben stilisierten Erwartungshaltung modelliert, um es auf die Umwelt beziehen zu können. Demgegenüber betont Luhmann – wie viele Konstruktivisten – den Primat der Eigentätigkeit: »Der Realitätsbezug des Wissens liegt somit in seiner eigenen Operativität – und nicht in ermittelbaren Garantien für einen Realitätsbezug der Thematik des Wissens« (a.a.O.: 147). Alles, was für ein (kognitives oder kommunikatives) System eine Einheit oder Unterschiedenheit ist, ist auf die Operationen des Systems selbst zurückzuführen. So gesehen repräsentieren Tatsachen »die Außenwelt, gesehen von innen« (a.a.O.: 288), oder mit anderen Worten: »Alle ›Tatsachen‹ sind und bleiben Aussagen im System« (a.a.O.: 315).[50]

In seiner differenzorientierten Denk- und Sprechweise formuliert Luhmann die Frage nach Realität und Empirie wie folgt: Wenn ein System seine Autopoiese[51] unter den Bedingungen selbsterzeugter Komplexität fortsetzen kann, hat es einen internen Anhaltspunkt dafür, daß es »richtig liegt«, auch wenn es unabhängig vom eigenen Umweltentwurf nie feststellen kann, wie es in der Umwelt an sich der Fall ist. Realität kann also nicht der Seite des Subjekts zugeordnet werden. Andererseits kann die Frage nach der Realität auch

49 Zu einer ethnologischen Diskussion dieser Problematik vgl. P. Drechsel (1994).

50 »Es ist alles eine Frage ob das Außen außen ist und das Innen innen. Solange das Außen keinen Wert auf einen legt bleibt es außen aber wenn es Wert auf einen legt dann geht es nach innen oder vielmehr wenn das Außen Wert auf einen legt dann wird das Innen zum Außen« (G. Stein 1996: 23).

51 Der Begriff wird hier so referiert, wie ihn Luhmann verwendet.

nicht als Frage nach der Außenwelt gestellt werden, zu der man einen empirischen (oder anderen) Zugang hat.

> »Der Ausweg ist klar: Man kann als Realität nur das bezeichnen, was auf eben diese Differenz Bezug nimmt. In systemtheoretischer Terminologie heißt dies: Realität ist die Differenz von System und Umwelt, also Umwelt in Differenz zum System und System in Differenz zur Umwelt. Was immer man im Kontext dieser Unterscheidung bezeichnet, es hat den Charakter von Realität nur im Kontext dieser Unterscheidung, das heißt: nur in der Gegenbegrifflichkeit und nicht aus sich heraus. Der Begriff der Realität bezeichnet, mit anderen Worten, im Kontext der Systemtheorie das Korrelat einer Beobachtung von Beobachtungen, die sich der Unterscheidung von System und Umwelt bedient. Schon die Frage nach der Realität nimmt auf diese Ebene des Beobachtens von Beobachtungen Bezug. Aber mit dieser Bestimmung des Begriffs der Realität trennen wir uns von der alteuropäischen Tradition, die von Realität im Kontext einer natürlichen bzw. übernatürlichen Dinghaftigkeit (res) gesprochen hatte. Diese Tradition hat sich mit dem Denken des Denkens am Ende selbst gesprengt« (a.a.O.: 318)[52] (Abb., S. 52).

Die Kontroverse zwischen Realismus und Konstruktivismus geht nach Luhmann auf die immer noch stillschweigend gemachte Annahme zurück, ohne Referenz auf eine Außenwelt sei keine Wahrheit möglich. Luhmanns Vorschlag zur Lösung dieses Problems beginnt mit einer Trennung von Referenz- und Wahrheitsproblemen und deren Fassung als Form oder Differenz.

Wahrheit konzipiert er als selbstreferentielle Differenz von Wahrheit und Unwahrheit; im Falle der Referenz unterscheidet er zwischen Selbstreferenz und Fremdreferenz. Wichtig an dieser scheinbar rein terminologischen Operation ist die Konsequenz: »Beide Seiten dieser Unterscheidung sind nur mit der jeweils anderen gegeben« (a.a.O.: 707). Weder ein Rückzug in reine Selbstreferentialität noch der in Fremdreferentialität helfen weiter. Das Problem muß vielmehr zweistufig angelegt werden, das heißt, das Prädikat ›real‹ kann nicht einfach dem Bezeichneten zu- oder abgesprochen werden:

52 Wie sich diese Sprengung vollzogen hat, rekonstruieren eindrucksvoll O. Jahraus und B. Marius (1995).

»Der Realitätswert verlagert sich von der Bezeichnung (Referenz) auf die in aller Bezeichnung mitaktualisierte *Unterscheidung*. Real ist das, was als Unterscheidung praktiziert, durch sie zerlegt, durch sie sichtbar und unsichtbar gemacht wird: die Welt. Und das gilt für jede Unterscheidung – sowohl für die Unterscheidung von Selbstreferenz und Fremdreferenz als auch für die Unterscheidung von wahr und unwahr. Die Unterscheidung von Wahrheitsproblemen und Referenzproblemen führt mithin zu einer Unterscheidung von Unterscheidungen: zur Unterscheidung der Unterscheidung wahr/unwahr von der Unterscheidung Selbstreferenz/Fremdreferenz. Beide Unterscheidungen stehen orthogonal zueinander. Sie haben keine wechselseitig disbalancierenden Effekte« (a.a.O.: 707 f.).

Franz Josef Czernin, die aphorismen

2.5.: 3.4	*wahrnehmung*: verdauter unsinn.
2.3.7.4	wahrnehmen: sich keine der begriffe machen, für die man worte hat.
3.:4	ich habe gar nicht die wahl, meinen sinnen zu trauen.
3.4.: 3	*wahrnehmen*: sich jene begriffe machen, die wie eindrücke aussehen, für die man worte braucht.
3.: 4.6	*wahrnehmungen*: jene unterschiede zwischen dingen, die man sich nur dann vorstellen kann, wenn sie einem zugestossen sind.
3.1.11.9.13	… wahrnehmen heisst, sich in dem, was man wahrnimmt, ein für alle mal so unterbringen, dass man es wiedererkennen kann.
5.3.1.7	dass die tatsache, dass wir wahrnehmen, allein durch den zusammenhang erzeugt wird, in dem die dinge stehen, ist die ursache dafür, dass wir jene tatsache nicht verstehen können.
7.3.2	solange ich nichts wahrgenommen habe, kann ich keinen begriff von mir haben.
8.9.6.10	die dinge sind jene körper von eigenschaften, mit deren hilfe ich mich in mich selbst hineinversetze.
4.9.1.: 14	was wir *erfahrung* nennen, ist der geglückte

versuch, unser sprechen über etwas von dem abhängig zu machen, worüber wir sprechen.

4.6.7.: 8 *erfahrung*: die tätigkeit herstellen, in der ich mich als mein eigenes erlittenwerden missverstehe.

5.1.7 sprache: was wir *erfahrung* nennen, ist der stets scheiternde versuch, uns von uns selbst abhängig zu machen.

2.4.3 *wissen*: wenn, was wir erkennen, weil wir damit umgehen können, und das, womit wir umgehen, weil wir es erkennen können, ein und dasselbe ist.

4.
Aspekte handlungsorientierter Konzeptionen von Erkenntnis

»Wir wissen nur, insoweit wir machen.«
(Novalis)

Die bislang skizzierten wissens- und nicht objektbasierten Empiriekonzepte finden ihren gemeinsamen Fluchtpunkt in »handlungsorientierten« Konzeptionen von Erkenntnis und Objektivität, wie sie an verschiedenen Stellen entwickelt worden sind. Auf einige dieser Positionen gehe ich im Folgenden kurz ein, um einen möglichen philosophischen wie wissenschaftlichen Argumentationskontext zu skizzieren, in dem eine handlungsorientierte Konzeption von Erkenntnis und Empirie, wie sie Konstruktivisten vertreten, Plausibilität gewinnen kann.

Aber blicken wir zunächst – kontrastierend oder wie auch immer – auf eine literarische Titellosigkeit Oskar Pastiors:

Ohne Titel

Man kann dies drehen und man kann dies hin und
her wenden, es ist einem hier und dort freigestellt.
dies her oder hin zu wenden oder zu drehen, immer

läßt sich dies drehen und wenden: denn kann man
dies hin und her wenden und drehen wie man hier
und dort will, so kann man es anstellen wie man

will, es wird sich hier oder dort drehen oder wen-
den wie man will, denn es ist einem freigestellt,
dies zu drehen oder zu wenden; oder nicht zu dreh-

hen oder nicht zu wenden; man kann tun was man
will, dies läßt sich hin und her wenden und, ob man
es nun will oder nicht, hier und dort bewerkstelligen;

es ist einem ja völlig freigestellt: dies kann jetzt
lesen oder nicht lesen wer will, es bleibt ihm einfach keine Wahl als es zu lesen oder nicht zu lesen;

dies wenigstens kann jeder: denn man kann dies derhen und man kann dies hin und her wenden oder nicht,
es bleibt einem einfach nichts anderes übrig oder nicht.

(O. Pastior 1980: 78)

In »handlungsorientierten« philosophischen Konzeptionen von Erkenntnis und Empirie nimmt – wie unter anderen E.-M. Engels (1985) betont – das Subjekt nicht mehr die Rolle des Betrachters der Welt ein, sondern die des handelnden Teilnehmers oder *Konstrukteurs* (a.a.O.: 57). Diese Konzeption kann sich auf viele Vorläufer oder Wegbereiter berufen, in erster Linie auf J. Piaget. Auch wenn man darüber streiten mag, ob Piaget (so die Lesart E. von Glasersfelds 1992) bereits Konstruktivist war oder nicht,[53] bleibt doch unbestreitbar, daß Piaget Erkenntnis nicht als interne Repräsentation einer unabhängig vom Subjekt existierenden Realität im Subjekt konzipiert hat, »... sondern als das Ergebnis einer vorgängigen Interaktion mit den Dingen, in der diese handelnd in Erfahrung gezogen und damit als solche auch erst konstituiert werden« (Engels 1985: 58).

J. Piaget hat in seiner grundlegenden Arbeit *Biologie und Erkenntnis* die generelle Hypothese entwickelt, »... daß jede Erkenntnis an Verhalten oder Handeln gebunden ist und daß einen Gegenstand oder ein Ereignis erkennen bedeutet, sie sich nutzbar machen, indem man sie an Verhaltensschemata assimiliert. [...] Erkennen besteht nicht im Abbilden der Realität, sondern darin, auf diese einzuwirken und sie [...] so umzuwandeln, daß man sie in Funktion der Transformationssysteme versteht, an welche die einwirkenden Verhaltensakte gebunden sind« (1974: 6).

Akkomodation und Assimilation, Bedeutungsverleihung und Inkorporierung in Verhaltensschemata wirken im Erkennen immer zusammen. Leben ist für Piaget im wesentlichen Selbstregelung. Kognitive Prozesse resultieren aus or-

53 Vgl. die Diskussion über Piaget im DELFIN-Jahrbuch 1994 (Hg. G. Rusch und S. J. Schmidt).

ganischen Selbstregelungen (deren Hauptmechanismen sie reflektieren) und wirken als differenzierte Organe der Regulation von Interaktionen mit der Umwelt (a.a.O.: 27). Kognitive Funktionen machen sich bei ihrer Selbstregelung »... die allgemeinen Systeme organischer Autoregulation zunutze, die auf allen genetischen, morphogenetischen, physiologischen und nervösen Stufen zu finden sind«, und passen diese allen Austauschprozessen mit der Umwelt an (a.a.O.: 35).

Aufgrund intensiver Studien der menschlichen biologischen Entwicklung kommt Piaget zu der Hypothese, »... daß die kognitiven Funktionen ein spezialisiertes Organ zur Steuerung des Austausches mit der Umwelt bilden, obwohl sie ihre Werkzeuge aus den allgemeinen Formen der biologischen Organisation ableiten« (a.a.O.: 370). Erkenntnis muß dementsprechend aus ihrer Konstruktion verstanden werden, »... was keineswegs widersinnig ist, da die Erkenntnis *ihrem Wesen nach Konstruktion* ist« (a.a.O.: 372).

Diese kognitive Konstruktivität von Individuen stellt Piaget pointiert in einen *gesellschaftlichen Zusammenhang*: »Dem Individuum gelingen seine Erfindungen oder intellektuellen Konstruktionen nur in dem Maße, in dem es selbst ein Ort kollektiver Interaktionen ist, deren Niveau und Wert natürlich von der Gesellschaft in ihrer Gesamtheit abhängen« (1974: 378). – Auch in J. von Uexkülls Umweltlehre (1973) wird Umwelt nicht als räumlicher Ausschnitt aus der Realität gesehen, sondern als Resultat der Konstitutionsleistungen von menschlichen wie tierischen Subjekten: »Gegenstände werden als bestimmte Objekte erst durch Subjekte konstituiert« (a.a.O.: 61), ja, Gebrauchsgegenstände sind, nach von Uexküll, »gefrorene« Handlungen des Menschen.

C. F. von Weizsäcker (1980: 152) betont, daß Denken uns »... *primär kein Bild der Wirklichkeit*, sondern ein Bild dessen, was wir mit der Wirklichkeit anfangen, ein *Bild unseres Handelns*« liefert. Wird aber die Praxis zwischen »Denken« und »Sein« geschoben, dann vervielfältigt sich Objektivität gemäß den Handlungsmöglichkeiten der Organismen, deren Weltbilder pluralisierbar sind, insofern und solange sie zuverlässige Handlungsgrundlagen abgeben (Engels, a.a.O.:

82). Erkenntnis, so faßt Engels diese Traditionslinie zusammen, »... symbolisiert jenen Erfahrungszusammenhang, in dem wir die Welt konstituiert haben. Sie läßt sich daher als abstrakteste Form von Handlung charakterisieren« (a.a.O.: 63).

Damit lokalisieren sich handlungstheoretische Konzeptionen von Wahrnehmung und Erfahrung auf einem Argumentationsplafond, den vor allem *instrumentalistische* Philosophen[54] (z. B. H. Dingler oder J. Dewey) konstruiert haben. Instrumentalistische Erkenntnistheoretiker betrachten das erkannte Objekt nicht als auslösende Ursache, sondern als Produkt von Erkenntnisoperationen. Erkennen ist für sie selbst schon Handeln.[55]

Wie der in dieser Konzeption verwendete Handlungsbegriff aussieht, soll am Beispiel eines heutigen Instrumentalisten erläutert werden. P. Janich bemüht sich bei seiner Erläuterung des Handlungsbegriffs darum, die Rede von mentalen Prozessen (Absichten oder Intentionen vor allem) zu vermeiden. Handeln ist für ihn durch drei Merkmale charakterisiert:

»1. Zu Handlungen kann ein Mensch den anderen auffordern.
2. Handlungen kann man ausführen oder auch unterlassen.
3. Handlungen können gelingen und mißlingen« (1992: 15).

Gelingen oder mißlingen aber kann eine Handlung nur im Hinblick auf Ziele und Zwecke,[56] die die Verwirklichung eines Handlungsschemas bestimmen. Erfahrungmachen heißt daher nach Janich: Erleben, wo wir mit unseren Handlungen erfolgreich sind oder nicht. Auch Naturerkenntnis ist das Machen von Erfahrungen eines Naturforschers, der also eine aktive und konstruktive Rolle spielt, nicht aber eine passive und bloß rezeptive Zuschauerrolle. Der aktiv Erfahrung Ma-

54 Vgl. dazu R. Heede (1976) oder G. Wolters (1984).

55 Zu ähnlichen Ansätzen im Operationalismus vgl. G. Frey und E. Scheerer (1984), im Pragmatismus vgl. E. Elling (1989).

56 Hier stellt sich die Frage, ob nicht über Ziele und Zwecke wieder Intentionalität in das Handlungskonzept reimportiert wird.

chende kommuniziert das Wissen, das er durch Handlungserfolge bzw. -mißerfolge gewinnt, durch Sprache, die in den Wissenschaften terminologisch und logisch zu Theorien geordnet worden ist. Sprache, so betont Janich nachdrücklich, dient also *nicht* zur Beschreibung oder Abbildung von etwas natürlich Vorhandenem, sondern zur Kommunikation, »... zur Weitergabe von Aufforderungen, Fragen und Behauptungen und zum absichtsvoll durchgeführten, damit Gelingen und Mißlingen ausgesetzten Einteilen der Gegenstände der Welt«. Sie dient »... der *Konstruktion der Gegenstände,* über die gesprochen wird« (1992: 18).[57] Daß auch Kommunikation unter den Handlungsbegriff gefaßt wird, versteht sich für Janich fast von selbst. Wichtig an diesem handlungsorientierten Instrumentalismus ist m. E. die Kon-

57 Am Rande, denkst du

Am Rande, denkst du, denkst du Sätze, die dich denken. Du denkst, sie denken dich. In deinen Sätzen
bist du an ihrem Rand. Du bist eine Anrandung von

Sätzen, die dich an den Rand stoßen. Gegensätzen,
und auch an denen wandelst du entlang. Sätze, die
dich gegensätzlich denken, wandeln dich an und den-

ken Gegensätze, die du nicht denkst. An deinen Tatbeständen kommst du nicht vorbei – es sind seltsame
Sätze. Du kannst an sie denken, sie denken nicht an

dich, sie denken dich seltsam am Rande, du bist eine Anwandlung von ihnen, die an Gegensätzen nicht
vorbeikommen. Am Rande der Sätze, in denen du bist.

liegst du noch ganz am Rand, wenn du darüber hinaus
denkst. Auch sie denken dich hinüber, doch an ihren
Tatbeständen kommen sie nicht vorbei. Es sind nur

Sätze, die nur denken können. Du denkst, sie denken
dich, sie denken, du denkst sie, es ist eine Verschwörung an den Sätzen, die dich nicht abwerfen

können, die du nicht abwerfen kannst, ein Inzest.
Am Rande des Denkens, solange du denkst, liegst du
in Sätzen an Sätzen, noch kann dich keiner über den

Rand verstoßen, den du nicht denkst, seltsam, du
bist nur in Sätzen in Sicherheit, die dich wiegt,
und nur in Sätzen in Freiheit, aber in welcher

(O. Pastior 1980: 58).

sequenz, daß offenbar auch *Beobachten,* ja Sinneswahrnehmungen insgesamt als ein zweckgerichtetes Handeln gesehen wird, das gelingen und mißlingen kann. »Nur gelingende Beobachtungen liefern ein Erfahrungswissen« (a.a.O.: 24). Empirisches Wissen, so lese ich Janichs Überlegungen, ist also ein Wissen über die Resultate von Handlungen und nicht die Erkenntnis »natürlicher« Gegebenheiten. Keine mit Anspruch auf Wissenschaftlichkeit verknüpfte Erfahrung ist prämissen- und zweckfrei: »Erst wiederholbare Handlungssequenzen und die daran gebundenen definitorischen Normierungen fachwissenschaftlichen Sprechens, d. h. erst die *operationalen Definitionen, machen naturwissenschaftliche Empirie möglich.* Das planvolle technische Handeln und seine sprachliche Normierung in operationalen Definitionen sind das synthetische Apriori wissenschaftlicher Empirie und rufen, um auf die Frage Kants zurückzukommen, die Natur in den Zeugenstand« (a.a.O.: 197). Janich legt sich eindeutig fest: »Vielmehr ist *jedes Erkennen Handeln und jede Erkenntnis ein Handlungsresultat,* das nach normativ zu bestimmenden Handlungszwecken in gelingende und mißlingende unterschieden werden muß – andernfalls könnte [man, s. j. s] nicht Erkenntnis und Irrtum unterscheiden« (1996: 133; vgl. auch die Beiträge in P. Hartmann/P. Janich Hg., 1996, vor allem den Einleitungsartikel der Herausgeber).

Die Sprach- und Kulturabhängigkeit wie die Bindung jeder Erkenntnis an menschliche Handlungs- und Beobachtungsweisen, Fähigkeiten und Bedürfnisse macht Naturerkenntnisse zu Erkenntnissen einer allein auf den Menschen bezogenen Natur – um so mehr, je geräteabhängiger solcher Erkenntnisgewinn (geworden) ist. »Die Natur ›an sich‹, d. h. abgelöst von der unverzichtbaren sprachlichen Form der Naturerkenntnis, zu erkennen , ist dagegen eine völlig sinnlose Vorstellung« (a.a.O.: 132).

Wie Handlung und Kommunikation, Logik und Gesellschaft miteinander zusammenhängen, das hat R. Jokisch in seiner »Logik der Distinktionen« (auf eine nur zitierbare Art und Weise) entwickelt:

»Unser Ziel wird es sein, zu zeigen, daß sich Logik in einem elementaren Sinn *handlungs-* und *kommunikationstheoretisch* begründen läßt.

> Einfach gesagt: Keine HANDLUNG kommt ohne KOMMUNIKATION zustande. Nur mit Hilfe eines kommunikativen Vorganges, bei welchem zwischen ›etwas‹ und ›etwas anderem‹ entschieden (bezeichnet) werden kann, läßt sich eine Handlung operativ umsetzen. Handlungen benötigen Kommunikationen, um sich verwirklichen zu können. Daher kann eine ›Soziologische Theorie‹, die nur auf Handlungstheorie basiert, letzten Endes nicht schlüssig erklären, wie der Prozeß des Handelns zustandekommt, sondern nur, *daß* faktisch gehandelt wird.

Dabei verstehen wir unter HANDLUNG einen Sinnvollzug der *Systemattribuierung*: mit einer HANDLUNG wird eine Identifizierung des Systems erreicht, die prozessual dadurch zustandekommt, daß unter der Vorgabe eines Zwecks und unter Einbeziehung bestimmter Mittel spezifische kommunikative Ereignisse angenommen, andere dagegen abgelehnt werden. Unter KOMMUNIKATION ist der Sinnvollzug einer *Selektionsofferte* gemeint: es wird eine Information in bestimmter Form mitgeteilt. Dies ist die Anschlußstelle für die Anknüpfung an die vier Sinnsystemarten: die Form der *Mitteilung*, die verstanden werden soll, kann sozial, personal, affektiv oder leiblich sein. Informative Mitteilung wird, so könnte man formulieren, über bestimmte KOMMUNIKATIVE ›Kanäle‹ mitgeteilt, die verstanden oder mißverstanden werden kann. Wir sprechen in diesem Kontext auch von der Emergenz von Erwartungs-Arten als soziale, personale, affektive und leibliche Arten, Informationen mitzuteilen. [Fig. 20]

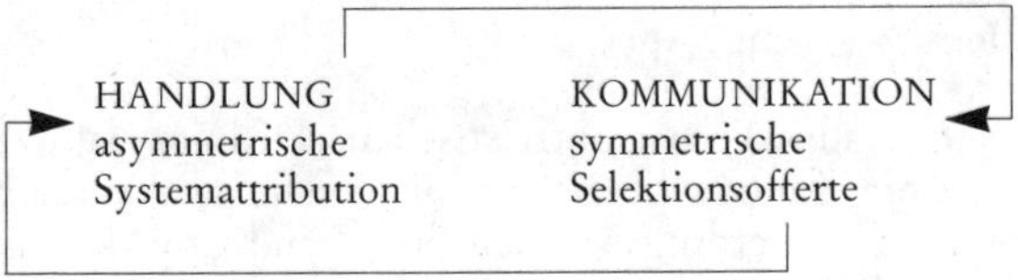

Und nur dann, wenn KOMMUNIKATION und HANDLUNG als Einheit der Distinktion von KOMMUNIKATION und HANDLUNG prozessieren, haben *Selektionsofferte* und *Systemattribution* einen GESELLSCHAFTLICHEN Sinn. Eine oszillierende KOMMUNIKATIVE Selektionsofferte ist nur hinsichtlich eines durch HANDLUNG identifizierten Systems eine Offerte: Das Informationsangebot hat nur dann Sinn, wenn es als ein wählbares Angebot in Anspruch genommen werden kann. Andererseits ist der Akt einer HANDLUNG, und d. h. einer Systemattribuierung, nur dann vollziehbar, wenn zwischen ›etwas‹und ›etwas anderem‹ eine ENTSCHEIDUNG getroffen werden kann, also eine KOMMUNIKATIVE Selektionsofferte vorliegt. Die GESELLSCHAFTLICHE Einheit besteht nach dem hier vertretenen Ansatz (TgS) aus einer Verschränkung von KOMMUNIKATION und HANDLUNG, was im Kontext einer ›Logik der Distinktionen‹ besagt: aus einer Verschränkung von symmetrischer Differenz (KOMMUNIKATION) und asymmetrischer Unterscheidung (HANDLUNG).

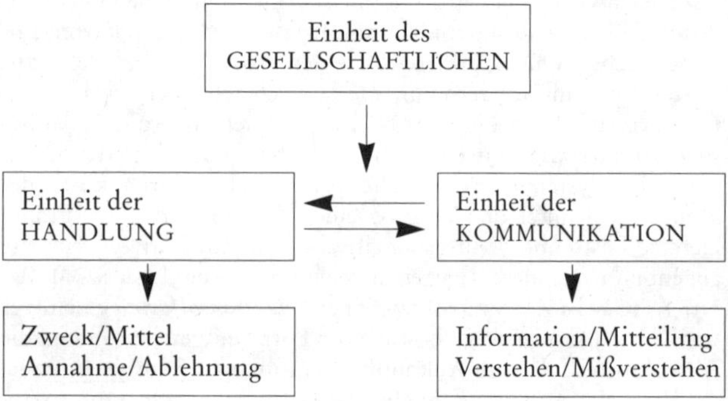

Wenn nun Logik ihrerseits ebenfalls aus einer spezifischen Kombination der Distinktionen ›Differenz‹ und ›Unterscheidung‹ konstituiert wird, so könnte damit die *Sozialität* des Logischen aufgezeigt werden, da Logik und GESELLSCHAFT eine gemeinsame Plattform in den Hauptdistinktionen ›Differenz‹ und ›Unterscheidung‹ hätten.«
(R. Jokisch 1996: 101–103).

Auch im radikalkonstruktivistischen Diskurs läßt sich durchaus die Tendenz beobachten, Erkennen als Handeln zu konzipieren. Allerdings stehen hier eindeutig kognitive Handlungen im Vordergrund, wie P. Janich zu Recht moniert.

E. von Glasersfeld hat die handlungsorientierte Kognitionskonzeption S. Ceccatos, die z. T. auf H. Dingler zurückgeht, in folgenden Sätzen zusammengefaßt: »Die Zeitwörter der Wahrnehmung und der Kognition, erklärte er, drücken Begriffe von Handlungen aus, bei denen das Objekt als Folge des Handelns entsteht. Ein Bild, das wir sehen, ist nicht weniger das Ergebnis eigener Handlungen als ein Bild, das wir malen, ein Loch, das wir graben, oder ein Haus, das wir bauen« (1985: 18).

Am eingehendsten hat sich wohl H. von Foerster mit dieser Thematik befaßt. Dabei verweist er vor allem auf die empirischen Arbeiten von Piaget, wonach Erkenntnis nicht allein durch Perzeptionen zustande kommt, da diese immer von Aktionsschemata begleitet sind, Erkenntnis also aus »Tätigkeit« entspringt (1985: 51). Seine eigenen Überlegungen zu diesem Problemkreis hat von Foerster wie folgt zusammengefaßt: »Der Sinn (oder die Bedeutung) der Signale des Sensoriums wird durch das Motorium bestimmt, und der Sinn (oder die Bedeutung) der Signale des Motoriums wird durch das Sensorium bestimmt« (1993: 52). Als historischen Kronzeugen für diese Auffassung führt er H. Poincaré an, der in *L'espace et la géometrie* (1895) erkannt habe, daß Sinneserregungen zwar notwendige, aber keineswegs hinreichende Bedingungen für Wahrnehmungen sind. Erst eine Veränderung der Sinneswahrnehmung und ihre Korrelierung mit willkürlichen Bewegungen schafft notwendige und hinreichende Bedingungen für Wahrnehmungen. Von Foersters Erkenntnistheorie ruht auf zwei Prämissen:

- einem »ästhetischen Imperativ«, der besagt: »Willst du erkennen, lerne zu handeln«, und
- einem neurobiologischen »Postulat der kognitiven Homöostase«: »Das Nervensystem ist so organisiert (bzw. organisiert sich selbst so), daß es eine stabile Realität errechnet« (1993: 47 ff.).

Für von Foerster sind Objekte und Ereignisse keine primären Erfahrungen, sondern Repräsentationen von Relationen. Da der Organismus aufgrund seiner Nerventätigkeit nur Wissen von seinem eigenen *Verhalten* haben kann, sind die Objekte, die er als widerständig erfährt, strenggenommen Zeichen für »Eigenverhaltensweisen« des Organismus. »Daraus folgt, daß Objekte oder ›Wider-Stände‹ oder Gegenstände, wie wir sie kurz nennen wollen, keine primären Entitäten sind, sondern subjektabhängige Fertigkeiten, die gelernt werden müssen und die daher auch durch den kulturellen Kontext beeinflußt werden« (1993: 279). Gegenstände, so von Foerster, sind stabil gewordene Ergebnisse neuronaler Errechnungen, sie sind – technisch gesagt – Eigenwerte.

H. R. Maturana versteht Unterscheiden als die grundlegende Operation des Beobachters, die darauf abzielt, eine Entität operational von der Umgebung abzugrenzen. Das Resultat von Unterscheidungen ist also »... ein Gegenstand mit den Eigenschaften, die die Operation des Unterscheidens bestimmt, ein Gegenstand, der in dem Raum existiert, der durch diese Eigenschaften gebildet wird« ([2]1985: 264). Den Begriff ›Handlung‹ setzt Maturana gleich mit dem Begriff ›strukturelle Kopplung‹ und bezeichnet damit die Verbindung eines operational geschlossenen Systems mit seiner Umwelt.

H. R. Maturana und F. J. Varela bestimmen menschliches Erkennen als effektives Handeln in kulturellen Traditionen, ja sie postulieren sogar eine Identität zwischen Erkennen und Handeln: »... all knowing is doing ...« (1987: 166). Jedes Wissen ist für sie ein Tun, das sich im In-Sprache-Sein als soziales Geschehen abspielt. »Wir haben nur die Welt, die wir zusammen mit anderen hervorbringen« (1987: 267). Und Varela et al. bestimmen Kognition als »verkörpertes Handeln« (1992: 237) (Abb., S. 65).

Auch in der Neurobiologie wird zunehmend auf den unlösbaren Zusammenhang zwischen Erkennen und Handeln hingewiesen. E. Oeser und F. Seitelberger (1988) z. B. fassen den (nicht-konstruktivistischen) Stand neurobiologischer und neurophilosophischer Forschungen zum Thema Erkennen und Handeln wie folgt zusammen:

> »Für die *gegenständliche Wahrnehmung des Menschen* ist aber zweierlei hervorzuheben. Einmal, daß der Tätigkeitscharakter der Wahrnehmung als *aktives Verhalten* zur Umwelt besonders ausgeprägt ist. [...] So ist Wahrnehmung kein passives Erleiden, sondern ein auf die Umwelt gerichteter *intentionaler Akt*, der abstrakte Wirklichkeitsäquivalente eigenständig hervor- und in das Verhalten einbringt. Eigenständig meint, daß die Gestaltungsregeln der Abstraktionsprozesse im genetisch bedingten Gehirnbau und in seiner Betriebsweise zwar vorgegeben sind, aber durch individuelle Erfahrung und Lernen laufend angepaßt und modifiziert werden« (1988: 96).

Menschliche Wahrnehmung als klassifizierend-begriffsbildende Operation ist immer mehr als bloße Identifikation eines Objektes. Darum muß auch der Begriff der *mentalen Repräsentation*[58] nicht als mimetisches Abbild, sondern als eine Zuordnungsbeziehung bzw. Abbildungsfunktion interpretiert werden (a.a.O.: 160). Durch den Kreislauf der Sensomotorik kontrolliert, erzeugt das kognitive System Invarianten. Das aber bedeutet: »Nicht die Dinge werden ›abgebildet‹, sondern der Umgang mit ihnen« (a.a.O.). Oeser und Seitelberger betonen,

> »... daß im Fall der Repräsentation keine kooperative Quelle (= Sender) vorhanden ist, sondern das Erkenntnissubjekt selbst aktiv

58 Eine systematische Auseinandersetzung mit dem Problemfeld Repräsentation und Konstruktion hat M. F. Peschl (1994) vorgelegt. – Zum neuesten Stand der Neurowissenschaften bezüglich dieses Themas vgl. G. Rusch, S. J. Schmidt und O. Breidbach (Hg.), 1996.

aus den ihm zugänglichen energetischen Zuständen jene Invarianzen heraussuchen muß, mit denen es intern ein Modell des Ausschnitts seiner Welt konstruiert. Kein Gegenstand der Erkenntnis sendet Signale fürs Bewußtsein aus. Keine Lichtwellen, Strahlen oder chemische Substanzen dringen als solche ins zentrale Nervensystem. Keiner dieser energetischen Vorgänge trägt schon Bedeutung, auch nicht für ein bestimmtes Sinnesorgan. Was Bedeutung oder Relevanz hat und was Bedeutung ist, entsteht erst im Inneren des Systems, das heißt im Gehirn« (a.a.O.: 162).

Wie die Autoren betonen, hat etwa das Nervensystem es grundsätzlich nur mit Entsprechungen und Abstraktionen »von Wirklichkeit« zu tun und keineswegs mit den »Weltwirklichkeiten selbst«. Das Nervensystem erzeugt also Modelle von Wirklichkeit, aber keine Abbilder. Die Programme, nach denen das Gehirn arbeitet, werden entsprechend bestimmt als auf Lebenstätigkeiten bezogene Repräsentationen der Umwelt (einschließlich Repräsentationen des eigenen Leibes) als potentiellem Handlungsraum, der seinerseits als »Welt« bestimmt wird (a.a.O.: 104). »Die einheitsstiftende Funktion des Bewußtseins begründet damit in objektiver Hinsicht die Konstitution der Gegenstandswelt wie in subjektiver Hinsicht die des Ichs« (a.a.O.: 115)[59] (Abb., S. 67).

Die von Oeser und Seitelberger in bezug auf das Repräsentationsproblem verfolgte Argumentationslinie scheint inzwischen in der (konstruktivistischen wie nicht-konstruktivistischen!) Hirnforschung an Boden zu gewinnen, wie man etwa an den Arbeiten von M. F. Peschl (1994) oder den Beiträgen in neuesten Sammelbänden sehen kann (vgl. G. Rusch/S. J. Schmidt/O. Breidbach, Hg., 1996; A. Ziemke/O. Breidbach, Hg., 1996). Da ich die dort vorgetragenen Argumente für sehr wichtig halte, füge ich im Anhang 3 eine Stellungnahme von F. Pasemann (1996) an.

59 Wie St. Weber aber verschiedentlich zu Recht betont, sagen Korrelationsbeziehungen zwischen physikalischer Außenwelt und physiologischer Innenwelt nichts über das Abbildungs- oder Konstruktionsverhältnis von Außenwelt und Innenwelt aus; denn die Differenz von Innenwelt und Außenwelt ist ein bereits von uns produzierter Unterschied, der nur in unserer Wirklichkeit vorkommt.

In einer grundlegenden Untersuchung zum Thema »Wie empirisch ist die Empirie?« hat auch J. Kriz (1985) bei einer Durchmusterung gängiger Wahrheitstheorien festgestellt, daß die letzte Prüfungsinstanz für empirisches Wissen untrennbar mit menschlichen Handlungen verbunden werden muß. Damit aber kommen die biotischen, psychischen und sozialen Aspekte des Erkennens notwendig als konstitutive Bedingungen in den Blick. So werden etwa, biologisch gesehen,

> »... Aspekte von ›Wirklichkeit‹ nicht ›erfaßt‹, sondern in den Modalitäten des Rezeptorsystems (und meist des folgenden Verarbeitungssystems) ›konstituiert‹ – es handelt sich somit stets um Ergebnisse einer Interaktion von ›Erfahrendem‹ und ›Zu Erfahrendem‹. Über das ›Zu Erfahrende‹ läßt sich selbstverständlich nichts aussagen, denn alle Aussagen beziehen sich erst auf konstituierte Aspekte, also auf das, was das *Ergebnis* des Interaktionsprozesses ist« (1985: 12 f.).

Bekanntermaßen spielen Vererbung, Reifen und Lernen beim Erfahrungmachen mit der Umwelt in komplexer Weise zusammen,[60] so daß Wahrnehmung nicht als passive Aufnahme »der Wirklichkeit« bestimmt werden kann, sondern als »figurale Strukturierung der auf die Rezeptoren einströmenden Energiemodalitäten« (a.a.O.: 17). Die aktive Wahrnehmungsleistung verknüpft »Selektion, Erinnerung, Deutung und Entscheidung untrennbar miteinander« (a.a.O.: 18). Berücksichtigt man darüber hinaus, was heute wohl niemand mehr bestreiten wird, daß jedem Individuum durch die Sozialisation verbindliche Sichtweisen, Handlungsanleitungen, Wahrheiten, Werte usw. als Selbstverständlichkeiten vermittelt, verfestigt und qua blinder Flecken oder Evidenzen der Beobachtung und der Diskussion entzogen werden, dann kann die Umwelt und können die Dinge in der Umwelt als »materiell gewonnene gesellschaftliche Erfahrung« (a.a.O.: 24) gekennzeichnet werden, die zum Gewinn von Erfahrungen herangezogen werden und dabei verändert werden (können).

60 Vgl. dazu ausführlich W. D. Promp (1990).

Auf dieser Ebene kann das Nachdenken über Empirie schließlich auch bewußt anschließen an *kulturwissenschaftliche* und kulturphilosophische Diskussionen in verschiedenen Disziplinen seit Ende des 19. Jahrhunderts,[61] die Wirklichkeit als Resultat kulturell-sprachlicher Gestaltung konzipieren (»Realität ist eine kulturelle Fiktion«, St. Jensen 1994: 93), wobei sich dieses Resultat weder auf eine externe Realität noch auf ein intentionales Subjekt als Autor zurückführen läßt (so B. Vaassen 1996).

Wirklichkeit wird in dieser Diskussion zunehmend konzipiert als gemeinsame Errungenschaft einer epistemischen Gemeinschaft auf dem Fundament von Kommunikationen. Tatsachen erscheinen damit als »externalisierte Kommunikation« (sensu N. Luhmann 1990). In einer solchen Konzeption lassen sich Wirklichkeit, Wissen und Kultur nicht »von außen« analysieren. »Es gibt keine Natur außerhalb der Kultur. Nur in der Kultur kann man über Natur sprechen und forschen« (St. Jensen 1994: 63). Wirklichkeit emergiert (= entsteht als nicht-lineare Struktur durch Symmetriebrüche, so B. Meyer 1993: 78) aus den sich selbst organisierenden Interaktionen von Kommunikation, Medien, Kognition und Kultur (vgl. Schmidt 1994; Feilke/Schmidt 1995).[62]

Einige der Implikate, die eine solche Modellierung von Wirklichkeit enthält, hat St. Jensen wie folgt ausformuliert. Jensen betont, daß die Vorstellung einer/der Außenwelt nur in der Innenwelt (von kognitiven oder sozialen Systemen) entstehen kann. Es gibt keinen Beobachter der Außenwelt. Nur weil das Schema innen/außen in der Innenwelt funktioniert, können wir es übertragen. »Nur was in der Innenwelt sinnhaft konstituiert und semantisch kodiert ist, können wir ›erkennen‹ – das heißt: als Wirklichkeit in kognitiven Schemata systematisieren« (1994: 80).

Mit dieser Argumentation werden ›Wirklichkeit‹ und ›Wissen‹ eng aufeinander bezogen. Wissen wird dabei immer

61 Vgl. dazu die Übersicht in S. J. Schmidt (1994).

62 Auf den Themenkomplex (Massen-)Medien und Wirklichkeit gehe ich an dieser Stelle nicht ein; vgl. dazu Schmidt (1996a), wo der Umstand diskutiert wird, daß Menschen in Gesellschaften mit komplexen Mediensystemen zunehmend Medienangebote als Anlässe zur Wissensproduktion nutzen, wobei dieses Wissen dann sowohl in nachfolgende Handlungen einfließt als auch in das kognitive System »eingebaut« wird.

bestimmt als gesellschaftliches Wissen, das heißt als ein in der Gesellschaft als Wissen definiertes Aussagensystem. Auf dieses gesellschaftliche (oder kollektive) Wissen bezieht sich *Evidenz* als die Überzeugung, daß dieses Wissen eine objektive Erkenntnis beinhaltet.

W. Stegmüller (1954) hat sehr plausibel gemacht, daß wir nirgendwo ohne Evidenz auskommen: »Auch für die formalsten Betrachtungen kommen wir nicht ohne Evidenzvoraussetzungen aus. Der Empiriker braucht darüber hinaus Zusatzevidenzen, sonst verflüchtigt sich seine blutvolle Erfahrungswissenschaft in einen gespensterhaften Kalkül« (1954: 388). Es gibt keine letzte und sichere Grundlage allen Wissens. Wir können unsere Begründungen nur an den Stellen, nur bei den Aussagen abbrechen, von deren Gültigkeit wir qua Evidenz überzeugt sind, wobei sich Evidenz auf gesellschaftliches Wissen sowie auf erfolgreiche Praxis bezieht. »Evidenz ist also zirkulär – sie setzt die Überzeugung voraus, deren Inhalt sie bildet. Man muß also zunächst an Einsicht glauben, bevor wissenschaftliche (rational-kognitive) Argumentation überhaupt möglich wird« (Jensen 1994: 81). Der Glaube an Evidenz setzt aber zugleich den Glauben an eine intelligible Wirklichkeit voraus und anerkennt faktisch eine »Realität«, in der es Denk- und Bewußtseinsprozesse gibt und in der es physikalische Ereignisse gibt, die diese Denk- und Bewußtseinsprozesse in Gang setzen. »Es scheint also, daß wir letztlich auf Gründe angewiesen sind, die *außerhalb des Systemzusammenhangs selbst liegen*« (a.a.O.: 82).

Diese Gründe liegen, wie bereits mehrfach betont, in dem gegenseitigen Begründungszusammenhang von System und Umwelt. Ohne Umwelt finden keine symmetriebrechenden kognitiven Operationen statt, die allein ein System vollziehen kann. Nicht die – ohnehin von Konstruktivisten nie verweigerte, sondern als überflüssig eingeschätzte – Anerkennung der physikalischen Existenz einer Umwelt ist aus konstruktivistischer Sicht das Problem, sondern die populäre und auch erkenntnistheoretisch weit verbreitete Annahme, erfolgreiche Wahrnehmung und Kognition bildeten die Ordnungen der Umwelt ab. Diese Annahme hat P. Kruse wie folgt formuliert:

»Die Stabilität des Seins bedingt die Stabilität der abbildenden Wahrnehmung und die Stabilität der abbildenden Wahrnehmung belegt die Stabilität des Seins. Dies ist die unhinterfragte Tautologie der Alltagswirklichkeit und nicht nur der Alltagswirklichkeit. Auch in der wissenschaftlichen Analyse hat die stabilitäts- und ordnungsstiftende Bedeutung der Realität zumindest den Status einer eher selten reflektierten Prämisse [...] Die Mehrzahl der psychologischen und nahezu alle physiologischen Wahrnehmungstheorien sehen in der Stabilität und Geordnetheit der Erlebniswelt primär eine Wirkung der materiellen Umweltgegebenheiten« (1988: 36).[63]

Dagegen setzen nicht nur Konstruktivisten die Hypothese, daß Beobachter keinen Zugang zu einer systemfrei objektivierbaren Wirklichkeit haben können.

P. Weibel z. B. hat aus der Geschichte des Beobachterproblems seit Roger Joseph Boscovichs Arbeit von 1775 *Über Raum und Zeit, wie sie von uns erkannt werden* folgende Hypothesen abgeleitet:

»Aus heutiger Sicht können wir sagen, das Verbindende dieser Positionen ist der Begriff der Schnittstelle, nämlich das Medium, womit man die Welt beobachtet, erfährt und verändert. Was eine Schnittstelle ist, definiert der Kontext. [...] Wir können daher sagen, daß wir es eigentlich nie mit der Welt selbst zu tun haben, sondern nur mit der Schnittstelle zwischen uns und der Welt. [...] Wir sind Bewohner der Schnittstelle (und nicht der Welt)« (1993: 240-242).

E. von Goldhammer und H. Spranger (1991) haben diese Annahme kognitionstheoretisch so formuliert, daß nur geschlossene Systeme (z. B. neuronale Netzwerke) eine Umgebung besitzen können. Sie bestimmen Kognition als

»... die Fähigkeit eines Systems, (aus eigener Leistung!) zwischen sich und seiner Umgebung eine Unterscheidung treffen zu können und dies setzt notwendigerweise die Existenz einer Umgebung voraus« (a.a.O.: 195). [...] Eine standpunktabhängige Beschrei-

63 H. von Foerster formuliert als Grundprinzip des Realismus: »Die Welt ist die Ursache, Erfahrung die Folge.« Dieses Prinzip setzt er vom Grundprinzip des Konstruktivismus ab: »Erfahrung ist die Ursache, die Welt die Folge« (1993: 46).

bung bedeutet, daß ein System einmal vom Standpunkt eines Beobachters aus beschrieben werden kann, wie dies in allen experimentellen Situationen der Fall ist, und andererseits vom Ort des Systems aus unter Einbeziehung des Beobachters. Das wiederum heißt, daß eine strikte Trennung von Subjekt und Objekt, wie sie von den klassischen Naturwissenschaften verlangt wird, nicht mehr aufrechtzuerhalten ist« (a.a.O.: 200).

Eine große Nähe zur hier vertretenen konstruktivistischen Position weist die Interpretationsphilosophie von G. Abel (1996) auf. Abel geht davon aus, daß die Entgegensetzung von Empirismus/Realismus und Idealismus ebenso unfruchtbar (geworden) ist wie der Dualismus von epistemischer und ontologischer Ebene. Der Grundgedanke seines Interpretationismus lautet vielmehr, daß die Grundlage wie die Grenze unserer Erfahrung und unseres Denkens die Lebenspraxis ist, die aufgrund ihres »... perspektivischen, konjekturalen, konstruktionalen, ein- und auslegenden, kurz: *interpretativen* Charakters als Interpretations-praxis bezeichnet werden kann« (1996: 277). Was dabei mit ›Interpretation‹ gemeint ist, läßt sich in folgender Bestimmung zusammenfassen:

»Jedes Objekt oder Ereignis, das ein raum-zeitlich lokalisiertes, individuiertes und als bestimmt angesehenes Objekt oder Ereignis ist, ist aufgrund der darin bereits vorausgesetzten und in Anspruch genommenen Lokalisierungs-, Individuations-, Bestimmtheits- und Spezifikations-Regeln/-Prinzipien/-Instrumentarien, die als Interpretations-Regeln/-Prinzipien/-Instrumentarien charakterisiert werden können, ein Interpretationsprodukt, das eine kategorialisierende und individuierende Genealogie aus Interpretationsverhältnissen stets bereits hinter sich hat« (a.a.O.).

In dieser Lesart von ›ist‹ ist alles, was ist, Interpretation, und Interpretation ist alles, was ist.[64]

Mit dieser Formulierung wird, wie Abel eigens betont, die traditionelle Dichotomie von ›wahrer Wirklichkeit‹ und ›bloßem Schein‹ vollständig, d. h. bezüglich beider Seiten,

64 Da es hier nicht um eine Gesamtdarstellung der Interpretationsphilosophie geht, sei lediglich angemerkt, daß Abel drei Dimensionen von Interpretation unterscheidet, die von einer (meist unbewußt ablaufenden) kategorialen Interpretation bis zu bewußten »aneignenden Deutungen« reichen.

zurückgelassen und der Boden der Interpretationsverhältnisse betreten, den wir als endliche Geister nie verlassen können; denn Lebenspraxis ist Interpretationspraxis, ist gelebte und mit anderen geteilte Praxis.

Dieses philosophische Prinzip – denn um ein solches handelt es sich nach Abel und nicht um ein wissenschaftliches Theorem oder eine Hypothese – darf nun nicht mit der Trivialaussage gleichgesetzt werden, alles sei »bloß Interpretation«. Abel unterstreicht zu Recht, daß er mit dem genannten philosophischen Prinzip keine sich selbst aufhebende Allaussage des Typs »Schlechthin alles, was ist, ist objektiv nichts anderes als Interpretation« machen will. Eine solche Aussage erforderte schließlich einen »Gottesgesichtspunkt«. Vielmehr soll Folgendes deutlich werden:

> »Wenn ich sage, daß alles, was ›ist‹, vom Charakter der Interpretation ist, dann ist auch dies zu sagen eine Interpretation (denn es ist nicht von außerhalb unserer Lebens-/Interpretations-Praxis gesprochen), nicht jedoch hebt die Wahrheit dieses Satzes den Satz selbst als falsch auf. Selbstaufhebung drohte erst dann, wenn mit dem Satz der Anspruch erhoben würde, jetzt ›Die Eine Definitive Interpretation‹ gegeben zu haben. Dies aber *kann* in der Interpretationsphilosophie aus systematischen Gründen nicht mehr der Fall sein. Es kann sich nicht erneut um eine absolute Philosophie handeln« (a.a.O.: 278 f.).

Wir befinden uns als endliche Geister nie in der Situation, sagen zu können, was es *gibt* und was etwas *ist.* Vielmehr sind alle raum-zeitlichen Lokalisierungen, alle Individuationen, Spezifikationen und Bestimmungen stets bereits abhängig von zugrunde gelegten Zwecken, also von praktischen und pragmatischen leitenden Gesichtspunkten.

Auf den offenbar notorischen Einwand seiner Kritiker, beim Stolpern über eine Türschwelle sei aber nicht alles »bloß Interpretation«, gibt Abel folgende Antwort: Gegenstände sind immer Gegenstände der Erfahrung bzw. der Erkenntnis. Damit bezieht sich Abel auf Kants Einsicht, daß Realität nicht ontologisches Ansichsein ist, sondern eine der Kategorien der Qualität. Da man sich nun keinen Gegenstand, der einem in der Erfahrung begegnet, ohne Qualitäten denken kann, kann jeder Gegenstand für uns nur ein Gegenstand unter der Kategorie der Qualität (Realität) sein. Anders gewendet: Der Rekurs auf Erfahrung liefert kein Argument für einen nicht-interpretativen Realismus; denn empirische Erfahrung kann in ihrer Objektivität nicht wiederum durch empirische Erfahrung begründet werden. »Daß es Fakten gibt, kann selbst kein Faktum, sondern muß Interpretation sein.« Deshalb sind auch Rückzugs-Realismen bis hin zum hypothetischen Realismus H. Putnams Scheingefechte.

Denselben Typus von Argumentation wendet Abel auch im Hinblick auf Sprache an. Auch hier betont er, daß Zeichen nur dann Bedeutung, Referenz, Wahrheits- und Erfüllungsbedingungen besitzen, wenn ihnen bereits eine Interpretationspraxis vorausliegt, die *fraglos* eingespielt ist. Wenn nicht nach der Bedeutung und Referenz von Zeichen gefragt wird, dann sind die Zeichen »realitätshaltig«. Das Realismusproblem tritt erst dann und dort auf, wenn jemand die semantischen Merkmale der Zeichen nicht (mehr) unmittelbar versteht. Im »... fraglos eingespielten Zeichengebrauch ist Wirklichkeit in einem unüberbietbaren Sinne da. Wirklicher als in diesem Sinne wirklich kann die Wirklichkeit nicht sein« (a.a.O.: 285).

Unsere Interpretationspraxis ist stets und zugleich *öffentlich* und *welthaltig* bzw. inhaltsvoll. Das läßt sich daran ablesen, daß die Fähigkeit zur semantischen Charakterisierung sprachlicher Ausdrücke mit der Fähigkeit verbunden ist, Angaben über die als normal zugrunde gelegte Welt zu machen. Diese Einsicht ist seit langem von Linguisten formuliert worden, die auf den unlösbaren Zusammenhang von sprachlichem und enzyklopädischem Wissen hingewiesen haben. Auch Abel verweist darauf, daß Bedeutungen oder Referenzen natürlich-sprachlicher Ausdrücke nicht durch Definitionen festgelegt werden wie in der Logik oder Mathematik, sondern »immer schon« im Zusammenhang von Praxen erlernt und gehandhabt werden.[65] Der entscheidende

65 »Entscheidend ist vielmehr die eigentümliche Erfahrung, daß im gelingenden Vollzug des durch eine eingespielte Interpretations-Praxis geregelten Gebrauchs der natürlichen Zeichen Welthaltigkeit gegeben ist. Wir befinden uns mithin gar nicht in einer Situation, in der wir erst noch zur Wirklichkeit kommen müssen« (a.a.O.: 285).

Punkt, der dafür sorgt, daß der Interpretationist die Welt gar nicht erst verloren hat, ist also die Einsicht, daß jedes Sprechen, Denken, Wissen und Können in unsere Lebens- gleich Interpretationspraxis eingebettet und auf sie bezogen ist. In dieser Praxis bzw. in den darin verketteten Praxen nehmen wir die vielfältigsten Möglichkeiten diskursiver Übereinstimmungen aufgrund vorgängiger semiotischer Praxen sowie erprobten Könnens und Wissens im Bereich nichtsprachlichen Handelns, Reagierens und Verhaltens automatisch bzw. argumentativ in Anspruch.

Ich fasse zusammen: Wenn man kognitive Systeme als strukturdeterminiert (sensu H. R. Maturana) und operational geschlossen (sensu G. Roth und B. Meyer) auffaßt, dann folgt daraus, daß die Umweltkonstruktion des Systems von Unterscheidungen abhängt, die das System im Bezug auf Selbst- wie auf Fremdreferenzen trifft. Solche Unterscheidungen werden notwendig geprägt von dem Bau und der Arbeitsweise des Systems, von Handeln, Tun und Verhalten, von Erinnerungen, von Emotionen und normativen Einstellungen. Solche Unterscheidungen hängen ab von Erfahrungen, die im konsensuellen Raum (sensu Maturana) mit anderen Systemen gemacht werden. Von hier aus geht die Argumentation in Richtung auf *Gesellschaft.* Der konsensuelle Raum ist zugleich konstituiert und konstituierend für Sprache und über Sprache für *Kultur.* In diesem konsensuellen Raum bildet sich über die Unterscheidungsmöglichkeiten und Unterscheidungskriterien, die Sprache und Kultur sozialisatorisch perpetuieren, sowie über erfolgreiches Handeln kognitiv (re)produzierbares kollektives Wissen, was trotz kognitiver Autonomie der Systeme eine Vergleichbarkeit von Unterscheidungen ähnlich gebauter Systeme ermöglicht.[66] Deshalb kann es bei systemabhängigen Unterscheidungen, die not-

66 Vgl. dazu ausführlich H. Feilke/S. J. Schmidt (1995). – Wichtig ist m. E. in diesem Zusammenhang folgender Hinweis: Konsens und Übereinstimmung sind nicht etwa die Voraussetzungen erfolgreicher Kommunikation, sondern resultieren aus Kommunikation. Mit anderen Worten, es handelt sich dabei um soziale und nicht um kognitive Kategorien, wobei zwischen Konsens qua Evidenz und argumentativ herbeigeführtem Konsens unterschieden werden muß.

wendig von der jeweiligen Systemrationalität bestimmt werden, gar keine Willkür geben. Die soziokulturelle Orientierung neben der biotischen evolutionsmäßigen Fundierung schließt solche Willkür aus – trotzdem bleiben die Unterscheidungsleistungen strikt systemabhängig.

Gleiche Reize der Umwelt können bei vergleichbar operierenden Systemen zu vergleichbaren, vermutlich aber kaum je zu identischen Konstruktionsleistungen motivieren. Insofern ist die Strukturdeterminiertheit der Systeme neben Interaktion und Kommunikation ein Garant für Intersubjektivität.[67] Man kann das Verhältnis zwischen System und Umwelt durchaus als Indikations- oder Kausalitätsverhältnis interpretieren, solange man sich darüber klar bleibt, daß Kausalität systemtheoretisch als beobachtetes *Ermöglichungsverhältnis* bestimmt wird und nicht als zwanghaft wirkender Mechanismus.

Wenn also Systeme unter ähnlichen Bedingungen operieren und wenn ihre Operationsweisen und Handlungen genetisch und strukturell durch Sprache und Kultur »homogenisiert«, also ko-orientiert worden sind, dann kann man bei gleichen Umwelteinflüssen vor allem in bezug auf primäre und sekundäre Erfahrungen ähnliche und vorhersagbare kognitive und kommunikative Leistungen in Standardsituationen erwarten. Eben dies entspricht ja auch der lebensweltlichen Erfahrung des Beobachters erster Ordnung. All dies aber sagt nichts aus über die Objektivität des Verhältnisses von kognitiven Operationen und realer Umwelt, sondern es sagt etwas über die Viabilität (sensu E. von Glasersfeld) und die Stabilität des Verhältnisses und (damit) über ihre Eignung als Handlungsgrundlage. Die Beurteilung der vom System erstellten Umweltrepräsentationen (sensu E. Oeser/F. Seitelberger) muß ja wiederum im kognitiven System selber erfolgen. Im Sinne der allgemeinen Systemtheorie kann man diese Argumentation auch – wie oben erfolgt – in Kurzform so zusammenfassen, daß das Beobachtersystem die symmetriebrechende Instanz ist und bleibt.

Konstruktivisten haben die Spezifik ihres Vorgehens oft als Umschalten von Was- auf Wie-Fragen gekennzeichnet.

67 Das betont zu Recht R. Nüse (1994).

Dabei muß aber bedacht werden, daß die Konzentration auf Wie-Fragen in keiner Weise Was-Fragen ausschließt. Wahrnehmen ist ja immer Wahrnehmen-von-etwas und Wahrnehmen-als, Wissen kann nur als Wissen-daß bestimmt werden, und Erfahrung koppelt notwendigerweise die Voraussetzungen und Bedingungen des Erfahrungmachens, das Erfahrungmachen selbst und seine Resultate aneinander. – Deshalb kommt man notwendigerweise immer dann in philosophische Schwierigkeiten, wenn man das Resultat der Erfahrungen vom erfahrenden System und vom Gesamtprozeß abkoppelt und als selbständige Entität behandelt.

Ähnliches gilt übrigens von der Sprache. Auch hier entstehen die sprachphilosophischen Scheinprobleme dadurch, daß man den komplexen Gesamtprozeß von Zeichen, Bezeichnetem, Zeichenbenutzung in komplexen sozialen Situationen, Zeichenbenutzer (System) und dessen sozio-kulturellen Voraussetzungen auf nur eine Relation (Zeichen : Bezeichnetes) verkürzt und es dann mit den bekannten unlösbaren Referenzproblemen zu tun bekommt.

Hier kann die Argumentation anschließen an Überlegungen G. Patzigs zum Verhältnis von Tatsachen, Normen und Sätzen, wenn die Sprachabhängigkeit von Tatsachen konsequent auch als Beobachterabhängigkeit gesehen wird.

Patzig betont, daß Tatsachen[68] nur in Gestalt von Sätzen erfaßt werden:[69] Eine Tatsache ist immer »die Tatsache, daß ...« (1980: 11). Tatsachen sind wesentlich sprachabhängig und logisch bestimmbar als genau das, was ein wahrer Satz ausdrückt. »Die Tatsache, die ein Satz darstellt, ist also der Inbegriff der Wahrheitsbedingungen dieses Satzes« (a.a.O.: 32). Mit anderen Worten: Tat-Sachen sind erfüllte Wahrheitsbedingungen-für ... Ein sinnvoller Satz, so Patzig, entwirft einen Inbegriff von Wahrheitsbedingungen; er ist wahr, wenn der Sachverhalt, den er entwirft, eine Tatsache ist (a.a.O.: 39, 79).[70] – Wenn aber Tat-Sachen als kognitiv-sozial

68 »Alle ›Tatsachen‹ sind und bleiben Aussagen im System« (N. Luhmann 1990a: 315).

69 Aussagen lassen sich aber nie direkt mit Erfahrungen vergleichen.

70 Wer Vergnügen an Wortanalysen hat, wird bemerken, daß Tat-Sachen und Sach-Verhalte auf aktive Systeme verweisen, die Sachen tun und Verhalte zwischen Sachen feststellen/-legen.

strukturierte Sach-Verhalte angesehen werden, dann brauchen Konstruktivistinnen und Konstruktivisten »in der Tat« nicht auf Tatsachen zu verzichten!

Im Hinblick auf die Unterscheidung zwischen Genesis und Geltung führen die bisherigen Überlegungen zu folgenden Hypothesen:

- Es erscheint plausibel, als ›empirisch‹ solche interaktiv gemachten und gedeuteten Erfahrungen zu bezeichnen, deren Gehalt in sprachlicher Symbolisierung als gesellschaftliches Wissen gilt/akzeptiert wird, wobei die jeweiligen Akzeptanzgruppen von Kleingruppen bis zur Gesamtgesellschaft differieren können (= Geltungsumfang des Wissens).
- Da Wissen jeder Art sozio-historisch kontingent ist, muß auch empirisches Wissen grundsätzlich als kontingent in der Zeit-, Sach- und Sozialdimension eingeschätzt werden. Evidenz ist eine historische Kategorie.
- Empirisches Wissen gilt als objektiv, wenn es relevanten Evidenzen, das heißt bisher unbefragt geltendem Wissen, nicht widerspricht und sozialen Kriterien für valide Erfahrungen genügt.[71] Dabei spielen vermutlich in allen Kulturen *Wiederholbarkeit* und *Stabilität*[72] auf der Handlungsebene sowie erfolgreiche Anschließbarkeit auf der Kommunikationsebene eine wichtige Rolle als zentrale Kriterien für Wirklichkeit. Alle Erfahrungen und Denkresultate werden als wirklichkeitsbezogen eingestuft, »... wenn sie gezielte Vorhersagen ermöglichen, das heißt eine stabile Handlungsgrundlage bilden, wenn sie reproduzierbar, das heißt logisch stabil und vermittelbar, das heißt sozial stabil sind« (P. Kruse 1988: 38). Als wirklich gilt – und das wohl nicht nur in unserer Gesellschaft – das Sich-Wiederholende und kommunikativ Akzeptierte, auf das sich alle verlassen im Lichte bereits gemachter Erfahrungen, also aufgrund eines Vergleichs in der Vorstellung. Die Zu-

71 Vgl. dazu M. Stadler/P. Kruse (1990), die syntaktische, semantische und pragmatische Wirklichkeitskriterien unterscheiden.

72 Auch E. von Glasersfeld bestimmt empirische Fakten als Konstrukte, die sich auf Regularitäten in der Erfahrung von Subjekten gründen (1997: Kap. 3).

verlässigkeit der Wiederholung von Ereignissen läßt diese als wirklich, da solide erscheinen. Diese Wiederkehr, diese Wiederholung ist nun evidentermaßen an Erfahrungen, Vorstellungen und Erinnerungen sowie an Kommunikation und Kultur gebunden, die wiederum aus dem sprachlich-kulturell gedeuteten Erfahrungmachen mit Umwelt(en) resultieren. Generell gilt dabei der Grundsatz, daß Kriterien für »Realitätshaltigkeit« ausschließlich im System selbst liegen, etwa qua Fortsetzbarkeit der Autopoiesis oder der Kommunikation.

Ein häufig zu lesender Vorwurf gegen »den Konstruktivismus« besagt, er sei einseitig konsensorientiert und vernachlässige Konflikt, Dissens und Dynamik. Vielleicht entsteht dieser Eindruck dadurch, daß Konstruktivisten mit Nachdruck das Problem zu lösen versuchen, wie Interaktion und Kommunikation zwischen operational geschlossenen (autonomen) Systemen erklärt werden können, und sich deshalb primär mit Koorientierungsmechanismen beschäftigen. Mit anderen Worten, Ausgangspunkte konstruktivistischer Argumentation sind Autonomie (kognitiver Systeme), Pluralität (von Wirklichkeitskonstruktionen) und die permanente Dynamik aller Resultate der notwendig zeitgebundenen Operationen kognitiver Systeme. Nicht sie gilt es also zu erhalten oder zu befördern, sondern die Mittel und Möglichkeiten ihrer kommunalisierenden Ausbalancierung. Ausgangspunkt konstruktivistischer Argumentation ist weiterhin die Unwahrscheinlichkeit gelingender Kommunikation angesichts der Subjektdependenz von Sinnproduktion. Will man diese Konzeption mit der lebensweltlichen Erfahrung durchaus möglichen Gelingens von Kommunikation in Einklang bringen, dann sind plausible Begründungen für die Ko-Orientierung autonomer Systeme erforderlich. Nicht Harmoniebedürfnis oder politischer Konservativismus motivieren mithin die monierte Argumentationsrichtung konstruktivistischer Diskurse, sondern die Starthypothesen bezüglich der operationalen Geschlossenheit kognitiver wie sozialer Systeme.

Schließlich – und das scheint mir den o. g. Vorwurf am entscheidendsten zu entkräften – spreche zumindest ich als

Konstruktivist nicht (primär) von Konsens, sondern von Common sense und kollektivem Wissen, um (zumindest partielle) Ko-Orientierungen bei operativ geschlossenen kognitiven Systemen plausibel machen zu können. Common sense und kollektives Wissen aber basieren nicht auf Konsens, sondern auf gemeinsamen pragmatischen wie symbolischen Interpretationspraxen sensu G. Abel.

Zum Abschluß des Kapitels möchte ich kurz auf den Versuch J. G. Juchems (1996) eingehen, konstruktivistische Überlegungen zur Wirklichkeit mit *physikalischen* Überlegungen zu konfrontieren.

Juchem beginnt mit den Überlegungen N. Bohrs und W. Heisenbergs, »... daß das, was wir beobachten, nicht die Natur selbst ist, sondern Natur, die unserer Art der Fragestellung ausgesetzt ist« (Heisenberg 1959: 14). Da nicht nur die Meßanordnung (im Rahmen einer bestimmten Fragestellung) den Untersuchungsgegenstand beeinflußt, sondern auch die materiale (atomare) Struktur des Beobachters selbst, können (nach Heisenbergs Unschärferelation) im mikrophysikalischen Bereich nur statistische Aussagen gemacht werden.

Da nun nach Einsteins berühmter Formel Masse und Energie im wesentlichen das gleiche sind, kann man – so Heisenberg – Energie als den »Grundstoff« der Welt betrachten. Materiale Teilchen entstehen aus Energie (= Energieknoten im Quantenfeld) und werden in Energie umgewandelt. Vor einer Messung ist kein Teilchen vorhanden, und entsprechend kann man auch nichts über seine Eigenschaften aussagen. Elementarteilchen sind Wahrscheinlichkeitsstrukturen von Zusammenhängen, von übergeordneten Beziehungen, zu denen auch der Beobachter gehört. Erst durch eine Messung entsteht ein bestimmter Zustand, der dem Beobachter als Elementarteilchen *erscheint.*[73]

Jedesmal, wenn Quantenzustände gemessen werden, ändert sich deren Wellenfunktion sprunghaft: Das Quantensy-

73 Wie Juchem betont, gilt dies auch für den Beobachter im Alltagsleben. Auch er beobachtet, meist ohne zu wissen, daß er beobachtet. »Daß er es nicht weiß, ist aber gerade der springende Punkt dafür, daß der Mensch der Alltagswirklichkeit die ihn umgebende ›Welt‹ als objektive Realität empfin-

stem nimmt einen irreversiblen bestimmten Zustand an, der als Kollabieren der Wellenfunktion beschrieben werden kann. Juchem folgert daraus: »Jeder Erkenntnisvorgang ist also unter diesem Aspekt eine *Störung* des Zustandes eines Quantensystems, die sich uns (den ›Erkennenden‹) darstellt als ein bestimmter Zustand, der indessen zustandekommt, weil das, was man als Wellenfunktion des Quantensystems beschreibt, kollabiert. Das Fundament der menschlichen Erkenntnis ist also die ›Störung unbestimmter Zustände‹« (a.a.O.: 32).

Für Juchem »gebietet die Quantentheorie« zwingend die Annahme, daß der Mensch seine Welt konstruiert, indem er sich selbst konstruiert. Wenn daher, so Juchem, »Realität« überhaupt gedacht werden kann, dann muß sie als Bewegung, als ein *immerwährender Prozeß* gedacht werden.

An dieser Stelle bezieht sich Juchem auf die Überlegungen David Bohms zum sog. »Holomovement« als der alles umfassenden Bewegung, in der sich ständig Ordnungen aus- und einfalten (z. B. im Hologramm). Solche ausgefalteten Ordnungen können für die menschliche Erkenntnis (als Teil des »Gesamtorganismus«) *nach deren Bedingungen* explizit werden. Zu diesen Bedingungen gehört in grundlegender Weise, daß der menschliche Intellekt fragmentiert und wieder synthetisiert. D. Bohm folgert daraus:

> »Das fragmentierte Selbst-Weltbild verleitet ihn zu Handlungen, die darauf hinauslaufen, daß er sich selbst und die Welt fragmentiert, damit alles seiner Denkweise zu entsprechen scheint. Der Mensch verschafft sich so einen scheinbaren Beweis für die Richtigkeit seines fragmentierten Selbst-Weltbildes, obwohl er natürlich die Tatsache übersieht, daß er es mit seinem Handeln, das auf sein Denken folgt, selbst ist, der die Fragmentierung herbeigeführt hat, die nunmehr ein autonomes Dasein unabhängig von seinem Wollen und Wünschen zu haben scheint« (zit. nach Juchem, a.a.O.: 35).

det.« Und Juchem zitiert E. Schrödingers bekanntes Diktum: »Der Grund dafür, daß unser fühlendes, wahrnehmendes und denkendes Ich in unserem naturwissenschaftlichen Weltbild nirgends auftritt, kann leicht in fünf Worten ausgedrückt werden: Es ist selbst dieses Weltbild« (Juchem, a.a.O.: 31).

Die – nach Bohm u. a. – allgegenwärtige Energie bildet nur dann einen Erkenntnisgegenstand für menschliche Erkenntnisbedingungen, wenn sich Interferenzmuster von Energiewellen herausbilden, die der menschlichen Erscheinungsweise entsprechen. Das aber heißt, daß nicht nur die Erkenntnisgegenstände Konstruktionen sind, sondern auch die ihnen zugrundeliegenden Interferenzmuster.

Was wir »Beobachtung« nennen, läßt sich im Rahmen der hier referierten physikalischen Überlegungen bestimmen als Kontakt einer bestimmten Wellenkonfiguration (genannt Mensch) mit anderen Wellenkonfigurationen (genannt Umwelt). Dabei werden beide Wellenkonfigurationen, beobachtende und beobachtete, »gestört«. Diese Störungen werden auf seiten des Beobachters aufgehoben durch Festlegung auf etwas Bestimmtes im Rahmen von Festlegungsschemata. Diese Beseitigungen von Störungen können dann – in einer anderen Terminologie – als Bewußtseinsvorgänge interpretiert werden. Für unser bewußtes menschliches Leben bedeutet das, daß wir im Bewußtsein nur *Vergangenes* erfassen und daß Vergangenheiten durch diesen Prozeß allererst konstruiert werden. Raum und Zeit werden erst durch die Fragmentierungen des Verstandes geschaffen, dessen Operationen ständig von Emotionen begleitet und beeinflußt sind.[74] Gegenwart können wir nur *erleben*, nicht bewußt erfassen. Raum und Zeit dienen u. a. dem Intellekt dazu, zur Ursache (des Erlebens) *eine* Wirkung zu suchen, die ihn zufriedenstellt, die also eine Stelle in seinen Ordnungsschemata finden – im Erleben gibt es keine Zeit. ›Ich‹ ist ebenfalls eine Beobachterkategorie. »Das lebende System vollzieht nur Prozesse, die das System in Homöostase halten. Der Beobachter konstruiert daraus in dem Moment ein ›Ich‹, wenn er darauf reflektiert. Anderenfalls existiert kein ›Ich‹. Alles ›läuft wie es läuft‹. Das ›Ich‹ ist als Konstruktionsprodukt ein Reflexionsprodukt. Auch das ›Ich‹ existiert nur in der Vergangenheit als Gegenstandsform des Bewußtseins. In der ›Gegenwart‹ gibt es kein ›Ich‹. In der ›Gegenwart‹ gibt es nur Erleben!« (a.a.O.: 48.) – (»Und ohnehin ist niemand jemand außer im täglichen Leben« formuliert bündig wie stets G. Stein.)

74 Zum Thema Konstruktivismus und Emotion vgl. Schmidt 1994, Kap. I, 3.

Fragt man nun aber nach dem Konstrukteur unserer Konstruktionen, nachdem »das Ich« als Konstrukt dafür nicht mehr in Frage kommt, dann bleiben gegenwärtig nur höchst spekulative Antworten wie die, daß die Ursprünge der Konstruktionsprozesse in der Energiebewegung selber liegen, in »der dynamischen Realität«. Bewußtsein wird also letztlich konzipiert als Resultat des Holomovements. Und Juchem zitiert E. Laszlo: »Es stimmt nicht, daß wir einen vom Gehirn abtrennbaren Geist besäßen; viel eher gilt, daß wir ein vom Universum unabtrennbares Gehirn besitzen« (a.a.O.: 46).

Der bisher gegebene kurze Überblick über handlungstheoretische und prozeßorientierte Konzeptionen von Erkenntnis läuft auf die Formel *Erkennen = Handeln* hinaus. Wie läßt sich diese Formel ausdifferenzieren? Zunächst einmal müßte, entsprechend der oben eingeführten terminologischen Differenzierungen im Handlungsfeld, die Unterscheidung zwischen Operieren, Tun, Verhalten und Handeln berücksichtigt werden. Danach ergibt sich eine basale Bedeutung des Operierens unseres Zentralnervensystems sowie des Körpers als Umwelt dieses Zentralnervensystems. Ohne dieses Operieren kann es kein Tun, Verhalten oder Handeln geben.

Alle vier genannten Aktivitäten sind an den Körper gebunden, damit aber auch an Zeit. Sie sind ausnahmslos von Gefühlen gesteuert (= Lust-Unlust-Äquilibrierung im Sinne Luc Ciompis) und von Bewertungen begleitet.

A. Ziemke hat dies an der doppeldeutigen Rede von »Be-Greifen« für den Wahrnehmungsbereich exemplifiziert:

»›Be-Greifen‹ vermittelt uns in seiner wörtlichen Bedeutung eine sehr ursprüngliche Form des wahrnehmenden Weltbezugs, der sehr verschieden von einem ›Beschreiben‹ ist. Wir nehmen den Inhalt des ›Be-Griffenen‹ nicht in uns auf, um es aspekthaft zu repräsentieren, sondern wir bemächtigen uns dieses Inhaltes, indem wir ihn mit unseren Händen ergreifen, an seinen Formen entlanggleiten, seine Details ertasten, seine Festigkeit, Schärfe oder Biegsamkeit mit dem Druck unserer Hände überprüfen. Wir lassen uns nicht nur von dem Gegenstand bestimmen, sondern stellen uns ihm ebenso entgegen. Wir passen den Gegenstand in unsere ›Schemata‹ des ›Be-Greifens‹ ein. Wir integrieren ihn in die Haltungen

> und Bewegungen unserer Hände, unserer Arme, unseres Körpers, die alles andere sind als ›Abbilder‹ des Gegenstands« (1996: 149).

Diese sensomotorische Reziprozität gilt auch für alle anderen Sinnesmodalitäten: Ohne die Saccadenbewegungen unserer Oculomotorik sehen wir nichts; sind die Bewegungen der vorwiegend effektreich innervierten cochlearen Haarzellen gelähmt, hören wir nichts; ohne Muskeltremor spüren wir nichts und ohne Atembewegung riechen wir nichts.

Nimmt man die von Piaget demonstrierte Rolle der motorischen Aktivität in der Ontogenese der Wahrnehmung mit hinzu, dann läßt sich eine Lösung des Problems skizzieren, wie ein System seine sensorischen Inputs nicht nur interpretiert (= ihnen Bedeutung zuweist), sondern sie produziert und so – im Sinne Hegels – seine Ausgangs- und Randbedingungen in sich aufhebt.

Eine Lösung dieses Problems sehen Stöber und A. Ziemke (1992) darin, die Interaktion von Sensorium und Motorium im Kontext des Konzepts der operationalen Geschlossenheit zu deuten, das ihres Erachtens spezifisch für alle Lebensprozesse ist. Mit Hilfe des von Foersterschen Konzepts der »Eigenwerterrechnung« kann dann die Funktion der inneren Schleifenstruktur wie die der äußeren Schleife über die Umwelt durch Eigenoperatoren beschrieben werden und damit die im Konzept der operationalen Geschlossenheit intendierte Autonomie lebender Systeme und ihre Abgrenzung gegenüber Zuständen des Mediums gezeigt werden.

> »Über die Etablierung dieser Eigenoperatoren durch das immer wieder neue Durchlaufen jener ›Schleife‹ über die rekursive Veränderung der sensorischen Oberflächen durch die effektorische Aktivität verwandelt das System jene ›Umwelt‹ zwischen diesen Oberflächen in eine triviale Maschine: Die sensorischen Oberflächen sind in Form invarianter Relationen völlig durch die effektorischen bestimmt [...]. Das System ist so unabhängig vom Medium geworden, indem es das Medium (die Randbedingung) zwar *voraussetzt*, aber ebenso *produziert*. Es ist autonom, *weil* es mit dem Medium strukturell gekoppelt ist. Es ist operational geschlossen, *weil* es ein kognitives Verhältnis zum Medium hat, und es hat dieses Verhältnis nur, *weil* es operational geschlossen ist« (a.a.O.: 58).

Gegen den Einwand, die Zustände des Mediums (der Umwelt) bestimmten über die Wahrnehmung das Verhalten lebender Systeme, setzen die Autoren experimentelle Befunde Maturanas und Varelas sowie Pribrams »Holonomic Brain Theory«, die nach ihrer Einschätzung zeigen, daß Wahrnehmung »... der Konstruktion von Invarianten durch eine sensorisch-motorische Kopplung äquivalent ist« (a.a.O.: 59). Das Objekt der Wahrnehmung wird damit als Symbol für Eigenverhalten theoretisch faßbar.

Das lebende System setzt nicht nur ein Gefälle freier Energie als entscheidende Randbedingung voraus; es produziert ebenso dieses Gefälle über die Koordination von Reizbarkeit und Bewegung als permanente Eigenschaft seines topologischen Bereichs, womit Hegels Bestimmung des Lebensprozesses »eingeholt« wird: »Mit der Bemächtigung des Objekts geht daher der mechanische Prozeß in den inneren über, durch welchen das Individuum sich das Objekt so *aneignet*, daß es ihm die eigentümliche Beschaffenheit benimmt, es zu seinem Mittel macht und seine Subjektivität ihm zur Substanz gibt« (Logik III: 276).

Eine wichtige Rolle spielen dabei Rhythmen bzw. Zeitgeber (von der subzellulären bis zur physiologischen Ebene), die sich über dissipative Strukturbildungen untereinander synchronisieren. Die Rhythmik des Systems wird dabei nicht über äußere Zeitstrukturen bestimmt, sondern im Systemverhalten selbst produziert.[75] Auf diese Weise wird die Autonomie des lebenden Individuums erzeugt, die seine unmittelbare Kontrolle ausschließt. Damit wird eine experimentell-kontrollwissenschaftliche Untersuchung lebender

75 »Als solch ein tätigkeitsvermittelter Rhythmus wäre wiederum das Lorenzsche Verhaltensschema erklärbar: Aktionsspezifische Potentiale wachsen an, lösen Appetenzverhalten aus, welches den Auslöser konstruiert, der auf den AAM wirkt, die Instinktbewegung wird ausgelöst und baut das aktionsspezifische Potential ab, dieses wächst wieder an etc. Eine für den Beobachter als ›inadäquates‹ Verhalten feststellbare mangelnde Synchronisation des Systems mit dem Medium existiert für das System entsprechend als eine zunehmende Desynchronisation der Zeitstrukturen der Operationen des Systems untereinander, die zumindest von uns Menschen introspektiv als negative Emotion erlebt werden kann. Es wirkt hier also keine Perturbation von ›außen‹, sondern das System selbst *produziert* die Perturbation« (Ziemke/Stöber 1992: 63 f.).

Systeme schwierig, ja bereits eine formal saubere Bestimmung autopoietischer Systeme problematisch, weil einerseits der Beobachter in die logisch-begriffliche Beschreibung des Systems einbezogen ist, andererseits die klassische Logik für solche Bestimmungen nicht mehr ausreicht, vielmehr eine »polykontexturale« Logik erforderlich sein dürfte.[76]

Hegels dritter Hinweis schließlich betrifft die Notwendigkeit, die Selbstentwicklung des lebenden Individuums im *Gattungszusammenhang* zu erfassen. Die Autoren reformulieren diesen Zusammenhang für den Bereich der Sprache, die die Unmittelbarkeit interindividueller Beziehungen aufhebt: »Individuen beziehen sich über die Sprache als gattungsimmanentes Allgemeines auf sich selbst als Gattungswesen. Sprache als System ist nicht mehr individuell hervorgebracht, sondern in einem Netz von Aneignungs- und Entäußerungsprozessen gattungsimmanent produziert, und sie wird in ihrer reifen Form, der Schrift, nicht mehr unmittelbar-interindividuell, sondern vermittelt weitergegeben« (Ziemke/Stöber 1992: 69). Entwickelte Sprache führt nun aber – wie entwickelte arbeitsteilige Produktion (sensu Marx) – zu einer grundlegenden Entfremdung: So wie den Menschen Arbeit und ihr Produkt als »fremde Macht« gegenübertritt, so tritt ihnen die von ihnen selbst konstruierte Wirklichkeit als etwas scheinbar Objektives gegenüber.

Wie man Wahrnehmen auch bestimmt, ob als exploratives Wahrnehmen (= Handeln) oder als ablaufendes Wahrnehmen (= Tun oder Verhalten): Wahrnehmen ist immer ein Wahrnehmen als ..., ist an den Körper gebunden und geschieht in einer körperbezogenen Situation sowie in Hand-

76 G. Günther hat hier neue Wege versucht. Seine Alternative zur klassischen Logik besteht »... im Versuch einer Operationalisierung der Hegelschen Dialektik in einer (mindestens dreiwertigen) nicht-aristotelischen Logik, in der dem Ich als beobachtendem Subjekt neben dem Es als Objekt auch das Du als objektiviertes Subjekt gegenübersteht, mit dem es über eine Umtauschrelation so vermittelt ist, daß der Unterschied zwischen beiden erhalten ist. Konsequenz dieser Formalisierung ist letztlich eine ›polykontexturale Logik‹, in der der ›Universalkontextur‹ der klassischen Logik die ›Diskontexturalität‹ der jedem einzelnen Individuum zugeordneten Kontexturen entgegengesetzt und diese ›transkontextural‹ vermittelt sind« (Ziemke/Stöber 1992: 66).

lungs- bzw. Verhaltenszusammenhängen, die mit Erfahrung, Wissen, Gefühl und Gedächtnis verbunden sind. Darüber hinaus geschieht Wahrnehmen in (bewußter oder unbewußter) Hinsicht auf anschließbare bzw. nachfolgende Handlungen, so daß es Sinn bekommt im Hinblick auf Selektions- und Anschließbarkeitsleistungen bzw. -resultate.

Über die soziale Prägung des Körpers – man denke nur an die von N. Elias beschriebene Affektkontrolle – wie über die komplizierten Voraussetzungen von Situationen als Interpretationsrahmen gehen in jedem subjektgebundenen Wahrnehmungsprozeß die gesellschaftlichen Ordnungsmuster sinnhafter Umweltkonstruktion ein. So gesehen operiert Wahrnehmung nach einem »Order-on-order-Prinzip« (E. Schrödinger), was die Spezifik der Wahrnehmung als Produkt von Gattungsevolution, Sozialstruktur, Sprache und Kultur plausibel machen könnte. Zum Abschluß dieses Kapitels soll dieser Zusammenhang exemplarisch an der handlungsorientierten Sprachtheorie H. Feilkes dargestellt werden.

Wie schon in seiner Dissertation (1994) arbeitet H. Feilke auch in seiner Habilitationsschrift (1996) an der inhaltlichen Füllung eines »pragmatischen Sprachbegriffs«: »Dieser Begriff legt für die Beschreibung und Erklärung der Genese sprachlicher Ordnungen das Prinzip einer Strukturbildung *aus der Praxis für die Praxis* zugrunde. In diesem Sinne ist Sprache als *soziale Gestalt* zu verstehen« (1996: II; Hervorhebung i. O.). Was ist damit gemeint?

Entgegen der linguistischen Tradition, die zwischen (vorgängigem) Sprach-System und (dieses System nachgängig nutzender) Kompetenz unterscheidet, konzentriert sich Feilke auf Kommunikation als soziales Geschehen, in dem allererst Mittel der Kommunikation durch soziale Qualifizierung für Sprecher entstehen. Feilke betont immer wieder, »... daß jede Diskussion über *Sprache als Mittel der Kommunikation* im Begriff des Zeichens zunächst auf die Prozesse der Sinnkonstitution in der Kommunikation selbst zurückverweist« (a.a.O.: 21).

Sprachliche Komponenten fungieren dann und nur dann als Zeichen *in* der Kommunikation, wenn sie Zeichen *für* vorausgegangene Koorientierungen von Sprechern und Hörern sind. Feilke zieht daraus den Schluß, daß die Zeichenrelation nicht durch Referenz bzw. Repräsentation, sondern durch Rückbezüglichkeit bzw. Selbstreferenz in der Kommunikation bestimmt wird. Im Sprechen und mit Sprache, so könnte man diese Annahme vielleicht fortschreiben, greifen wir nicht (im Sinne des traditionellen Zeichenbegriffs) über die Sprache in die Realität aus, sondern wir greifen (immer nur) zurück auf sozial approbierte Zeichenverwendungen in der Kommunikation. (So wie man nicht »hinter« die Sprache gelangen kann – K. O. Apels Lieblingsmetapher –, kann man auch nicht aus ihr heraustreten.) Sprechen, so betont Feilke, ist kein Be-Sprechen intersubjektiv bereits festgestellter Sachverhältnisse; Gegenstände der Kommunikation sind immer Gegenstände der *Kommunikation* (a.a.O.: 292).

Zustimmend zitiert Feilke H. Bickes und D. Busse:

> »Kommunikatives Handeln ist als soziale Interaktion nur möglich durch Anwendung gesellschaftlich verbreiteter Handlungsmuster. Die kommunikativen Handlungsmuster bilden in jeder vollzogenen Handlung eine Matrix, die sprachliche, kommunikative und soziale Konventionen, Sinn- und Funktionszusammenhänge, epistemische und kognitive Voraussetzungen so zusammenfaßt, daß sie ein *Sinnganzes* ergeben, welches dem Hörer im Nachvollzug des Handlungskalküls des Sprechers ermöglicht, den von diesem intendierten Sinn zu realisieren. Diese Matrix der Bedingungen ist Teil der Verwendungskonventionen sprachlicher Zeichen« (a.a.O.: 23).

Im Zentrum der Sprachpragmatik Feilkes steht die sprachliche *Ausdrucksgestalt,* die aus dem Gebrauch stammt und über kommunikativ bestimmte Ausdruckserfahrungen zu *Bedeutungen* führt.[77]

77 »Ebenso wie die SprecherInnen einer Sprache diese nutzen, um ihre Vorstellungen, Auffassungen und Erfahrungen im weitesten Sinne zu artikulieren, werden umgekehrt auch die Nutzungserfahrungen ihrerseits zum Bestandteil eines sprachlichen Wissens. Der Gebrauch der Sprache orientiert sich sinnvollerweise an solchen Erfahrungen mit Sprache, und in dem Maße, in dem die eigene Spracherfahrung sozial kalkulierbar und in ihrer Wirkung auf den anderen berechenbar wird, wird sie ein intersubjektives Wissen der SprecherInnen und ein zur wechselseitigen Orientierung ein-

Feilkes wichtigste Hypothesen lauten hier:
- Sprache als soziale Gestalt ist Ausdrucks-Gestalt.
- Die Ausdrucksgestalt organisiert Bedeutung für die Kommunikation.
- Die dadurch entstehende Ordnung ist autonom (im systemtheoretischen Sinne).
- Kognition und Semantik (als kommunikativer Bereich) sind entkoppelte Systeme. Die Schnittstelle zwischen beiden bildet das Bedeutungssystem.

»Sprache als Mittel der Kommunikation ist das Resultat der *Verhaltenskoordination von Individuen* und nicht das Substrat ihrer *Kognition als Individuen!* Sprache ist in diesem Sinne die wichtigste *Form* sozialer Kognition« (a.a.O.: 44 f.; Hervorhebung i. O.). Ihre Leistung besteht – entgegen unserem Alltagsverständnis von Sprache und Kommunikation – gerade nicht darin, individuelle Kognition und soziale Kommunikation zur Deckung zu bringen, sondern vielmehr darin, deren *Differenz* zu ermöglichen und zu organisieren. Mit der Ausdrucksseite der Zeichenprozesse steht ein Prinzip *formaler* Kopplung von Kognition und Kommunikation zur Verfügung, über das kommunikative Erfahrungen mit Sprache verfügbar gehalten werden, die Verständigung organisieren. Diese Verständigung kann nur in der Kommunikation erfolgen, d. h. im Prozeß der »Konstruktion eines Gemeinten« durch Sprecher *und* Hörer. Dazu müssen Sprecher *brauchbare* Ausdrücke einer Sprache verwenden, d. h. Ausdrücke, die sich eben *im Gebrauch* bewährt haben und durch den Gebrauch konventionalisiert worden sind (a.a.O.: 159), wodurch sich ein gemeinsam geteiltes Erfahrungswissen über den Gebrauch von Zeichen herausbildet,[78] was als Erwartungserwartung für das kommunikative Handeln von

setzbares Steuerungsmittel im Meinen und Verstehen. Der gleichsinnige Gebrauch der entsprechenden Mittel setzt dabei notwendig ein allgemeines Wissen über deren aus dem Gebrauch erwachsene *Bedeutung für die Kommunikation* voraus. Der Gebrauch der Ausdrucksmittel ist insofern i. S. der Herkunft des Ausdrucks *Sympathie* von ›*sym-patheiá*‹ durch ›gleiche Empfindung, Mitleiden und Teilnahme‹ (vgl. Ethymolog. WB 1989) motiviert. Das ist der Sinn auch der wichtigen sprachtheoretischen Bestimmung des Begriffs ›Sympathie‹ durch Philip Wegener« (Feilke 1994: 23).

78 Ein Wort muß man nicht ›verstehen‹. Man *kennt* es, oder man kennt es nicht« (a.a.O.: 173).

Aktanten dienen kann. »Das heißt, die Zeichenhaftigkeit von Sprache ist der *kommunikative* Bezugspunkt für die Modellierung von Beständen des Weltwissens im Sprechen, *nicht aber* deren kognitives Korrelat. Dies bedeutet zugleich, daß die kommunikative Organisation des Bezugs auf ein Weltwissen im Sprechen durch indexikalische geprägte Zeichen das *kognitive Funktionieren der Kommunikation* erst ermöglicht« (a.a.O.: 167; Hervorhebungen i. O.).

Die Handlungsförmigkeit von Kommunikation bestimmt Feilke sowohl über soziale als auch über textuelle »Prägungen«. Unter »soziale Prägungen« faßt er:

- situative Routinen (»Einsteigen und Türen schließen!«);
- institutionalisierte Routinen der Kommunikation (»Entschuldigen Sie bitte!«);
- institutionale Rituale als kommunikative Form institutionaler Akte (»Im Namen des Volkes«).

»Textuelle Prägungen« sind auf die textuelle Organisation der Kommunikation bezogen. Sie markieren Beginn und Ende der Kommunikation, organisieren Sprecherwechsel, signalisieren Sprecherintentionen, indizieren die relative Relevanz einer Rede- oder Textsequenz, markieren Textsorten oder die Zeitstruktur des Sprechers (a.a.O.: 258).

Die Handlungsförmigkeit von Kommunikation basiert auf dem von den Aktanten sozialisatorisch erworbenen und kommunikativ stabilisierten Handlungswissen als kollektivem oder Common-sense-Wissen, das zur strukturellen Kopplung von Kognition und Kommunikation im kommunikativen Handeln eingesetzt werden kann.

Franz Josef Czernin, die aphorismen

8.: 1	*gegenstand*: die summe aller seiner möglichen beschreibungen (Abb., S. 91).
8.9	*gegenstand*: was alle möglichen weisen zu beschreiben hervorruft.
8.7.2.9.: 1	dass man ist, ist keine behauptung, sondern die antwort auf eine frage (Abb., S. 92).
1.	schon damit, dass wir etwas *ding* nennen, vermischen wir es mit unseren eigenschaften.

welt ist ges
präch ist ei
n satz ist g
espräch gewo
rden ist ein
satz geworde
n ist welt g
eworden ist e
in satz gewo
rden ist ges
präch von we
lt ist ein s
atz ist ein
satz gespräc
h geworden i
st welt von
gesprächen g
eworden ist
ein satz gew
orden ist sp
rache ist we
lt ist gespr
äch ist welt
ist sprachen
ist welt ist
gespräch ist
ein satz ist
sprachen ist
welt ist wel
tenweltenwel

4.1.10.14 wenn dinge so etwas wie tatsachen kennen würden, dann wären es ihre namen.

4.1.9.3 *gegenstand*: was durch das ineinandergreifen von ereignissen und eigenschaften hergestellt wird.

7.4.2.14 was das, was es gibt, zu dingen macht, das bin ich selbst: ich bin das einzige unding unter nichts als dingen.

2. *dinge*: das, was wir nicht wahrnehmen könnten, wenn wir uns nicht vorstellen könnten, daß wir damit umgehen.

= ist

2.1.: 14.3 gegenstand: dinge, vorgänge, beziehungen, eigenschaften gehören nur zu den werkzeugen, die dazu dienen, etwas über etwas anderes zu sagen.

3.2.9.: 14 erst das vergleichen macht die dinge zu gedachten summen von eigenschaften.

4.1. *erkennen*: alle begriffe so gegenwärtig haben, dass man sich zu einem bestimmten entschliessen kann.

5.2.7. *erkenntnis*: was zu langsam geschieht, um nicht zu irritieren, und zu schnell, um etwas zu sein, das einem entgehen muss.

8.2.5.11 wissen: je mehr in einem bestimmten zusammenhang behauptet werden kann, desto unwahrscheinlicher wird es, dass man von der wahrheit einer bestimmten behauptung überzeugt ist.

5. Sprache, Schrift, Ding und Wahrheit

Im vorangegangenen Abschnitt ging es mir darum zu zeigen, von welchen ganz unterschiedlichen theoretischen Positionen aus man versucht hat, operative Erkenntniskonzepte zu entwickeln, die Wahrnehmen und Erkennen als effektives Operieren und Handeln konzeptualisieren. Es hat sich herausgestellt, daß dies ein schwieriges Vorhaben ist, das vor allem gegen tiefsitzende Alltagsintuitionen sowie gegen eine lange philosophische Tradition angehen muß. In diesem Abschnitt wechsle ich nun die Perspektive und frage, wie es überhaupt zur Entwicklung realistischer und repräsentationistischer Erkenntniskonzepte gekommen ist. Unter dieser entwicklungsgeschichtlichen Perspektive werden *medienhistorische* und *medientheoretische* Aspekte einschlägig für die Frage nach Wirklichkeit, Erkenntnis und Wissenschaft.

Aus den Studien von E. A. Havelock (1963), W. J. Ong (1987), J. Goody (1990), E. Scheerer (1993) oder M. Giesecke (1991) weiß man inzwischen vieles über die Bedeutsamkeit der Erfindungen von Schrift und Druck und die tiefgehende Differenz zwischen oralen und literalen Kulturen. Einigkeit herrscht bei diesen Autoren darüber, daß erst die Kulturtechnik Schrift, insbesondere die von den Griechen entwickelte Alphabetschrift, und a fortiori dann der Buchdruck, logisch-analytisches Denken und damit Wissenschaft im modernen Sinne möglich gemacht haben. Zwei Aspekte dieses Prozesses möchte ich in diesem Abschnitt besprechen: Zum einen den Zusammenhang zwischen der Verdinglichung der Sprache durch die Schrift und modernen Empiriekonzepten, und zum anderen den Zusammenhang zwischen einer Ontologisierung der Welt durch Schrift und dem Schwinden operativer Erkenntniskonzepte.[79] Zu diesem

79 Auf die von J. Goody beschriebenen Zusammenhänge zwischen Schrift und Gesellschaftsorganisation gehe ich an dieser Stelle nicht ein.

Zweck beginne ich mit einer kurzen Darstellung der Differenz zwischen oralen und literalen Kulturen.

Orale Kulturen sind geprägt von der Flüchtigkeit der gesprochenen Rede und den durch die Mündlichkeit bestimmten Kommunikationsbedingungen (z. B. geringe Reichweite, Kopräsenz von Sprecher und Hörern in derselben Situation). Dem Wort werden magische Kräfte zugesprochen, Namen haben Macht über die Dinge und sind nicht etwa Repräsentanten von Dingen. Die Hervorbringung von Äußerungen ist ein dynamischer körperlicher Akt, ein an Kraft gebundenes Ereignis, das immer in konkrete Kontexte und die Kopräsenz anderer Menschen integriert und an den beobachtbaren Körper eines sprechenden oder hörenden Menschen gebunden ist.

Orale Kulturen, die über keine Texte verfügen, bedürfen der Kommunikation zur kontinuierlichen Wissensübermittlung. Ihre Mitglieder müssen memorierbare Gedanken denken, die wie die Rede auch vor allem von schablonisierten und gemeinschaftlich fixierten Formeln geprägt sind. Durch die ständige Wiederholung wichtigen Wissens sind orale Kulturen konservativ (oder traditionalistisch), ihre Kommunikation hochgradig redundant, weitschweifig und primär rhetorisch organisiert. Nicht die Syntax dominiert, sondern der Stil, der eher additiv als subordinierend ist.

Handeln, Denken und Reden sind in oralen Kulturen von der Nähe zu täglichen Erfahrungen und Problemen geprägt, ohne über analytische Kategorien zur Strukturierung von Wissen aus der Differenz zur Erfahrung zu verfügen. Es besteht kein Interesse an der Anhäufung von Wissen in selbstgenügsamen Corpora. Orale Kulturen organisieren Wissen nur um Menschen bzw. um anthropomorphisierte Lebewesen herum. Der Kosmos wird gesehen als ein fortlaufendes Ereignis mit dem Menschen im Mittelpunkt.

Orales Gedächtnis besitzt eine bedeutsame somatische Komponente, d. h. Erinnern wird unterstützt durch Körperbewegungen, Instrumentengebrauch und ähnliches mehr. Dabei ist das Memorieren wohl nicht zu denken als die Wort-für-Wort-Wiederholung einer Erzählung oder einer Genealogie, sondern als jeweilige (vom Publikum mehr oder weniger akzeptierte) Neuproduktion z. B. einer Erzählung aus ähnlichen Ereignissen, Namen und Formeln. Mit der ständigen Angleichung der Erzählung an das jeweilige Publikum und die jeweilige Situation werden zwei Probleme gleichsam mitgelöst: das (automatische) Vergessen von unwichtig Gewordenem und die durch Transformation erprobte Bewährung situationsspezifizierenden Wissens. Erinnerte Wahrheit ist anpassungsfähig. Orale Kulturen operieren homöostatisch, nicht dogmatisch.

Wie A. R. Luria bei Feldforschungen in Usbekistan noch 1931/32 nachweisen konnte,[80] denken Menschen in oralen Kulturen situativ und ohne kategoriale Ausdrücke. Er kennzeichnet dieses Denken als holistisch und operativ, bezogen auf alltägliches Problemlösen – das Verlangen nach so exotischen Problemlösungen wie Definitionen oder Typologisierungen von Ausdrücken erscheint oral Sozialisierten schlicht als sinnlos.

Mit der von den Griechen entwickelten *Alphabetschrift*, die sowohl Konsonanten als auch Vokale repräsentierte, wurde eine fast totale Transformation des Wortes aus dem Klang (der Zeit) ins Sichtbare (den Raum) möglich. Erst das Alphabet insinuierte eine Konzeption (weil Darstellbarkeit) von Wörtern als präzise fixierbaren und in feste Elemente teilbaren Dingen sowie die Auffassung von Wort(ding)en als bedeutungstragenden Einheiten, d. h. als Zeichen für andere Dinge (= Erfindung der Referenz).

Erst die in der Schrift räumlich gewordene Sprache erlaubte die Entwicklung von analytischem Denken. Schreiben zwingt das Denken zu extremer Verlangsamung, wodurch völlig neuartige Verstehens- und Widerspruchsmöglichkeiten und damit – wie N. Luhmann (1990: 598) betont – ganz neue Semantiken und Wahrheitsansprüche entstehen. Schrift erlaubt die Erzeugung einer Linie von Denk-Kontinuität, die unabhängig vom Bewußtsein und der Kommunikation in Texten existiert, auf die jederzeit zurückgegriffen werden kann. Wissen wird außerhalb des Bewußtseins speicherbar, abrufbar, nachschlagbar, was angesichts wachsender Archive Erinnern wie Vergessen zum Problem werden läßt

80 A. R. Luria (1976).

und materiale Vorstellungen von Wissen bzw. Information begünstigt. Die durch Schrift bewirkte Trennung des Wissenden vom Gewußten (Wissenschaft) schafft erst die Bedingung für Vorstellungen von Objektivität und depersonalisierter Wahrheit. Sie fördert Introspektion und Individualisierung der einsamen Schreiber und Leser. Die Welt der Schrift wird, nach E. A. Havelocks vielzitiertem Fazit, zur *Welt der Ontologie.*

Durch die (beliebig steigerbare) Distanz zwischen Mitteilung, Verstehen und Akzeptanz, die im Vergleich zur mündlichen Kommunikation die Ablehnungswahrscheinlichkeit enorm erhöht, wird – wie N. Luhmann betont – eine Beobachtungshaltung zweiter Ordnung nahegelegt und eingeübt. Das führt zu einem folgenreichen kognitiven Idealismus, der richtiges und falsches Vorstellen individuellen Seelenvermögen zuordnet und nicht mehr der Kommunikation; seither, so Luhmann, wird die *Sozialität des Wissens* unterschätzt (1990: 180).

Sprache dekontextualisiert Normen wie Wahrheiten, sie universalisiert (im Prinzip) den Adressatenkreis von Texten (etwa der heiligen Texte der großen Buchreligionen), abstrahiert und verschärft Wahrheitsansprüche an exakt überlieferbare Texte: Geschriebene Wahrheit verliert ihre Anpassungsfähigkeit und wird rigide. Schrift ist zugleich ein Mittel der Kommunikation wie ein Instrument der Distanzierung von Kommunikation. Der Körper verliert seine Bedeutung als Ort der Wahrnehmung von Sinn und Kultur, als Beobachtungsort für die Einheit bzw. Differenz von internem und gleichzeitig Erlebtem. Gleichwohl bleibt der Körper beim Lesen und Schreiben wichtig; geschrieben wird in der Manuskriptkultur mit dem ganzen Körper, der Schreiber diktiert sich quasi selber; gelesen wird laut, und die Schrift orientiert sich an der Topographie des Körpers: Es gibt keine Schrift, die von unten nach oben gelesen wird.

Wie vor allem W. J. Ong herausgestellt hat, ist Schreiben kein bloßes Anhängsel des Sprechens, sondern eine vollkommen künstliche Technologie, die das menschliche Bewußtsein radikal verändert hat. Zwar steigert Schrift die Bewußtseinsentwicklung, Abstraktion, das Denken in Kausalketten und Relationen usw.; aber sie entfernt die Menschen auch von ihren sozialen Milieus (von der »lebendigen Welt«) und der lebensweltlichen Organisation des Wissens. Nicht zufällig ist so oft der Zusammenhang zwischen Schrift/Schreiben und Tod thematisiert worden – auch die Bibel erklärt, der Buchstabe töte, der Geist mache lebendig. Die »Abgestorbenheit des Textes« (Ong 1987: 84) und die strenge Beschränkung auf das zergliedernde Sehen garantieren einerseits endlose Wiederles- und Wiederbelebbarkeit von Texten; aber die Textmaterialität wirkt zugleich auch widerspenstig und autoritär: Was geschrieben steht, das beansprucht auch wahr zu sein in einem autonomen Diskurs – Orthodoxie und Dogmatismus sind Kinder der Literalität.

Der *Buchdruck* – auch darin sind sich die genannten Autoren einig – hat die schriftbedingte »Konstruktion einer neuen Lebenswelt« (Ong) erheblich intensiviert und beschleunigt. Ihm ist die endgültige Reifizierung des Wortes und der noëtischen Tätigkeiten zu verdanken. Erst der Druck machte Texte, die nun in künstlich konstruierten Hochsprachen verfaßt werden, zu Routinemitteln der Kommunikation, erlaubte schnelles und stilles Lesen und die Entwicklung von Schreibstilen, die nicht mehr am Vorlesen orientiert waren. Der Buchdruck depotenzierte damit die Rhetorik und trennte sie allmählich vollständig von der Dichtung ab. Der Druck stabilisierte die Tendenz zu einer primär visuellen Verwaltung des Wissens, das sich scheinbar in einem stabilen mentalen Raum befand. Mathematische Analysis und die Herstellbarkeit komplexer Diagramme und Tabellen förderten die Quantifizierung des Wissens: Riesige Wörterbücher entstehen, Katechismen und Lehrwerke objektivieren das Wissen, dessen Formulierung beliebig exakt wiederholbar wird. Durch die Rezipier- und Vergleichbarkeit vieler Texte und Meinungen wird die steigende Komplexität des Wissens sichtbar und gezielt veränderbar, wobei man jetzt mit Öffentlichkeit rechnen muß: Im Prinzip kann jeder lesen, was der andere liest. Alle Verstehensgrundlagen müssen jetzt im dekontextualisierten Buch selbst gelegt werden (der Text muß für sich selber sorgen können), was die Anforderungen an Klarheit und Überzeugungskraft der Darstellung enorm erhöht. Die Entwicklung der Vorstellung vom geistigen Eigentum macht einerseits – per Urheberrecht und Honorar – das Wort im 18. Jahrhundert zur Ware, stipuliert andererseits Plagiatsächtung und emphatische Konzepte von Originalität und Kreativität, die erst durch die Erfahrungen von Intertextualität getrübt werden. Alle diese Entwicklungen haben die Entstehung moderner Wissenschaften gefördert, die auf der Möglichkeit genau wiederholbarer und jederzeit prüfbarer Äußerung, auf dem Zusammentreffen exakter (nicht lebensweltlich begrenzter) Beobachtung und präziser Beschreibung sowie auf der Möglichkeit des Beobachtens zweiter Ordnung beruht, was zur Autonomisierung eines Wissenschaftssystems mit hoher Selbstorganisation geführt hat.[81]

Schon diese kurze Skizze der Differenz von Oralität und Literalität macht meine eingangs dieses Exkurses geäußerte These vom Zusammenhang zwischen Sprachverdinglichung, Empirie und Ontologisierung plausibel. In der im wesentlichen ereignishaften, kontinuierlichen oralen Kommunikation bringen Äußerungen als ganze einen unanalysierbaren Gedanken zum Ausdruck; orale Sprachen kennen keine Wörter und keine propositionale Verwendung unter Wahrheitswertaspekten. Erst die Schrift und deren mediale Eigenschaften materialisieren raumzeitlich diskrete Symbole und »erfinden« Wörter als materiale Entitäten (Abb., S. 99). Schrift trennt Produktion und Rezeption (Dekontextualisierung) und erhöht die Unwahrscheinlichkeit der Annahme von isolierten Texten als Kommunikationsangeboten. Die Materialisierung der Wörter erzeugt das Problem, wie diskrete Einheiten sich zu anderen diskreten Einheiten verhalten, also wofür Wörter ein-stehen. Erst jetzt, durch Aufbrechen des kontextualisierten Kommunikationszusammenhangs, entsteht die Idee arbiträrer Referenzrelationen, über die Wörter (qua Zeichen) mit Bedeutungen verbunden werden (= *referential fallacy*). In vergleichbarer Weise wird nun auch die operative Einheit des Wahrnehmens und Erkennens

81 Zu Einzelheiten dieser Entwicklungen, vor allem zum (erstmals in dieser Form dargestellten) Zusammenhang zwischen Buchdruck und Normierung der (visuellen) Wahrnehmung vgl. M. Gieseckes bahnbrechende Studie (Giesecke 1991).

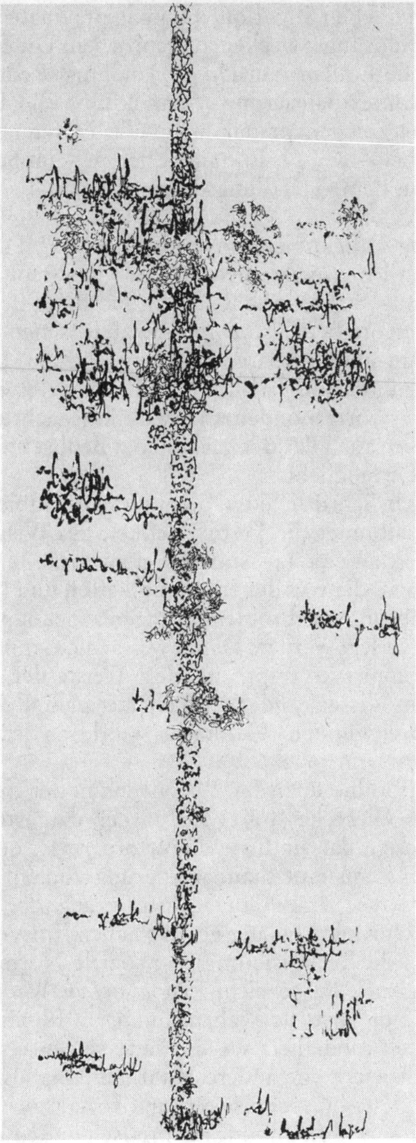

in lebensweltlichen Situationen und zu pragmatisch distinkten Problemlösungszwecken aufgebrochen. Die Schrift zerlegt die orale Einheit von Ding, Handlung, Rede und Sinn durch Dekontextualisierung (Abstraktion) und Universalisierung der Zeichenvorstellung in die Differenz Denken/Sein, die aber – wie N. Luhmann betont – im Sein zusammenfällt: aus dem »Handlungsding« wird das »reine Objekt« (1990: 600).

Die Ding-Objektivierung fördert die Idee, Dinge unabhängig vom lebensweltlichen Umgang des Beobachters erster Ordnung exakt zu beobachten und diese Beobachtung exakt zu beschreiben, also *empirisch* zu forschen und Beobachtungen in überprüfbarer Weise mitzuteilen. Damit aber wird nicht nur das Beobachten zum Problem (etwa hinsichtlich seiner – korrespondenztheoretisch gedachten – Wahrheit), sondern auch das Beobachten des Beobachtens, das der Buchdruck ermöglicht.

Die durch Schriftlichkeit beförderte Entsubjektivierung des Wissens bindet die Verbindlichkeit des Wissens in der Wissenschaft an eine (als subjektfrei gedachte) Objektivität und Wahrheit, die von der Kommunikation und lebensweltlichen Erfahrung mit Problemlösungen abgekoppelt und ins Sein selbst verlegt werden. Damit waren die Grundlagen realistischer Empiriekonzepte aus dem Geiste der Schrift gelegt, waren Wissen und Wahrheit aus dem Leben in die Schrift verschwunden. Geforscht wurde ab jetzt für den Druck (Luhmann 1990: 607).

In seiner Studie über den Buchdruck in der frühen Neuzeit hat M. Giesecke (1991) ausführlich dargestellt und an Quellen belegt, daß und wie die Erfordernisse des typographischen Systems eine Standardisierung von Informationsprozessen sowie eine Operationalisierung der Wahrnehmung der Umwelt in Gang gesetzt haben. Im Vordergrund stand dabei die Technisierung und soziale Normierung der vom Buchdruck ausgezeichneten *visuellen Wahrnehmung*. Daß gerade die visuelle Wahrnehmung in Richtung auf Simulierbarkeit modelliert wurde, hatte seinen Grund darin, daß sie sich wie keine andere Wahrnehmung als Handlung auffassen, zerlegen, technisieren und sozial normieren läßt. Durch eine wahrnehmungstheoretische Reduktion des

Menschen auf nur einen Sinn und durch die Exklusion der inneren Erfahrung entstand in der Folgezeit ein »eindimensionales Bild des Menschen als informationsverarbeitendes System« (1991: 587). Dazu war es zunächst erforderlich, das eigene Sehen zu untersuchen, um seine Regeln zu ermitteln, wobei als technische Hilfsmittel Glasscheibe (Vetro tralucente), Richtscheit und Camera obscura eingesetzt wurden. Die Bildfläche erschien durch die Glasfläche betrachtet als exakte Exteriorisierung des sinnlichen Eindrucks. Das Auge wurde als Camera obscura gedacht, das linearperspektivisch arbeitet entsprechend der theoretischen Annahme, daß das Licht aus Wellen besteht, die vom Gegenstand ausgesandt werden (Abb., S. 102).

Wie Giesecke belegt, erhielten die perspektivischen Wahrnehmungsaxiome im Laufe des 16. Jahrhunderts für diejenigen, die im typographischen Informationssystem mitarbeiteten, schrittweise die Rolle allgemein akzeptierter *Loci communes.* Gleichzeitig wurde die Rhetorik abgewertet, verloren konsensuelle Wahrheitskriterien an Bedeutung. »Als *›wahr‹* gelten zunehmend nur noch diejenigen Informationen, die nach perspektivischen Prinzipien gewonnen und dann in Skulpturen, Zeichnungen oder Beschreibungen niedergelegt sind. [...] Perspektivlehre und Geometrie liefern Kriterien für eine binäre Bewertung von ›beschriebenen‹ Informationen. Folgt die Orientierung und Darstellung ihren Regeln, so ist sie wahr, folgt sie ihnen nicht, so ist sie falsch. [...] Nur ›wahre‹ Informationen werden von der Gesellschaft alsbald als ›Wissen‹ bezeichnet« (a.a.O.: 636). Im Verlauf dieses Prozesses wird ›Wahrheit‹ Schritt für Schritt zu einem Attribut für einen Prozeß der Gewinnung, Verarbeitung, Überprüfung und Anwendung von Informationen, der in genau festgelegten Bahnen verläuft; das Attribut ›Wahrheit‹ besiegelt sozusagen die akzeptierte Logik des Verfahrens.

Bis heute sind sich viele Beobachter nicht darüber im klaren, daß die Zentralperspektive der Renaissance nicht etwa eine natürliche Sehweise war und ist, sondern eine Illusionstechnik. S. Krämer hat das bündig auf folgenden Nenner gebracht: »Sie (die Zentralperspektive) repräsentiert einen stetigen, homogenen und unendlichen Raum. Solcher Raum ist

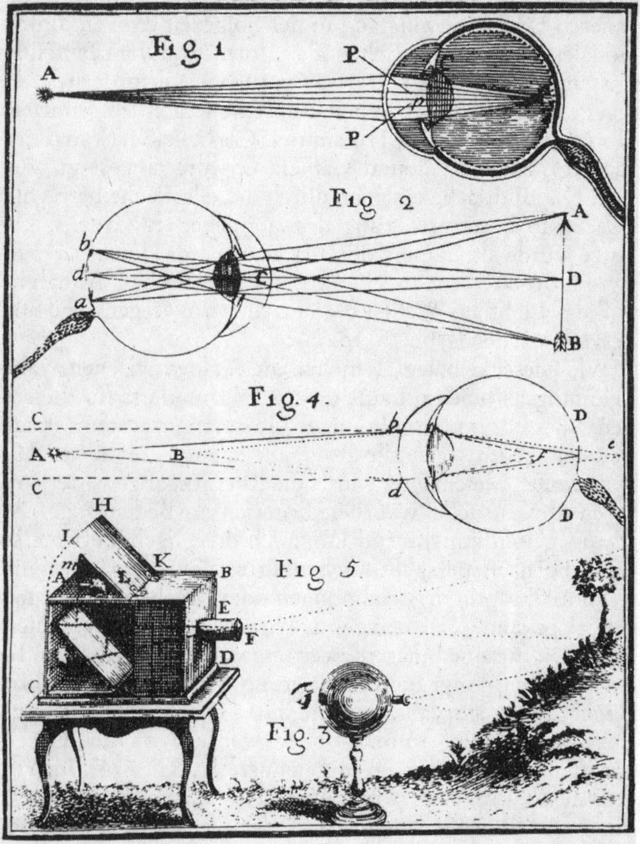
Fig 1
A
P
p
P
Fig 2
b
d
a
C
A
D
B
Fig. 4.
C
A
B
C
b
d
D
D
e
f
H
I
m
A
K
L
B
E
F
D
C
Fig 5
Fig. 3

ein mathematisches Konstrukt; er gibt keineswegs den faktischen psychologischen Raumeindruck eines Subjekts wieder. Denn daß wir die planperspektivische Darstellung oft als natürlich und daher richtig qualifizieren, zeigt nur, wie sehr die zentralperspektivischen Illusionstechniken in unserer Kultur ihre toposbildende Funktion entfalten konnten« (1995: 131).

Daß das Verfahren perspektivischer Wahrnehmung und Darstellung seinen hochartifiziellen Charakter im Bewußtsein der Zeitgenossen so rasch verlor, hängt wiederum mit dem Siegeszug des Buchdrucks zusammen, der exklusiv auf eben dieses Verfahren setzte und Alternativen verdrängte. Während sich in älteren und nichteuropäischen Kulturen die Normativität der Zentralperspektive keineswegs durchgesetzt hat, gelten in Europa nur auf diese Weise gewonnene Informationen als naturgetreu und wahr. Der konstruktive, normative und technische Charakter perspektivischer Darstellung wird im 16. Jahrhundert zunehmend vergessen. Einhundert Jahre später äußert Galilei schon die Überzeugung, die Natur sei »in der Sprache der Geometrie geschrieben«.

Die nach dem neuen Modus gewonnenen und typographisch gespeicherten Daten wurden dann allmählich als ›Wissenschaft‹ bezeichnet. Comenius belehrt seine Schüler im *Orbis pictus:* »Die wahre Erkaentnis eines dings / ist eine Wissenschafft: die falsche / ein Irrtum. Wahn / Verdacht« (a.a.O.: 670). Damit wird Wissenschaft auf die Produktion wahrer Aussagen (»Wissenschafft«) verpflichtet und das Programm der Anleitung zu dieser sozialen Praxis auf die von Albrecht Dürer in den Mittelpunkt gerückte Opposition »recht/falsch« verpflichtet. Diese wahren, in Druckwerken vergegenständlichten und von der kontextgebundenen Praxis abgelösten Aussagen schufen eine eigene Informationswelt, die sich in der Folgezeit als Wissenschaftssystem verselbständigte. Diese »Verselbständigung des auf visuellen Informationen aufgebauten Reflexionswissens« (a.a.O.: 672) basierte auf instrumentell geförderten und bewährten Wahrnehmungen. Die Forschung erweiterte sich mit der Vervollkommnung technischer Instrumente, die für die Gewinnung »rechter« wissenschaftlicher Informationen unerläßlich wurden.

Über die Entwicklung der beschreibenden Fachprosa entwickelt sich ein *Wissensbegriff*, den es in dieser Art vor der Durchsetzung des Buchdrucks in Europa nicht gegeben hat. Die Kriterien für dieses Wissen, die der Chemiker Libavius um 1600 formulierte, lauteten: Wissen wird von einem außenstehenden Beobachter durch normierte Prozesse visueller Wahrnehmung gewonnen, typographisch gespeichert und über den freien Markt verbreitet (a.a.O.: 677).

Dieses Wissen erhob Anspruch auf Wahrheit, situationsunabhängige Geltung, Objektivität, intersubjektive Überprüfbarkeit, Widerspruchsfreiheit der Aussagen und Autonomie des sprachlichen Textes – in Summe die Wissenschaftskriterien, die bis heute in den gängigen Wissenschaftstheorien postuliert werden.

Versteht man Mediengeschichte (unter anderem) als eine Geschichte der »Wahrnehmungstechnologien«, dann spielt die Disziplinierung der Wahrnehmung im 19. Jahrhundert eine bedeutende Rolle.

In einer lesenswerten Studie über die Transformation der Konzepte ›Sehen‹ und ›Betrachter‹ im 19. Jahrhundert hat J. Crary (1996) dargestellt, wie in diesem Zeitraum die kulturell verankerte Bedeutung dieser Konzepte transformiert worden ist. Crary wählt als Ausgangspunkt seiner Überlegungen die Camera obscura, die von vielen Fotografie- und Filmhistorikern als erster Schritt auf dem Wege zu einer immer präziseren Erforschung und Repräsentation der Wirklichkeit dargestellt wird. Seit Euklid und Aristoteles haben zahllose Philosophen, Künstler und Wissenschaftler darüber spekuliert, inwiefern das (seit zweitausend Jahren bekannte) Phänomen der Camera obscura der Funktionsweise des menschlichen Auges entspricht oder nicht. Vor allem im 17. und 18. Jahrhundert diente die Camera als das bei weitem am häufigsten benutzte Modell, mit dem das menschliche Sehen und die Beziehung des denkenden Subjekts zur Außenwelt veranschaulicht wurden (s. o.). Wichtig ist dabei, daß die Camera nicht bloß ein optisches Gerät war, das zu vielfältigen technischen und künstlerischen Zwecken verwendet wurde (als Zeichenhilfe, zur wissenschaftlichen Forschung und zur öffentlichen Unterhaltung); die Camera war zugleich auch eine zentrale philosophische Metapher sowie ein Modell für die optische Physik. Eingebettet in den umfassenden Zusammenhang von Wissenssystem und beobachtendem Subjekt verschmolzen, wie Crary betont, die optischen und die strukturellen Prinzipien der Camera obscura zu dem tonangebenden Paradigma, mit dessen Hilfe Status und Möglichkeiten des Sehens beschrieben wurden. In der Camera überschnitten sich diskursive Strukturen und materielle Praktiken und machten sie zu einer sozio-technischen Assemblage.

Crary führt nun den Nachweis, daß die Camera obscura und die Fotokamera nicht etwa Teile einer historischen Kontinuität bilden, sondern daß sie als sog. »Gefüge«, d. h. als Praktiken und als soziale Objekte »... zu zwei fundamental verschiedenen Systemen der Repräsentation und des Sehens gehören« und grundsätzlich verschiedene Beziehungen zwischen dem Betrachter und dem betrachteten Objekt herstellen (a.a.O.: 43). Ebenso irreführend wie die Konstruktion einer direkten Kontinuität von Camera zu Kamera ist die ausschließliche Gleichsetzung der Bedeutung und Wirkung der Camera obscura mit den Techniken der Zentralperspektive. Während diese in erster Linie eine zweidimensionale Repräsentation liefert, definiert die Camera die Beziehung eines isolierten Beobachters, der sich in einem abgeschlossenen Innenraum befindet, zur Bewegtheit und Zeitlichkeit der äußeren Welt (Abb., S. 106).

Ende des 16. Jahrhunderts, so Crary, beginnt dann der Siegeszug der Camera obscura als einzigartiges und unangefochtenes Beobachtungsmittel, das den Akt des Sehens vom Körper des Beobachters löst, das Sehen ent-körperlicht: Der Zusammenhang zwischen Wissen und Wissenden löst sich auf (a.a.O.: 48; vgl. dieselbe These bei M. Giesecke 1991).[82] Der Betrachter wird zum körperlosen passiven Zeugen einer mechanischen Repräsentation der Objektivität der Welt durch einen monokular operierenden Apparat. Die Authentizität des monoskopischen Apparats ist dabei über jeden Zweifel erhaben und wird im Konfliktfall der Sinneswahrnehmung vorgezogen.

82 Zur Entkörperlichung des Subjekts durch die Camera obscura vgl. u. a. Newtons *Opticks* (1704) und Lockes *Essay on Human Understanding* (1690).

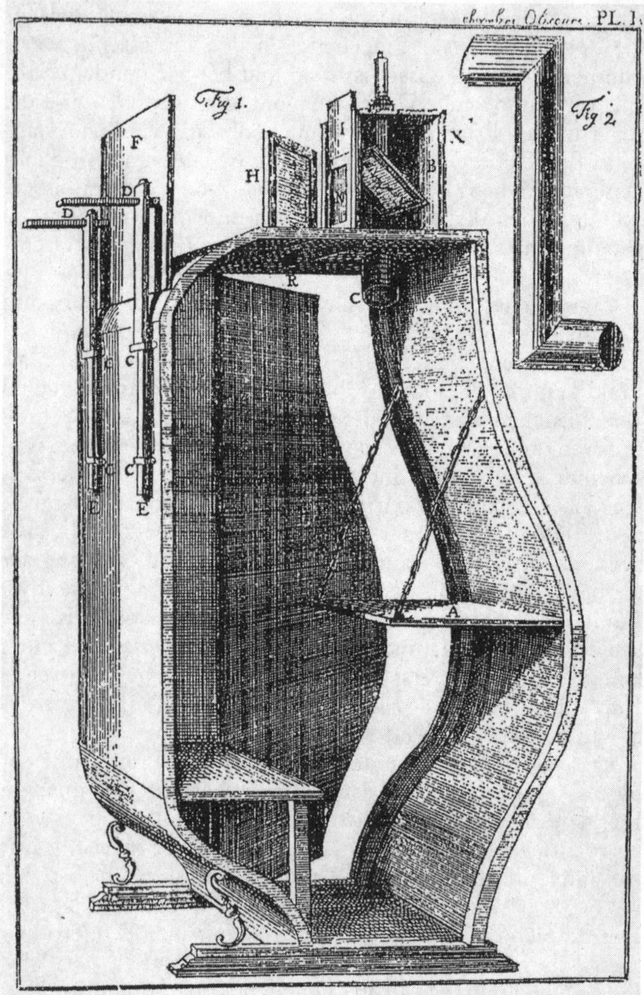
chambre Obscure. PL. I.
Fig 1.
Fig 2.
F
H
I
X
B
D
D
C
C
C
C
E
E
R
C
A

Ob bei Leibniz oder bei Berkeley: Der Betrachter steht im 18. Jahrhundert »... einem einheitlichen, geordneten Raum gegenüber, der durch seinen physiologischen und sensorischen Apparat nicht verändert wird und auf dem der Inhalt der Welt untersucht, verglichen und in vielfältigen Beziehungen zueinander erkannt werden kann« (a.a.O.: 64).

War das Sehen bis zum Ende des 18. Jahrhunderts unbestritten die privilegierte Form der Erkenntnis und die Camera obscura seine Metapher wie seine Technik der Beglaubigung, so wurde im 19. Jahrhundert das Sehen selbst zum Gegenstand der Beobachtung und zum Zentralthema der expandierenden (Sinnes-)Physiologie.

Goethe verlangte zu Beginn seiner *Farbenlehre* (1810), die Öffnung der Camera obscura zu schließen und die Nachbilder des Seheindrucks zu erfahren und zu studieren (Abb., S. 108). Goethes Entdeckung der »physiologischen Farben«, die ganz dem Körper des Betrachters entspringen und die notwendige Voraussetzung für das Sehen bilden, modellierte das Sehen endgültig nicht mehr als passiven Rezeptionsvorgang, sondern als komplexes Ganzes aus physiologischen Elementen und Daten aus der Außenwelt. Innen und außen, Realität und Repräsentation wandelten ihre Semantik. Der Beobachter drängte als Mensch, als anatomisch-physiologisch bedingte Maschine, in den Vordergrund des Interesses: Die menschliche Erkenntnis entdeckte ihre Natur. Vor allem Maine de Biron betrachtete die Sinnesorgane des Beobachters und deren Aktivitäten als untrennbar mit den Objekten der Wahrnehmung verbunden.[83] »Der betrachtende Körper und die betrachteten Gegenstände beginnen, ein einziges Feld zu bilden, auf dem Innen und Außen nicht mehr voneinander zu unterscheiden sind« (Crary 1996: 81).

A. Schopenhauer etwa (*Über das Sehen und die Farben*, 1815) gab die Vorstellung von einer Entsprechung zwischen Subjekt und Objekt auf und kassierte die Differenz Innen/Außen als bedeutungslos, da er sich bei der Unterscheidung der Farbe allein auf die Empfindungen des beobachtenden Körpers konzentrierte. Die Kantische Vernunftkritik

83 Maine de Biron, *Influence de l'habitude sur la faculté de penser* (1803).

schließen sie die augen
und belassen sie es dabei
(danke)

(anselm glück)

wurde dabei physiologisch umgedeutet, das Transzendentale ins Empirische verlagert mit der Einsicht, daß die physischen und anatomischen Funktionen des menschlichen Körpers die Form unserer Erkenntnis bedingen.

Im Verlauf der erschöpfenden Inventarisierung des menschlichen Körpers durch die Physiologen des 19. Jahrhunderts entwickelte man allmählich ein Modell des menschlichen Organismus als Zusammenschluß eng verzahnter Apparate. Präzises Wissen über die optischen und sensorischen Fähigkeiten der Menschen wurde aber nicht nur für die Wissenschaft interessant, sondern auch für das Militär sowie vor allem die Industrie und deren Interesse an monotonen und gleichförmigen Arbeiten, die eine rasche Koordination von Auge und Hand erforderten. Wissenschaftliche und wirtschaftliche Rationalisierung gingen Hand in Hand; das Subjekt wurde zugleich zum Erkenntnisobjekt wie zum Objekt von Kontroll- und Normierungsverfahren.

In diesem Entwicklungsprozeß spielte die seit Jean Fresnel (1821) ausgearbeitete Wellentheorie des Lichtes eine bedeutsame Rolle. Mit ihr verloren alle auf der Renaissanceperspektive basierenden Repräsentationsmodelle, von der Vorstellung des Lichts als Strahl (bzw. als Korpuskel) ausgingen, ihre Legitimation durch die wissenschaftliche Optik. Das Erklärungsmodell der Camera obscura hatte ausgedient.

Als Johannes Müller in seinem mehrbändigen *Handbuch der Physiologie des Menschen* (ab 1833) den Nachweis führte, daß keine geordneten und festgelegten Beziehungen zwischen Reiz und Reaktion bestehen und daß ein Reiz, je nachdem auf welchen Nerv er trifft, ganz unterschiedliche Empfindungen auslösen kann, waren einerseits alle Unterschiede zwischen inneren und äußeren Empfindungen aufgelöst, hatte andererseits die Wahrnehmung von Licht keinen festen Bezugspunkt und keine feste Quelle mehr, um die herum eine Welt aufgebaut bzw. verstanden werden könnte: Die »referentielle Illusion« war unerbittlich aufgedeckt (Crary 1996: 97).[84]

Nachbildphänomene, mit deren Untersuchung Goethe den Übergang vom objektiven zum subjektiven Sehen und zur Einsicht in die Zeitlichkeit und Prozessualität der Wahrnehmung eingeleitet hatte, führten einerseits zur experimentellen Quantifizierung der Reizbarkeit des Auges (J. E. Purkinje), andererseits zur Erfindung optischer Geräte und Techniken, die bald zur Massenunterhaltung genutzt wurden: So das Thaumatrop (der »Wunderdreher«) von Dr. John Paris (London 1825), das Phenakitiskop (»Augentäuschung«) von Joseph Plateau (um 1830), das Stroboskop von Stampfer oder das Zootrop (»Lebensrad«) von William G. Horner (1835). Alle diese Geräte illusionierten Wirklichkeit, indem sie mit Zeitverhältnissen des Sehens und mit Bewegung operierten, also die statischen Abbildungsverhältnisse der Camera obscura auf den Kopf stellten. Mit der Verfügbarkeit dieser »philosophischen Spielzeuge« entstand ein neues Bilder konsumierendes Publikum.

84 »Letztlich wird das Sehen neu definiert als die Fähigkeit, von Sinneswahrnehmungen affiziert sein zu können, die nicht notwendigerweise einen Bezugspunkt in der äußeren Welt haben, wodurch jedes kohärente Bezugssystem gefährdet ist« (Crary 1996: 97).

Eine besondere Stellung unter diesen bilderzeugenden Apparaten aber nahm das Stereoskop ein (Abb. auf dieser Seite), mit dem jahrzehntelang fotografisch hergestellte Bilder betrachtet wurden. Charles Wheatstone und Sir David Brewster, denen die Erfindung des Stereoskops zugeschrieben wird, arbeiteten in den dreißiger Jahren am Problem der Raumwahrnehmung und des binokularen Doppelsehens unter verschiedenen räumlichen Bedingungen. Beide erkannten, daß der menschliche Organismus die Fähigkeit besitzt, den disparaten Netzhauteindruck zu einem einzigen und einheitlichen Bild zu synthetisieren. Stehen die optischen Achsen beider Augen beim Wahrnehmen eines nahestehenden Gegenstands parallel, erscheinen die perspektivischen Projektionen des Gegenstandes so, als sähe man den Gegenstand nur mit einem Auge. Je größer die Annäherung der optischen Achsen bei sehr nahen Objekten wird, desto unähnlicher werden diese Perspektiven: Jedes Auge sieht eine andere Projektion des Gegenstandes. Eben diese Differenz aber ist – laut Helmholtz' »Differenzhypothese« – die Voraussetzung der Wahrnehmung. Brewster bestätigte, daß es sich bei stereoskopischen Bildern um Trugbilder handelt, die darauf beruhen, daß der Beobachter die Unterschiede zwischen den Bildern ausgleicht.

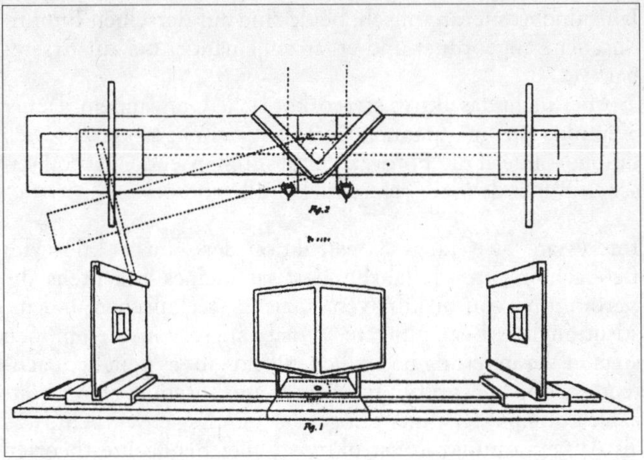

Das Stereoskop Wheatstones simulierte die reale Anwesenheit eines Gegenstands oder einer Szenerie um so realistischer, je näher das Objekt dem Betrachter schien. Der dreidimensionale Effekt, die scheinbare Greifbarkeit, stieg mit der Größe des Winkels der optischen Achsen. Aber diese Greifbarkeit war eine rein visuelle Erfahrung, die z. B. nicht mehr durch die Gleichzeitigkeit von Sehen und Tasten überprüfbar war. Nur durch die Konstruktion des Blicks auf eng begrenzte Abschnitte ergab sich der Eindruck von Dreidimensionalität, nicht wenn der Blick über das Bild schweifte. Das Stereoskop »... zeigt ein fundamental uneinheitliches und aus unzusammenhängenden Elementen zusammengesetztes Feld« (a.a.O.: 130). (Abb. auf dieser Seite).

Während die Fotografie noch eine oberflächliche Beziehung zur Ordnung des monokularen Raums und der geometrischen Perspektive bewahrt, ist die Stereoskopie die technische Rekonstruktion einer bereits technisch reproduzierten Welt. Der Betrachter wird systematisch dezentriert, das vervielfältigte stereoskopische Zeichen von jedem äußeren Bezugspunkt getrennt: Der Bruch mit dem klassischen Beobachter ist perfekt, Perspektive und Blickpunkt verschwinden in der stereoskopischen Sehtechnik. Die Beziehung zwischen Auge und technischem Gerät wird – so Crary – im 19.

Jahrhundert metonymisch, beide sind auf derselben Funktionsebene angeordnet und ergänzen einander bis zur Ersetzbarkeit.

Aber nicht das aktive stereoskopische Umwandeln flacher Stereokarten in spannende Tiefenwirkungen setzte sich durch, sondern die Fotografie mit ihrem pseudo-naturalistischen Bildcode (der »referentiellen Illusion«).

Interessant an Crarys Konstruktion der Konstruktion des Beobachters im 19. Jahrhundert ist meines Erachtens die Verbindung von diskursiven, sozialen, technischen und institutionellen Beziehungen: »Unabhängig von diesem sich stets in Veränderung befindlichen Feld gibt es kein beobachtendes Subjekt« (a.a.O.: 17). Seine – im Anschluß an M. Foucault konzipierte – »genealogische« Studie verdeutlicht, was als Ausgangspunkt konstruktivistischer Beobachtertheorien genommen werden sollte: »Es hat nie einen Betrachter [engl. observer, s. j. s] gegeben, der selbst in der Welt ist und dem sie zugleich durchscheinbar und deutlich ist, und es wird ihn auch nie geben. Statt dessen gibt es mehr oder weniger mächtige Kräftegefüge, aus denen heraus die Möglichkeiten eines Betrachters erwachsen« (a.a.O.: 17 f.). Dieses Kräftegefüge weist ganz unterschiedliche Faktoren auf: Unterschiedliche Bereiche wie Geld und Fotografie wirken – wie K. Marx es für das Geld sagte – als »große Gleichmacher« und »Demokratisierer«, die die gesellschaftliche Welt in erster Linie als Zeichen darstellen und konstituieren. Die systematische empirische Erforschung der Physiologie des Sehens führte zu einer Neubewertung der visuellen Erfahrung: »Man spricht ihr eine beispiellose Mobilität und Austauschbarkeit zu und löst sie aus allen festen Bezugspunkten und Orten« (a.a.O.: 25). Damit aber wurden die Grundlagen späterer Formen visueller Massenkultur gelegt, die eine neue Art von »Betrachter-Konsumenten« verlangte und ausbildete. Auf der einen Seite wird das Sehen individualisiert und de-topisiert; auf der anderen Seite dient wissenschaftliches Wissen über den menschlichen Körper und seine Funktionen zur Disziplinierung in Arbeit und Erziehung durch die Festlegung quantitativer und qualitativer Verhaltensnormen. An dieser Normierung des Sehens sind die oben erwähnten

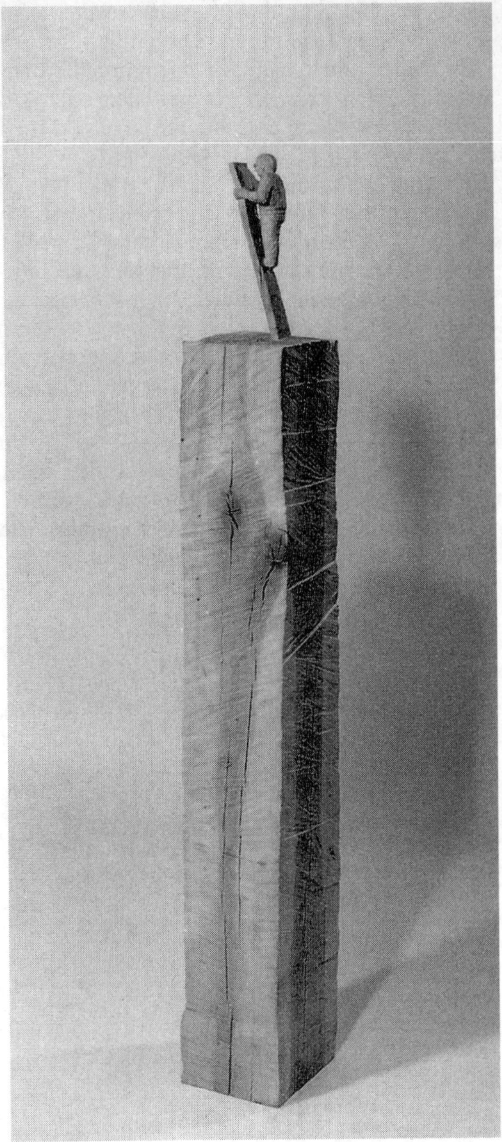

optischen Geräte beteiligt, die ihrerseits aus dem neuen physiologischen Wissen resultieren. Die endgültige Standardisierung der Bilder führte dann die Fotografie herbei, die den Übergang der festen Zeichen der feudalen aristokratischen Gesellschaften zu den austauschbaren symbolischen Systemen der Moderne beförderte (J. Baudrillard).

Die Trennung der Sinne und die industrielle Neuerfassung des Körpers gehören zu den wichtigsten Transformationsprozessen im 19. Jahrhundert. Der kontemplative Betrachter des 17. und 18. Jahrhunderts wird abgelöst durch den Konsumenten von Spektakeln in neuen städtischen Räumen mit künstlichem Licht, mit Glas- und Stahlarchitekturen, rasch wechselnden Moden, der Menge, der Fotografie, der Werbung, neuen Verkehrswegen und Passagen. Visuelle Erfahrung wird als instrumentell, veränderbar und abstrakt begriffen und erfahren. Die Befreiung des Sehens aus allen festen Bezugspunkten von Innen und Außen beginnt um 1820/30 ebenso wie die Disziplinierung und wirtschaftliche Normierung visueller Erfahrung: Der »moderne Beobachter« startet seine Karriere (Abb., S. 113).

6. Transformationen von Unterscheidungen[85]

Die bisherige Argumentation ging in die Richtung, ›Wirklichkeit‹ nicht in Beziehung zu ontischen Gegebenheiten zu setzen, sondern in Beziehung zu empirisch bestimmtem Handeln und Wissen, die gemeinsam zu *Wissen aus Erfahrung,* sprich: zu *empirischem Wissen* führen. Dabei wurde immer wieder auf das komplexe Bedingungsgefüge hingewiesen, das jedes Erfahrungmachen empirisch bedingt.

Im Lichte dieser Überlegungen werden traditionelle Unterscheidungen revisionsbedürftig, was zum Teil schon seit langem gesehen und diskutiert worden ist, so zum Beispiel die Unterscheidung *empirisch vs. theoretisch.*

Spätestens seit J. Piagets Entwicklungspsychologie und der Diskussion um die »Theoriebeladenheit« aller Erkenntnis in der analytischen Wissenschaftstheorie ist zunehmend plausibilisiert worden, daß Erfahrungmachen Konzepte, Schemata, Strukturierungsroutinen und ähnliches voraussetzt und daß es eingebunden ist in Sensomotorik, Gedächtnis, Emotionen und normative Bewertungen. Die Unterscheidung empirisch vs. theoretisch ist also keine Disjunktion, sondern perspektiviert eher einen Gesamtkomplex unter zwei Aspekten.[86]

Ähnliches gilt für die Unterscheidung *theoretisch vs. experimentell*, wo ›experimentell‹ die Systematik des Erfahrung-

85 Im Folgenden gehe ich nicht noch einmal auf die für jeden Konstruktivismus basale Ersetzung der Unterscheidungen Subjekt/Objekt und Erkenntnis/Gegenstand durch System/Umwelt ein, die eine operative und differenztheoretische Konzeption von Erkennen erzwingt.

86 »Die Paradoxie theoretischer Terme [in J. D. Sneeds Non-Statement View, s. j. s.] besteht entsprechend darin, daß ihre empirische Interpretation immer theorieabhängig erfolgt« (S. Moser 1995: 8). Wichtig ist weiterhin, daß in Sneeds Konzeption der empirische Gehalt einer Theorie über die Differenz T-theoretische/N-theoretische Terme bestimmt wird, wobei je nach dem systematischen Zusammenhang von Theorienhierarchien T-theoretische Terme auch als N-theoretisch interpretiert werden können.

machens ebenso betont wie seine Konstruktivität (Stichworte: Komplexitätsreduktion, Datenproduktion durch Trivialisierung) und – unter Bedingungen hochtechnologischer Forschung – die sozio-ökonomischen Abhängigkeiten experimentellen Erfahrungmachens.

Auch die Unterscheidung *empirisch vs. spekulativ/intuitiv* wird nur dann sinnvoll, wenn hier primär auf die Spezifik des Verfahrens abgestellt wird. Natürlich setzen auch Intuitionen und Spekulationen Wissen und Erfahrungen voraus; aber im spekulativen und intuitiven Verfahren dominiert die gedankliche Konstruktion (Kognition, Selbstreferenz), während ›empirisch‹ auf ein Verfahren interaktiven Erkenntnisgewinnens verweist, das durch Bezug der (Selbst-)Erfahrung auf Umwelt (Fremdreferenz) gekennzeichnet ist/wird.

Historisch gesehen[87] basiert diese Unterscheidung auf der Unterscheidung zwischen *innerer* und *äußerer Erfahrung*, die seit Albertus Magnus, F. Bacon und B. Pascal diskutiert wird. R. Descartes vertrat die Ansicht, die innere Erfahrung *(intuition, réflexion de l'entendement sur lui-même)* liefere unbezweifelbare Gewißheiten, während die äußere Erfahrung täuschen könne. Im Pietismus spielte die innere Erfahrung eine bedeutende Rolle, und auch für A. G. Baumgarten gehörte das sogenannte innere Empfinden in den innersten Bereich des Bewußtseins (*sensu interno intimaque conscientia*). Bei I. Kant erhält die innere Erfahrung dann erkenntnistheoretische Funktionen zugesprochen. Innere Erfahrung ist nach Kant von der äußeren Erfahrung abhängig, und die Anschauungsform der inneren Erfahrung ist die Zeit.

Während F. von Baader die Eigenständigkeit der inneren Erfahrung in den Vordergrund rückte, unterstrich A. Schopenhauer das notwendige Zusammenspiel von äußerer und innerer Erfahrung. Seit F. von Brentano wurde dann die innere Erfahrung, oder – wie sie jetzt genannt wurde – die innere Wahrnehmung zur Quelle untrüglicher Evidenz. Die alte Differenz äußere vs. innere Erfahrung diente nun zur Typologisierung von Wissenschaften: Psychische Phänomene werden in der inneren Erfahrung wahrgenommen, physische in der äußeren Erfahrung. Th. Lipps erklärte

87 Vgl. dazu die zusammenfassende Darstellung bei G. Knauss (1972).

Selbstbeobachtung zum »inneren Experiment« im Unterschied zu den zählenden und messenden äußeren Experimenten. Während Selbsterfahrung (Introspektion) von der Assoziationspsychologie, der Würzburger Schule und der Gestaltpsychologie als wissenschaftliche Methode durchaus anerkannt wurde, lehnten die Behavioristen sie strikt ab. Seit einiger Zeit wird sie in einer subjektiv orientierten Psychologie jedoch wieder ernst genommen (vgl. etwa Verfahren des *thinking out loud*).[88]

Aus konstruktivistischer Sicht ist die Unterscheidung zwischen äußerer und innerer Erfahrung, wie eingangs angedeutet, weder als Differenz zwischen Erfahrungsorten lesbar (alle Erfahrungen finden in kognitiven Systemen statt) noch als Differenz von Erfahrungsgegenständen oder Erfahrungsgewißheiten, sondern wohl am ehesten als Differenz zwischen Systemreferenzen. Danach werden äußere Erfahrungen unter der Kategorie Fremdreferenz verbucht, innere Erfahrungen unter der Kategorie Selbstreferenz, womit problematische ontologische Interpretationen der traditionellen Unterscheidung vermieden werden können.

Schließlich kann auch die strikte traditionelle Einteilung von Theorien in *empirische vs. nichtempirische* nicht aufrechterhalten werden, wie W. Balzer im Anschluß an J. D. Sneed gezeigt hat. Sie muß vielmehr ersetzt werden durch eine graduelle Abstufung in mehr oder weniger empirische Theorien; empiristische Abgrenzungskriterien absoluter Art werden heute nicht mehr als überzeugend akzeptiert (1985: 150).

Auch die Unterscheidung zwischen Natur- und Geisteswissenschaften ist seit langem Gegenstand kritischer Überlegungen. Die strikte Entgegensetzung von Erklären und Verstehen läßt sich heute nicht mehr überzeugend begründen; eine Disjunktion aufgrund völlig unterschiedlicher Gegenstandsbereiche (Natur vs. Kultur) übersieht, daß Wissenschaften es mit Problemen zu tun haben, die im Umgang mit Gegenständen für lösungsrelevant gehalten werden (s. u.). Auch der Versuch, für die beiden Bereiche völlig konträre Wissenschaftlichkeitstypen zu postulieren (Szientifik

88 Zum Thema »Intuition als Erkenntnisform« vgl. den Überblicksartikel von Th. Kobusch (1976).

vs. Hermeneutik), kann als gescheitert angesehen werden. Interessanter scheint mir G. Schlossers Vorschlag (1993) zu sein, die Unterschiede zwischen Natur- und Geisteswissenschaften im unterschiedlichen Grad der Akzeptanz von Aussagen zu sehen, auf die sie sich jeweils stützen. Aussagen in den Naturwissenschaften sind aus vielen Gründen (von der Einheitlichkeit der Ausbildung bis hin zur Bedeutsamkeit von Experimenten und der Akzeptanz von Fachsprachen) intersubjektiv hoch akzeptabel. In den Geisteswissenschaften ist es sehr viel weniger üblich, Theorien aufzustellen, die möglichst breit intersubjektiv akzeptiert werden.

Auch N. Luhmann wendet sich strikt gegen eine prinzipiell differente Wissenschaftstypologie: »Es gibt keine harten bzw. weichen Fächer.« Vielmehr geht es seiner Ansicht nach in allen Fällen darum, daß systemintern (disziplinintern) eine Aufgabe genau oder ungenau, im Ergebnis kontrollierbar bzw. unkontrollierbar, mit hohen oder geringen Unsicherheiten im Hinblick auf (Miß-)Erfolge formuliert wird. Dabei spielt die Organisation des Forschungsbetriebs eine entscheidende Rolle; denn sie bringt – neben der Festlegung auf Theorien und Methoden – weitere Rigidisierungen ins Spiel (1990: 673 f.). Wie Luhmann betont, hat die traditionelle Unterscheidung zwischen Natur- und Geisteswissenschaften ihre historische Aufgabe erfüllt und ist schlicht obsolet geworden.

In medientheoretischen Diskussionen hält sich seit langem eine (oft erbittert geführte) Debatte über die Unterscheidung zwischen ›Realität‹ und ›Medienrealität‹,[89] angeheizt durch die standespolitischen und ethischen Aspekte des Journalismus.

Im Unterschied zu dieser Debatte, die sich vor allem auf die Frage nach dem (korrekten!) Verhältnis zwischen »Realität« und »Medienrealität« kapriziert, kann diese Unterscheidung im hier angebotenen Diskussionsrahmen auf eine andere Differenz umgepolt werden, nämlich auf die Differenz *Konstruktion vs. Nutzung* (Abb., S. 119).

In den Organisationen, die für die Produktion und Distri-

89 Vgl. dazu Schmidt (1994, 1996a).

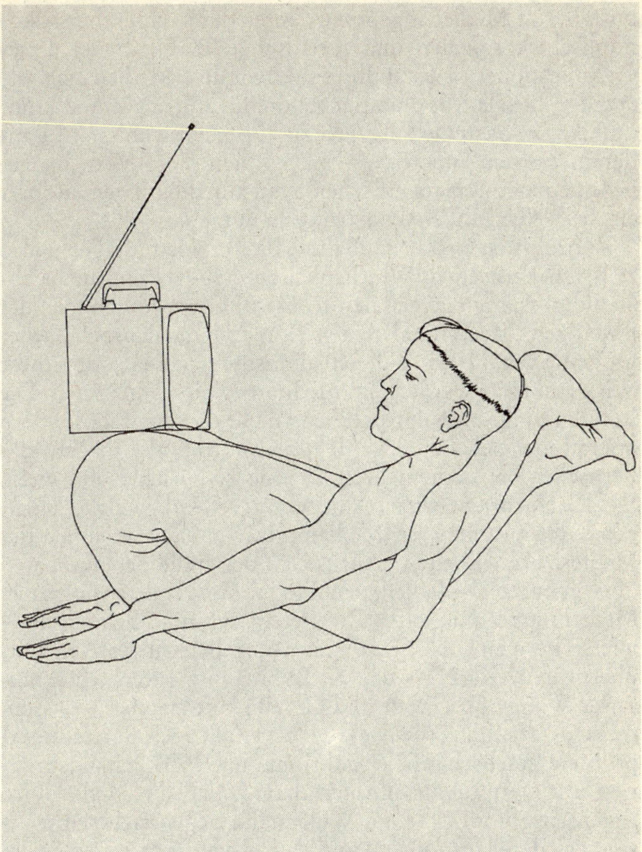

bution von Medienangeboten (unter den technischen, ökonomischen, sozialen und juristischen Bedingungen dieser Organisationen) zuständig sind, werden Medienangebote erzeugt, die als Kopplungsangebote für kognitive und kommunikative Systeme zur Verfügung gestellt werden. Mit anderen Worten: andere Systeme können diese Medienangebote gemäß ihren spezifischen Systembedingungen zu ihrer eigenen Wirklichkeitskonstruktion nutzen.

Zunächst ist also festzuhalten, daß in »den Medien«, also z. B. im Fernsehen, Wirklichkeit*en* erzeugt (und nicht abgebildet) werden gemäß den Konstruktionsbedingungen der jeweiligen Medien, also als Korrelat medienspezifischer Operationen. Und die »Realitätsindikatoren« für diese Wirklichkeiten werden »im Medium« gleich miterzeugt. Die Referenzfrage muß entsprechend nicht ontologisch, sondern operational behandelt werden, also z. B.: Wie macht »das Fernsehen« aus einem Ereignis eine Nachricht? und nicht: Ist die Nachricht wahr? Und entsprechend: Welche Wirklichkeiten produzieren Mediennutzer anhand/anläßlich der Medienwirklichkeiten? Angesichts der Fülle der nutzbaren und genutzten Medienangebote kommen dem normalen Mediennutzer nur selten Zweifel an deren »Objektivität« – wie sollte man auch den »Wahrheitsgehalt« jedes Angebots überprüfen? Zumal – wie N. Luhmann zu Recht betont – unser Wissen über Welt und Gesellschaft aus den »Massenmedien« stammt (1996: 9). Man verläßt sich auf seine erprobten gesellschaftlich sanktionierten Wirklichkeitskriterien und vertraut im übrigen darauf, daß die Medien sich gegenseitig kontrollieren, Widerstand gegen sich selbst erzeugen, der dann qua Manipulationsverdacht unter Wirklichkeitsaspekten beurteilt werden kann. Ähnliches gilt – wie S. Weischenberg (1995) gezeigt hat – auch für Aktanten im Funktionssystem Journalismus, die ihre Informationsangebote nach denjenigen systemrelevanten Maßstäben erstellen und distribuieren, die im Journalismussystem (jeweils) als »wahrheitsverbürgend« gelten. Nicht Verzerrung, Täuschung und Objektivität sind daher die interessanten Fragen mit Blick auf die medienvermittelte Kommunikation der Gegenwart; sondern Entwicklungen in Richtung auf mehrwertige Wirklichkeitseinschätzungen (wirklich/fiktiv/indifferent/ästhetisch) sowie in Richtung auf den Wegfall der Konsenspflicht für mediale Wirklichkeitsangebote: »weil Realität ohnehin nicht mehr konsenspflichtig ist« (N. Luhmann 1996: 168).

7. Wissenschaft, Pluralismus und Empirie

»Es ist so leicht recht zu haben wenn man nicht glaubt was man sagt.«

(G. Stein)

Folgt man den bisherigen Überlegungen zum Empiriebegriff, dann muß das Auswirkungen haben auf die Bestimmung all derjenigen Komponenten des Begriffsnetzes, in das der Empiriebegriff eingeordnet werden kann, also unter anderem auf die Bestimmung von Begriffen wie ›Wissenschaft‹, ›Methode‹, ›Daten‹, ›Prüfverfahren‹, ›Objektivität‹, ›Wahrheit‹, ›Intersubjektivität‹ usw.

Diese Thematik soll im folgenden in zwei Schritten behandelt werden: Zunächst werden sozusagen die allgemeinen Rahmenaspekte einer solchen Revision skizziert, hernach folgt eine Auseinandersetzung mit einigen Details.

In der Konsequenz postmodernen,[90] konstruktivistischen wie kulturalistischen Argumentierens liegt die Hypothese, daß alle Erkenntnis und Wahrheitssuche kulturell geprägt und damit – aus der Sicht eines Beobachters zweiter Ordnung – in der Zeit-, Sach- und Sozialdimension kontingent ist. Davon sind auch die sogenannten Naturwissenschaften[91] nicht auszunehmen. Geschichtlichkeit und Relativität sind mithin in keiner Wissenschaft mehr als Makel anzusehen, wodurch – wie etwa K. Acham und H. Nowotny betonen – der Pluralismus der Wertsysteme, Traditionen und Theorien »entdramatisiert« wird.[92] Wer wie aufgeklärte kritische Rationalisten,[93] postmoderne Denker und Konstruktivisten

90 Zur Begriffsbestimmung vgl. S. J. Schmidt/B. Spieß (1996), Kap. III.

91 Vgl. auch das von P. Janich (1993) entwickelte sogenannte kulturalistische Verständnis der Physik sowie die Beiträge in D. Hartmann/P. Janich (Hg.) (1996).

92 H. Nowotny (1992) und K. Acham (1990).

93 Ein geradezu leidenschaftliches Plädoyer für Pluralismus hat P. Feyerabend vorgelegt (1981: Kap. 14). Er fordert Spontaneität des Denkens, um nicht auf das Niveau eines »bestialischen Anstierens der Welt« (Hegel) zu sinken.

Pluralismus als Alternative zu einem theoretischen Monismus befürwortet, tritt einerseits für die Freiheit der Wissenschaften ein, bindet andererseits diese Freiheit an die Bedingung, daß die Suche nach Alternativen (also ein rationaler Theorienpluralismus) als vernünftiger Wille zur Problemlösung realisiert wird. Rationalität verschwindet damit nicht etwa aus den Wissenschaften, sondern erscheint als Zielprojektion kontrollierter Problemformulierung und Problemlösung.[94] Eben hier, an Methode und Rationalität, verläuft meines Erachtens aber nach wie vor die Scheidelinie zwischen wissenschaftlichen und nichtwissenschaftlichen Erkenntnismöglichkeiten. Damit ist wohlgemerkt eine Differenz beschrieben, aber nicht bewertet. Wissenschaft versucht, Probleme zu lösen, die wissenschaftlich lösbar sind. Daneben stehen – wie L. Wittgenstein immer wieder unterstrichen hat – Probleme, die auf anderen Wegen, mit anderen Problemlösungsstrategien gelöst werden können oder die eben unlösbar sind. Wissenschaftler würden sich lächerlich machen, erhöben sie heute noch einen Alleinvertretungsanspruch für alle Arten von Problemlösungen. Aber es wäre auch verkehrt, Wissenschaft bloß als ein Sprachspiel unter anderen zu bezeichnen; denn für ihren Zuständigkeitsbereich sowie für ihre Problemlösungsspezifik gibt es bis heute keine erkennbare Alternative.

Auch wenn wissenschaftliche Erkenntnis nicht länger auf Objektivität im Sinne subjektunabhängiger Wahrheit orientiert oder durch sie legitimiert werden kann, ist damit noch lange keiner Beliebigkeit das Wort geredet. Wissenschaftliche Erkenntnis als Suche nach bestmöglichen zweckgerechten Problemlösungen behält spezifische Differenzqualitäten gegenüber Kunst, Politik oder Religion. Auch wenn kein objektives Maß für beste Problemlösungen zur Verfügung steht, gibt es in der Wissenschaft bewährte Kriterien gegen Beliebigkeit, angefangen von der logischen Konsistenz der Argumentation, der Einfachheit und Widerspruchsfreiheit der Theorie bis hin zur »empirischen Überprüfung«, bei der all das an Plausibilisierungsinstrumenten herangezogen wird, was zum Zeitpunkt der Prüfung als unproblematisch

94 Vgl. dazu H.-J. Niemann (1993).

gilt. Dabei spielt die Sprache, in der Problemstellungen und Problemlösungen formuliert sind, eine ebenso wichtige Rolle wie der nachvollziehbare methodische Weg der Problemlösung. Diese Argumentation darf aber nicht vergessen machen, daß auch die Normen, Kriterien und Evidenzen wissenschaftlicher Forschung aus der historischen Entwicklung der Wissenschaften selbst resultieren, also ihrerseits sozio-historisch kontingent sind. Sicherlich gibt es jeweils »gute« systemrationale Gründe für das Akzeptieren bestimmter Normen und Kriterien wissenschaftlichen Handelns im Sozialsystem Wissenschaft. Aber diese Gründe wie ihre Begründungen (und so fort!) – das hat die wissenschaftsphilosophische Diskussion der letzten Jahrzehnte gezeigt – sind nicht philosophisch oder gar wissenschaftlich letztbegründbar, sondern unlösbar verbunden mit Evidenzen und Entscheidungen, die ihrerseits wieder gute Gründe innerhalb und außerhalb des Wissenschaftssystems haben (können) und so fort.

Wissenschaft operiert auf verschiedenen Beobachtungsebenen. Sie operiert bei der Durchführung von Experimenten auf einer Beobachterebene erster Ordnung. Sie operiert auf einer Beobachtungsebene zweiter Ordnung, indem sie reflektiert (also theorie- und methodengeleitet) Beobachter erster Ordnung beobachtet, um deren Unterscheidungsstrategien zu erkennen (etwa in der Psychiatrie oder in der Soziologie). Reflektierte Beobachtung kann sich qua (versuchter) Latenzbeobachtung auch auf sich selbst richten (Selbstreflexion), etwa in Form von Beobachtungen dritter Ordnung im Rahmen einer Wissenschaftstheorie. Daneben betreibt Wissenschaft – auch im Bereich der sogenannten Geisteswissenschaften – erfahrungsorientierte Forschung im Sinne theoretisch angeleiteter Faktenproduktion zum Zwecke rationaler Problemlösung – Wissenschaft, kurzum, als methodische *Zähmung des Blicks.*

Sibylle Moser hat in einem Kommentar zur ersten Fassung dieses Buches eine Formulierung für diesen Sachverhalt angeboten, die mir sehr bedenkenswert erscheint:

»Wissenschaft, so glaube ich deshalb, besteht im systematischen (methodisch kontrollierten) *Switchen* zwischen faktischer und reflexiver Beobachtung (und dies gilt auch für die Beobachtung von Wissenschaft selbst), eine differentielle Operation, die eine Gleichsetzung mit nur einer Beobachtungsebene ausschließt. Ich denke, daß mit diesem Problem die Zeitlichkeit der Wirklichkeitskonstitution auf methodologischer Ebene virulent wird: Wissenschaft beobachtet Differenzen und produziert dabei *gleichzeitig* Einheiten (Fakten). Dem müßte eine sozialwissenschaftliche Forschung im übrigen auch in ihren Methoden Rechnung tragen (indem z. B. der konstitutive Aspekt der kommunikativen Forschungssituation selbst thematisiert und bei der Interpretation der Daten/Fakten berücksichtigt wird).«

Wissenschaftliche Erkenntnisproduktion vollzieht sich auf der Ebene von Handlungen und Kommunikationen im Rahmen des Sozialsystems Wissenschaft. Kommunikativ gehen Wissenschaftler aber nicht mit stabilen Realitäten um, sondern mit experimentell und kommunikativ stabilisierten Beschreibungen oder Unterscheidungen in der Erfahrungswirklichkeit einer Gesellschaft; mit anderen Worten, sie operieren mit Fakten (= Gemachtem), nicht mit Daten (= Gegebenem).

›Empirisch forschen‹ kann dementsprechend allgemein bestimmt werden als praktisches Herstellen logischer, pragmatischer und sozialer Stabilitäten (sensu Kruse), mit denen Wissenschaftler wie mit unabhängigen Gegenständen kommunikativ umgehen. Alles, was zu dieser Stabilitätskonstruktion argumentativ erfolgreich herangezogen werden kann, fungiert – je nach Kriterium und Kontext – als Plausibilisierung oder Beleg. Empirisches Forschen kann mithin als eine spezifische Art und Weise der Wirklichkeitskonstruktion bezeichnet werden.

Die Erzeugung von Fakten nach theoretisch-methodologisch kontrollierten Verfahren entspricht genau dem, was H. von Foerster als *Trivialisierung* beschrieben hat,[95] nämlich eine Form der Konstruktion von stabilen Unterscheidungen unter zum Teil extrem komplexitätsreduzierten Bedingungen (etwa in Laborversuchen). Wie in den Abschnitten 2 und 3 oben dargelegt, muß also ›empirisch‹ in der wissenschaftlichen Forschung von der traditionellen Referenz auf ›die

95 H. von Foerster (1993: 206 f.); vgl. dazu S. J. Schmidt (1996b).

Realität‹ und den Beobachter erster Ordnung umgestellt werden auf Wissen und theoretisch-methodisch kontrolliertes Erfahrungmachen. Die aus empirischer Forschung resultierende Intersubjektivität trägt genau so lange, wie sich ihre Auswirkungen auf die wissenschaftliche Kommunikation stabil halten lassen; sie endet, wenn sie einer neuen Beobachtung zweiter Ordnung nicht (mehr) standhält. Wie M. Stadler und P. Kruse mit Nachdruck betonen, können empirische Untersuchungen

> »... im Denken eines Konstruktivisten eher Hinweise als Beweise erzeugen; Hinweise nämlich auf eine in sich stimmige, konsistente Sichtweise von nach bestimmten Regeln erzeugten Daten, die beim Hinzukommen weiterer Daten oder Überlegungen durch jede andere Sichtweise abgelöst werden kann, die einen höheren Grad an Konsistenz aufweist.«[96]

Wissenschaftliches Denken ist aus zwei Gründen (zu) einem theoretischen *Pluralismus* verpflichtet. Zum einen, um alle Möglichkeiten von Problemlösungen ausschöpfen zu können – Vielheit wird hier im Konflikt fruchtbar;[97] und zum anderen, um Einzigkeits- und Alleinvertretungsansprüche auflösen zu können. In diesem Sinne ist sie ein »Gegenmittel gegen die Allheilmittel« (K. Acham). »Der Wille zur Wahrheit als das Bestreben, nicht täuschen zu wollen, auch sich selbst nicht, bildet dabei das ethische Fundament jeder rationalen Argumentation.«[98] – Imre Lakatos hatte diese Haltung in den sechziger Jahren »intellectual honesty« genannt.

Wissenschaften liefern Modelle von und für Wirklichkeiten auf eine spezifische (eben: auf theoretisch-methodisch kontrollierte) Weise, die so kein anderes Sozialsystem imitieren kann (und warum sollte es auch?). Die Kontingenz ihrer Problemlösungen ist unübersehbar, ihre traditionelle Wahrheitsgewißheit verblaßt oder ganz geschwunden. Aber

96 M. Stadler/P. Kruse (1990: 147).

97 Das betont aus postmoderner Perspektive auch Wolfgang Welsch: »... erst auf der Ebene des Widerstreits von Konzeptionen tritt jene Pluralität hervor, die gravierend und fruchtbar ist, und die Subjekte wären gehalten, bis in diese Dimension des Widerstreits sich argumentierend zurückzuarbeiten«. Welsch bindet denn auch Pluralität an die »Praxis der Artikulation und Zuschärfung« (^{2}1988: 322).

98 K. Acham (1990: 59).

noch ist ihre Unentbehrlichkeit unbestreitbar, eine Alternative nicht in Sicht. Die Mühe lohnt, so meine ich, ihr Kritikbewußtsein durch Visibilisierung ihres Status zu befördern.

Damit komme ich zu den eher detaillierten Bemerkungen.

Eine Antwort auf die Frage, was nun *wissenschaftliche empirische Forschung* im einzelnen kennzeichnet, kann nach den bisherigen Rahmenbemerkungen von zwei grundlegenden Überzeugungen ausgehen:

- Da die Frage nach der Empirie eine Frage des Beobachtens und seiner Bedingungen ist, sollte die Frage nach wissenschaftlicher empirischer Forschung entsprechend auf die Ebene des Verhältnisses zwischen Beobachtungen erster Ordnung und zweiter Ordnung plaziert werden (s. u. Abschnitt 9).
- Wenn man die Unterscheidung empirisch vs. nicht-empirisch festmacht an sozialen Kriterien für Erfahrungen und deren Ergebnissen, dann tritt auch bezüglich wissenschaftlicher empirischer Forschung der Gesichtspunkt der Sozialität/Kulturalität von Wissen in den Vordergrund.

Damit zeichnet sich sozusagen ein erstes allgemeines Format der Antwort ab. Wissenschaftliche empirische Forschung ist zunächst einmal dadurch charakterisiert, daß das Erfahrungmachen in einer Reihenfolge festgelegter Verfahrensschritte, d. h. methodisch, sowie in den meisten Fällen mit Hilfe besonderer Instrumente, d. h. experimentell, erfolgt. Die Unterscheidungen bzw. die systematisch geordneten Mengen von Unterscheidungen, mit deren Hilfe methodisch geregelte Beobachtungen bzw. experimentelle Handlungen durchgeführt werden, müssen im Rahmen einer expliziten Theorie geklärt und begründet werden, die Rechenschaft darüber ablegt, warum eben diese und nicht andere mögliche Unterscheidungssets gewählt werden, wobei der Grad der Akzeptanz von Klärungen und Begründungen ausschließlich im Wissenschaftssystem selbst bestimmt wird.

Die Durchführung empirischer Forschungen erfolgt dann als Durchführung der Operationalisierungsschritte auf einer Beobachterebene erster Ordnung in Form von Faktenproduktion. Anders formuliert: Wissenschaftliches empirisches Forschen liefert spezifisches Erfahrungswissen durch die bzw. bei der methodisch angeleiteten Herstellung von Stabilitäten (Fakten). Die methodische Anleitung setzt Beobachtungen zweiter Ordnung voraus, die Faktenherstellung erfolgt auf der Praxisebene von Beobachtungen erster Ordnung.

Zur Wissenschaftlichkeit empirischen Forschens im Sozialsystem der jeweiligen Disziplin gehört schließlich, daß die Ergebnisse des systematisch geregelten Erfahrungmachens kommunikativ stabilisierbar bzw. stabilisiert sind, insofern im Diskurs einer relevanten epistemischen Gemeinschaft Konsens über die Konzepte, Kritiken und Ergebnisse des Erfahrungmachens hergestellt werden kann. Dies wird über Publikationen erprobt und geregelt.

Als Basis der Konsensherstellung dienen dabei bislang erprobte unstrittige Kriterien und Verfahren der Konsensbildung, also letztlich Evidenzen, die sozusagen als Stopsignale Begründungsregresse abbrechen, wobei diese Evidenzen als kulturelle blinde Flecken der Beobachtung bestimmt werden können.[99] Zu diesen Evidenzen zählen seit langem und noch immer Überzeugungen hinsichtlich der grundlegenden Dimensionen menschlicher Wirklichkeitskonstruktion wie zum Beispiel Kontinuität, Kohärenz, Strukturiertheit in Raum und Zeit, Ursache und Wirkung und vieles andere mehr.[100] (Vgl. dazu oben Abschnitt 4.)

›Konsens(bildung)‹ wird hier bewußt als Beobachterbegriff benutzt, der einen Zustand wissenschaftlicher Kommunikation kennzeichnet, in dem – temporär – kein Einspruch gegen Beiträge zu Themen in Diskursen erhoben wird. Damit werden Konzepte von ›Konsens‹ oder ›Intersubjektivität‹ ausgeschlossen, die eine Übereinstimmung von Mentalzuständen etwa in »herrschaftsfreier Kommunikation« postulieren. Mit N. Luhmann bin ich dagegen der Auffassung, daß Kommunikation die Bedingung für Intersubjekti-

99 Vgl. die oben zitierte Formel J. Mitterers von der Wirklichkeit als dem »letzten Stand der Dinge«.

100 In dieser Hinsicht wird man bei Entwicklungsbiologen wichtige Hinweise auf den Zusammenhang zwischen Ontogenie und Phylogenie erhalten können.

vität ist und nicht Intersubjektivität die Bedingung für Kommunikation (1990a: 19).

Die geforderte explizite Theorieanleitung für empirisches Forschen sorgt dafür, daß kommunikativ begrifflich geklärt wird, mit Hilfe welcher Unterscheidungen beobachtet wird, das heißt, welcher Typ von Wissen erstellt werden soll. Dabei spielen zwei Aspekte eine wichtige Rolle: *Begriffs(er)klärung* und *Operationalisierung*.

Luhmann hat darauf verwiesen, daß sich Wissenschaft von »normalem« Wissenserwerb erst durch ihre elaborierte Begrifflichkeit unterscheidet. Nur durch »eigensinnige« theoretische Koordination von Begriffsverwendungen differenziert sich Wissenschaft aus der gesellschaftlichen Alltagskommunikation aus (1990a: 125).

Darin steckt zugleich der Hinweis, daß die wissenschaftliche Produktion von Wissen primär auf der Ebene von Kommunikation im Rahmen und unter den Bedingungen des ausdifferenzierten Sozialsystems Wissenschaft erfolgt. Damit kann man zum einen verweisen auf die Bedeutsamkeit von Rollendifferenzierung, Professionalisierung, Organisation usw., wie sie vor allem vom sogenannten Laborkonstruktivismus[101] geschildert worden ist; man kann aber auch verdeutlichen, daß vorwissenschaftliches Wissen und wissenschaftliches Wissen (und deren Produktion) sich durch unterschiedliche Konditionierungen der Kommunikation unterscheiden (Luhmann 1990a: 139). Erst in dieser Kommunikation entscheidet sich nämlich, »... welche Wahrnehmungen in welchen Zusammenhängen Wissensgewinn oder Wissenskritik ermöglichen« (a.a.O.: 63). Wie Luhmann betont, ist für die kommunikative Erzeugung von (vorwissenschaftlichem wie wissenschaftlichem) Wissen kennzeichnend, »... daß die Wahrheit des Wissens ›unmarkiert‹ mitkommuniziert wird. Das heißt: man kann davon ausgehen, daß Wissen wahres Wissen ist« (a.a.O.: 134). *Wissenschaft* kann dann beanspruchen, durch Orientierung an der Leitdifferenz wahr/unwahr eine *Korrektur* des so erzeugten Wissens zu leisten. Insofern ist Wissen die Voraussetzung von Wissenschaft und nicht umgekehrt (a.a.O.: 154). Im Un-

101 Vgl. dazu K. Knorr-Cetina (1989) oder R. Hasse u. a. (1994).

terschied zu der verbreiteten Meinung, wissenschaftlich erzeugtes Wissen zeichne sich gegenüber dem Alltagswissen durch einen höheren Grad an Gewißheit aus, behauptet Luhmann gerade das Gegenteil:

> »Das wissenschaftliche Wissen ist weniger sicher als das Alltagswissen. In der Interpretation von Wahrnehmungen des Alltags entstehen normalerweise keine Zweifel. [...] Ganz anders die Interpretation der Ergebnisse von Experimenten oder sonstigen wissenschaftlichen ›Daten‹. Durch Wissenschaft wird nicht Sicherheit, sondern gerade Unsicherheit gesteigert ...« (1990a: 325).

Nimmt man das Postulat ernst, zu beobachten und zu begründen, mit Hilfe welcher Unterscheidungen man beobachtet, so gerät man rasch in hochkomplexe Zusammenhänge, die alle auf Kontingenz verweisen. Unterscheidungen verweisen auf komplexe Begriffsnetze,[102] die historisch zurückverfolgt werden können, sowie auf vielfältige und meist schwer aufzuklärende Überzeugungen, Intentionen, Interessen, Werte, Vorlieben und Abneigungen, die die Auswahl zwischen rivalisierenden Begriffsnetzen leiten. Dabei reguliert sich die Bedeutungszuschreibung an solche Begriffe durch Differenz und Kontext sowie dadurch, daß unterschiedliches Wissen in die Kommunikation übersetzt und auf seine Anschlußfähigkeit geprüft werden muß.

A. Ros hat zu diesem Themenbereich wichtige Beiträge geleistet, auf die ich hier wenigstens kurz verweisen möchte. Sein Argument lautet: Wenn wir nun mit Hilfe von Begriffen Gegenstände als Gegenstände einer bestimmten Art identifizieren und beschreiben können (1993: 32; 1994), dann kann über die Geltung von Aussagen über die Wirklichkeit (Existenzaussagen) nur in Relation zu bestimmten Maßstäben bzw. Mustern für die Identifizierung bzw. Beschreibung von Gegenständen als Gegenständen einer bestimmten Art entschieden werden. Die lange philosophische Diskussion um das Verhältnis zwischen Gegenstand und Begriff hat, nach Ros,

102 In der Wissenschaftstheorie seit W. Stegmüller und J. D. Sneed wird dieser Einsicht mit der sogenannten Begriffskonzeption von Theorien entsprochen. Quine hatte ihr schon in den fünfziger Jahren mit der Metapher »web of belief« Rechnung getragen.

»... zu der Einsicht geführt, daß das, was Gegenstände von ihrer Natur her – und das heißt in diesem Zusammenhang: vom Maßstab für ihre Identifizierung und Beschreibung her – sind, keine Frage dessen ist, was Menschen in der äußeren Welt *vorgegeben* ist, sondern eine Frage dessen, wie Menschen sich ihre Maßstäbe *selber zuschneiden*. Und die Auswirkungen dieser Einsicht auf die europäische beziehungsweise europäisch geprägte Entwicklung der empirischen und formalen Wissenschaften, die Entwicklung der Standards für die Rationalität zwischenmenschlicher Beziehungen, und die Entwicklung der Möglichkeiten individuell-menschlicher Selbstdarstellung wird man schwerlich überschätzen können« (1993: 8; Hervorhebungen i. O.).

Allerdings führt diese Einsicht nun sofort zu der Anschlußfrage, wie man denn nun zu einem begründeten Urteil über die Sinnhaftigkeit, Vernünftigkeit oder Richtigkeit eines Maßstabs kommen kann.

Wittgenstein hatte darauf in seiner Spätphilosophie die Antwort gegeben, daß die Sinnhaftigkeit eines Begriffs bzw. Maßstabs nicht ohne weiteres anhand von Erfahrungen überprüft werden kann; denn dann müßten wir uns der Welt maßstabfrei annähern können, um die Ergebnisse beider Zugangsarten miteinander vergleichen zu können.[103]

»Und eben diese Voraussetzung ist nun einmal nicht erfüllbar. In einem gewissen Sinne sind wir daher in der Bildung unserer Maßstäbe für die Identifizierung und Beschreibung von Gegenständen als Gegenstände einer bestimmten Art gegenüber unseren Erfahrungen ›autonom‹. Doch Autonomie ist in diesem Zusammenhang nicht gleichbedeutend mit Willkür. Denn uns bleibt nicht die Möglichkeit, die Sinnhaftigkeit eines als strittig empfundenen Maßstabs als eine *Eigenschaft des Verfahrens* zu verstehen, mit Hilfe dessen er sich *bilden* läßt – wobei wir uns allerdings darüber im klaren sein müssen, daß auch die Regeln dieses Verfahrens nichts sind, was dem Menschen ohne sein eigenes Hinzutun vorgegeben ist« (Ros, 1993: 11).

103 Schon Demokrit hatte ähnlich argumentiert, daß wir hinter unsere Wahrnehmungen nie zurückkönnen und daher nie etwas noch nicht Wahrgenommenes mit etwas Wahrgenommenem vergleichen können. – Ebenso argumentiert N. Goodman (1989).

Solche kulturwissenschaftlich orientierten Überlegungen führen durchaus (und warum sollten sich Konstruktivisten davor fürchten) in Richtung auf Argumente, die in hermeneutischen, dialektischen oder holistischen Theoriezusammenhängen bereits seit langem diskutiert werden.

G. Pasternack (1994) hat in einer lesenswerten Kritik am Radikalen Konstruktivismus an diese Tradition mit Hinweis auf das Beispiel der Hegelschen Logik[104] erinnert.

> »Deutlicher als der Konstruktivismus hat bereits Hegel den theoretischen Zusammenhang von Selbstreferentialität und Selbstexplikation hervorgehoben. Das Problem der Selbstreferentialität ist nämlich systematisch mit dem Problem der Selbstexplikation verbunden, und dieser ontologische und logische Holismus ist wissenschaftshistorisch nicht so neu wie es im Radikalen Konstruktivismus erscheint. Die Überwindung des Dualismus von kognitivem System und der Außenwelt dieses Systems oder in traditioneller Terminologie des Dualismus von Kantischer Erscheinungswelt und Ding-an-sich-Welt ist zentral für die Hegelsche *Wissenschaft der Logik* als eines selbstexplikativen Systems, das mit der ›Fortbestimmung des Begriffs‹ zugleich die ›Selbstbewegung der Sache‹ zu explizieren hat. Es gibt in der ›Totalität der Bestimmungen‹ kein Außen außerhalb der Einheit von Begriffs- und Realbestimmungen, sondern nur eine in sich selbst differenzierbare Einheit, die durch »Herabsetzen in ihre eigenen Momente« Ausdifferenzierungen und, in moderner Redeweise formuliert, Komplexitätsreduktionen vornimmt. Ausgangspunkt ist nicht ein isoliertes Erkenntnissubjekt oder ein isolierbares Objekt, sondern nur das historisch konkrete Wissen der ›Totalität der Bestimmungen‹, das nicht einem Kantischen abstrakten Bewußtsein überhaupt zukommt, sondern den historisch je konkreten Subjekten. Jede sachlich-inhaltliche Bestimmung ist angewiesen auf begrifflich semantische Konstrukte. Methodischer Ausgangspunkt für die Selbstexplikation des Systems ist daher auch nicht die Wahrnehmung oder Beobachtung einer Außenwelt, sondern deren subjektabhängige Konstruktion und Präsentation des Wissens, das von konventionalisierten, intersubjektiv stabilisierten Kommunikationsmustern und zugleich von kategorialen Strukturierungen abhängig ist, die als Transzendentalien in der Platonischen Denktradition nicht auf empirische Begriffe zurückgeführt werden können, sondern von denen in jeder Rede über Empirisches als Wirklichkeitsinterpreta-

104 Für eine konstruktivistische Lesart der Hegelschen *Logik* vgl. A. Ziemke (1992).

ment immer schon Gebrauch gemacht werden muß. Anders als im Konstruktivismus wird durch Hegel der unaufhebbare Zusammenhang von empirischer und transzendentaler Begründung thematisiert und werden die Konsequenzen aus den ontologischen und erkenntnistheoretischen Voraussetzungen für die Methodologie der Selbstexplikation gezogen« (1994: 70 f.).

G. Rusch war bei seinen (oben referierten) Überlegungen (1987) zu einem konstruktivistischen Empiriebegriff zu dem Ergebnis gekommen, daß jede wissenschaftliche Disziplin neben ontologischem unvermeidbar auch empirisches Wissen gewinnt, das heißt ein Wissen davon, wie sich die konzeptuellen Vorstellungen von der Beschaffenheit bestimmter Objekte in verschiedenen Zusammenhängen wissenschaftlichen Handelns (zum Beispiel Beschreiben, Erklären) auswirken.[105] Eine Unterscheidung von Wissenschaften in empirische und nicht-empirische kann daher bestenfalls graduell sein, da empirisches Wissen eine kognitiv unverzichtbare Größe ist, die in allen Wissenschaften eine notwendige Rolle spielt. Wohl unterscheiden sich die Disziplinen nach Bewertung und Status, der empirischem Wissen und dessen Erwerb (etwa hinsichtlich von Verfahren und Standardisierungen) in den einzelnen Disziplinen zugeschrieben wird.

Bei den Überlegungen zum Konzept ›empirisch‹ hatte Rusch betont, daß empirisches Wissen nicht aus Gründen seiner Übereinstimmung mit der Wirklichkeit als Wissen über die Wirklichkeit gilt, sondern aus in der Kognition liegenden Gründen (1987: 542). Das ist auch für empirische Wissenschaften einleuchtend; denn schon seit langem verweisen Wissenschaftstheoretiker darauf,

»... daß die Beziehungen zwischen den von uns entwickelten ontologischen Vorstellungen von der ›wirklichen‹, empirischen Beschaffenheit bestimmter Realitätsausschnitte und den in bezug auf diese Realitätsausschnitte durchgeführten Beobachtungen, Messungen, etc. durch eine Reihe kognitiver Operationen vielfach ver-

105 St. Weber (1996) konstatiert als Merkmal konstruktivistischen Denkens die Annahme, daß theoretische Befunde empirische Annahmen nach sich ziehen (während Realisten annehmen, daß empirische Befunde theoretische Annahmen beweisen).

> mittelt sind, so daß die Übereinstimmung von ›Theorie‹ und ›Wirklichkeit‹ nicht eigentlich beobachtet oder unmittelbar deutlich werden kann, sondern Gegenstand eines Feststellungsverfahrens ist, in dem ausgehend von den Resultaten bestimmter theoriegesteuerter Beobachtungen, Messungen und Experimente auf die Adäquatheit der (theoretischen) ontologischen Vorstellungen geschlossen wird« (1987: 255).

Wenn die so erfolgte Beschreibung von Objekten usw. tatsächlich Erklärungen und Prognosen ermöglicht, wird sie als wirklichkeitsadäquat eingeschätzt.

Diese wissenschaftstheoretisch bis heute übliche Konzeption empirischen Wissens ist dann akzeptabel, wenn der Wirklichkeitsbezug über Kognition und Kommunikation geführt wird. Nach Rusch muß deutlich bewußt bleiben, daß empirisches Wissen ein operationales Wissen von den uns möglichen Verhaltens- und Handlungsweisen ist,

> »... also ein Wissen, das wir sozusagen mittels der Realität oder Welt (die wir zugleich als solche erzeugen) erwerben. Es ist ein durch unser Operieren in unseren Welten vermitteltes Wissen und, insofern *wir* uns und unsere Operationen ebenfalls als Elemente dieser Welten erzeugen, ein durch unsere Realitäten oder Welten *uns* vermitteltes Wissen von dem, was wir tun und nicht tun können. [...] Die Betonung liegt also auf er-leben, wahrnehmen, erfahren im ›Medium‹ des Er-lebbaren, Wahrnehmbaren, Erfahrbaren und nicht auf Welt oder Realität oder Wirklichkeit. Daß uns Erlebbares als real, Wahrnehmbares als wirklich usf. gilt, hängt mit den anderen zusammen, mit denen gemeinsam wir leben und uns über Erlebbares etc. verständigen« (a.a.O.: 360 f.).

Der wissenschaftliche Erwerb empirischen Wissens wird – bis heute – besonderen methodologischen Anforderungsprofilen ausgesetzt, die Rusch wie folgt bestimmt:

»– die jeweils verfolgten speziellen Ziele (z. B. Deskriptions-, Explanations- und Prognoseziele, Verbesserungs- oder Optimierungsziele, Weltgestaltungs- oder technologische Ziele etc.) müssen explizit sein und ihre Verfolgung sollte als sinnvoll oder nützlich plausibilisiert werden können;
– durch explizite Anforderungsprofile muß angegeben werden können, wann ein Ziel als erreicht gilt;
– die jeweils zur Erreichung der Ziele entwickelten Vorstellungen

von sprachlichen etc. Strategien, Systemen oder Verfahren müssen sprachlich etc. expliziert werden (können) und nach ihren Explikationen intersubjektiv ausführbar, lehr- und lernbar sein;
- die Entwicklung solcher Vorstellungen sollte in geeigneter Weise auf intersubjektiv zugängliche Art dokumentiert werden;
- die entwickelten Strategien, Systeme und Verfahren müssen daraufhin geprüft werden, ob die präskribierten Ziele durch ihre Anwendung in den entsprechenden Handlungszusammenhängen intersubjektiv erreicht werden können; diese Prüfverfahren müssen intersubjektiv ausführbar bzw. nachvollziehbar, lehr- und lernbar sein;
- die Prüfung der entwickelten Strategien, Systeme und Verfahren sollte in geeigneter Weise und auf intersubjektiv zugängliche Art dokumentiert werden« (a.a.O.: 262 f.).

Die weiteren Ausführungen Ruschs zum Status empirischer Wissenschaften lassen deutlich die Handlungsorientierung des vorausgesetzten Empiriebegriffs erkennen. Es kommt in empirischen Wissenschaften auf die »... spezifisch verhaltenssynthetische Wirksamkeit der jeweiligen ontologischen Vorstellungen und nicht auf ihre irgendwie vorgestellte Übereinstimmung mit der Wirklichkeit an« (a.a.O.: 264). Wenn wir aber im Endeffekt *handeln* müssen, um empirisches Wissen zu erwerben, dann ist strenggenommen auch unser Handeln und Verhalten der »Bereich der Empirie« (a.a.O.: 268). Wissen von operativen Zusammenhängen entsteht im Er-leben von Handlungsausführungen, in denen die neben den Aktanten wichtigsten Elemente von Handlungszusammenhängen (Objekte, Ziele, Tätigkeiten, Orientierungssysteme) nach systematischen Gesichtspunkten variiert oder konstant gehalten werden.

»Im Rahmen des hier verfolgten Konzepts empirischer Wissenschaft werden empirische Untersuchungen als systematisierte Handlungsvollzüge jedoch *nicht* als Tätigkeiten angesehen, die Realität oder Wirklichkeit *zugänglich* machen, sondern als Handlungsvollzüge, in denen systematisch operationales Wissen erworben wird, durch dessen realistische Interpretation und deren Intersubjektivität *Realität* erzeugt werden kann« (a.a.O.: 269).

Dabei wird der Erwerb solchen Wissens prinzipiell von der Bindung an Einzelpersonen gelöst, indem Operationalisierungen für Explanativität entwickelt und standardisierte

Handlungsvollzüge in Meß-, Beobachtungs- und Schlußprozessen eingeführt werden, die als Garant für eine erfolgreiche kommunikative Herstellung von Intersubjektivität betrachtet werden.

Entsprechend der handlungstheoretischen Orientierung betrachtet Rusch auch Theorien[106] als »explorative Anwendung einer prädikativ bzw. deskriptional interpretierten konzeptuellen Struktur« (a.a.O.: 272 f.), mit anderen Worten als eine abstrakte pragmatische Form des Erwerbs empirischen Wissens bzw. als Strategie zur Erreichung von Deskriptionszielen. Damit solche Strategien erfolgreich sein können, müssen sie nach bisherigen Erfahrungen bestimmten formalen Eigenschaften genügen, also zum Beispiel widerspruchsfrei, endlich, definit und kohärent sein. Zugleich ist Theorie als pragmatische Form nicht nur eine Form des Erwerbs empirischen Wissens, sondern auch eine Bedingung dafür, daß ontologisches Wissen entstehen kann. Die methodologischen Anforderungsprofile, für die Rusch und andere plädieren, lassen sich weder wissenschaftstheoretisch noch logisch letztbegründen, wie P. Feyerabend und viele andere Wissenschaftstheoretiker gezeigt haben. Wohl können sie historisch-pragmatisch begründet werden als Anforderungen, deren Erfüllung nach den bisherigen Praxen des Wissenschaftssystems sich zur Erreichung von wissenschaftssystemischen Zielen bewährt haben. Das schließt nicht aus, daß sich auch im Wissenschaftssystem die Ziele und damit die Anforderungen an erfolgreiche Praxen ändern können. Erhalten bleiben muß dagegen die systematische Kontrolle der Wissensproduktion durch Programme (Theorien, Methoden) von einer Beobachterebene zweiter Ordnung her sowie die Anforderung der Operationalisierung bei empirischer wissenschaftlicher Forschung, um die Differenz zu anderen Formen der Wissensproduktion aufrechtzuerhalten.

106 Theory, here, is neither identified with the conceptual networks nor with their respective verbal representations. Instead, *theory is identified as a pragmatic form* or, in other words, as an action-frame which allows for the testing of the efficiency of conceptual frameworks with regard to the description and explanation of certain phenomena« (Rusch 1995: 107).

Auch in bezug auf empirisches Wissen stellt sich wieder die Frage, ob man sich nun handlungstheoretisch für eine Zuordnung dieses Wissen zu Menschen oder – nach Luhmanns Systemtheorie – für eine Zuordnung zu Kommunikationssystemen entscheiden soll. Wie schon an verschiedenen Stellen argumentiert (Schmidt 1993, 1994) handelt es sich hier um unterschiedliche Systemreferenzen, die beide sinnvolle Argumentationen erlauben.

Wie oben erwähnt, ist empirisches Wissen gebunden an Erfahrungen mit Handlungspartnern einerseits, an ontologisches Wissen andererseits. Beides verweist auf Sozialität und Kultur, auf Ziel- und Zwecksetzungen, also über das Individuum hinaus auf Kommunikation und Gesellschaft. Andererseits steht wohl außer Frage, daß Erfahrungen von Aktanten gemacht, Experimente von Aktanten durchgeführt und empirisches Wissen in anschlußfähiger Art in Diskursen formuliert werden muß. Und schließlich sorgt die Standardisierung der Wissensproduktion durch Methodologien und Methoden dafür, die Aktanten im Rahmen des Sozialsystems Wissenschaft kulturell so zu vereinheitlichen (eine *zweite Zähmung des Blicks*), daß die kommunizierbaren Resultate der Wissensproduktion *formal* vom Individuum abgelöst und unter die Kategorien der Intersubjektivität bzw. der Wahrheit gebracht werden können. Darum spielt auch das Postulat der Wiederholbarkeit unter *ceteris-paribus*-Bedingungen eine so wichtige Rolle, weil es Stabilität garantiert. Und solange wir aufgrund unserer guten Erfahrungen als Beobachter erster Ordnung *kognitiv* einen engen Zusammenhang zwischen Stabilität und Wirklichkeit herstellen, gilt dies auch für die Produktion operationalen Wissens als Beobachter zweiter Ordnung. All dies aber hebt keineswegs die basale Selbstreferentialität allen Wissens und Erkennens auf, die A. K. Treml einleuchtend so formuliert hat: »Alles Wissen und Erkennen ist selbstreferentiell: Erfahrung mißt sich an Erfahrung, Bedeutung an Bedeutung, Erkenntnis an Erkenntnis, Theorie an Theorie und Praxis an Praxis« (1997: 99).[107]

107 Dieses Argument kann sowohl an N. Goodmans Argument angeschlossen werden, Welterzeugung basiere auf Welterzeugung(en), als auch an E. Schrödingers Prinzip »order-on-order«.

Die Frage G. Pasternacks, ob und warum Konstruktivisten überhaupt (noch) an *Erklärungen* interessiert sein dürfen, läßt sich dann vielleicht so beantworten: Nach dem Covering-law-Schema der Erklärung von Hempel und Oppenheim benötigt man zur Erklärung ein allgemeines Gesetz, das auch als statistisches Gesetz formuliert sein kann. Statistische Gesetze erscheinen aus konstruktivistischer Sicht aber als Beobachtungs-/Beobachter-relative (bzw. -produzierte) Stabilitäten (= Beobachtungsrekurrenzen), weshalb dieser Typ von Erklärung meines Erachtens mit einer konstruktivistischen Epistemologie durchaus verträglich ist. Somit besteht also kein methodologischer Einwand gegen Erklärungen. Und daß Erklärungen als Orientierungshilfen in der Auseinandersetzung mit Umwelten sich als taugliches Instrument (etwa für Prognosen) erwiesen haben, dürfte ebenfalls unwidersprochen sein. (Vgl. dazu die Abschnitte 4 und 9.)

Schwerer zu behandeln ist Pasternacks Einwand, Konstruktivisten dürften keine *Methoden* der traditionellen empirischen Sozialforschung und der empirischen Psychologie übernehmen, u. a. weil diese durch Standardisierung das Subjekt eliminierten, das bei Konstruktivisten doch im Zentrum stehe.

Zur Beantwortung dieser Frage greife ich noch einmal auf J. Kriz zurück. Bei seiner Analyse *wissenschaftlicher Erfahrung* stellt Kriz fest,

> »... daß sich Erfahrung (oder Beobachtung) nur sehr bedingt als ›die letzte Überprüfungsinstanz‹ für empirisches Wissen eignet, so wie es gefordert und üblicherweise formuliert wird. Denn Erfahrung kann ›der Realität‹ nicht neutral gegenübertreten, um dort ›Tatbestände‹ in Form von ›Daten‹ zu erheben [...]. Vielmehr steht Erfahrung zur erfahrenen ›Welt‹ in einem dialektischen (oder systemischen) Verhältnis: Einerseits wird ›Wirklichkeit‹ (womit ab sofort besser spezielle Aspekte von ›Wirklichkeit‹ gemeint sein sollen) erfahrungsspezifisch konstituiert – angefangen von der Rezeptorenausstattung, deren spezifische Modalitäten, selektive Informations-Auswahl und -Verarbeitung, bis hin zu Interpunktion usw. Es handelt sich also um eine ›erfundene Wirklichkeit‹. Andererseits entwickeln sich die biologischen und psychologischen Bedingungen dieses Erfahrungssystems in Abhängigkeit von der Auseinandersetzung mit dieser ›Wirklichkeit‹ – angefangen von

> der Ausreifung der Hirnzellen und ihrer Verbindungen über die Ausdifferenzierung der Selektivität von spezifischen Fähigkeiten (z. B. Sprache) bis hin zur Erlernung gesellschaftlicher Sinn- und Erfahrungsdeutungen« (1985: 31).

In diesem dialektischen Verhältnis sieht Kriz nun aber die Möglichkeit, gerade im Verzicht auf letzte ontische Wirklichkeit und Wahrheit zu relevanter Erkenntnis zu kommen, und zwar durch Bezug auf den gesellschaftlichen Hintergrund, der die entscheidenden Bedingungen für die Identifizierung und Beschreibung von Gegenständen (im weitesten Sinne) oder allgemein für die Strukturierung von Erfahrungsmöglichkeiten bereitstellt. Wissenschaft als soziales Unterfangen sozialisierter Individuen spezifiziert deren Handeln und Kommunizieren in hinreichend bindender Weise und orientiert es auf eine systematische Erweiterung der spezifischen Wissensbestände und damit verbundener Handlungen einer Disziplin. Die Spezifik dieser Orientierung sieht Kriz

- in der Spezifik wissenschaftlicher Fragestellungen im Rahmen disziplinrelativer Wirklichkeiten;
- in der Spezifik von Rezeptoren oder Wahrnehmungsapparaten, die auf diese Fragestellungen abgestimmt werden;
- in der Spezifik von Handlungsmustern, deren Planung und Organisation;
- in der Spezifik von Sprach- und Wissensbeständen als Voraussetzung der Problemformulierung sowie der Formulierung von Handlungsanweisungen und Ergebnissen.

Diese spezifischen Orientierungen strukturieren den möglichen Erfahrungsraum empirischer Forscher auch ohne den Fixpunkt einer »letzten, wahren Wirklichkeit« und stabilisieren das, was seit Th. S. Kuhn als »Paradigma« gilt, ebenso wie unterschiedliche Perspektiven und Erfahrungsalternativen, die in kritischen Wissenschaftskonzeptionen systematisch gefördert und gefordert werden.

Kriz zieht aus diesen Überlegungen weitreichende Folgerungen, die ich ausführlich und im Wortlaut wiedergeben möchte:

»Diese Vielfalt der Perspektiven vor dem Hintergrund einer gemeinsamen disziplinären Matrix ermöglicht es nun, in den empirischen Wissenschaften einen sinnvollen Ersatz für die aufgegebene ontische ›Wirklichkeit‹ (und ›Wahrheit‹) zu finden. Indem Wissenschaft selbst als soziale Unternehmung von miteinander kommunizierenden (und problemlösenden) Erkenntnissubjekten verstanden wird, können – relativ zur disziplinären Matrix – gerade die Erfahrungsunterschiede den Erkenntnissubjekten die ›Distanzierung des unlösbar in seinem Erleben lebenden Subjekts von seinen Erlebnisinhalten‹ (Luhmann 1971, 52)[108] ermöglichen. *Wirklichkeit* wird so zur erfahrenen oder zu erwartenden *Wirkung* handelnder Subjekte, deren Zusammenwirken eine umfassendere und erfolgreichere Typologie möglicher Erfahrung (in Vergangenheit und Zukunft) erlaubt, als dies aus einzelnen Perspektiven heraus der Fall wäre. Genau hierin aber kann ein wesentlicher – wenn nicht gar: der – Sinn empirischer Wissenschaft gesehen werden, nämlich die Unsicherheit handelnder Subjekte hinsichtlich möglicher Erfahrungen weitgehend zu vermindern. Eine solche intersubjektive, zusammenwirkende Konstruktion relevanter Wirklichkeit (nun als System paradigmenrelativer Wirkungen bezogen auf handelnde Erkenntnissubjekte in einer Sozialgemeinschaft) kann allerdings nur dann erfolgreich funktionieren, wenn die Positionen, aus denen heraus der Einzelne jeweils perspektivisch einen Aspekt dieser Wirklichkeit konstituiert, möglichst genau im Diskurs der Forscher vermittelt werden« (Kriz 1985: 35 f.).

Eine solche »dialektische« Interpretation des Verhältnisses von Theorie und Empirie, zusammen mit einer ökologisch orientierten Konzeption der Rolle von Situationen und Subjekten im empirischen Forschungsprozeß bedingt nun aber auch eine neue Deutung der beiden zentralen Konzepte empirischer Wissenschaft: *Reliabilität* und *Validität*. Wie Kriz betont, stehen beide Konzepte in einem antagonistischen Verhältnis zueinander. Die Reliabilitätsforderung nach exakter Reproduzierbarkeit von Ergebnissen unter identischen intersubjektiven Bedingungen schließt jede Beobachterindividualität aus und führt, streng befolgt, zu erheblichen Komplexitätsreduktionen in hoch artifiziellen Versuchssituationen, deren Validität damit stark eingeschränkt wird (= Datenproduktion durch Trivialisierung im Sinne H. von

108 N. Luhmann, »Sinn als Grundbegriff der Soziologie«. In: J. Habermas/N. Luhmann (Hg.), (1971).

Foersters). Nicht umsonst sind die sogenannten Naturwissenschaften sehr viel erfolgreicher in bezug auf künstliche Situationen und bereits menschlich bearbeitete Materie als in bezug auf Naturphänomene wie Wetter, Naturkatastrophen, Landwirtschaft, Schädlingsbekämpfung usw. Auch die Hoffnung vieler Sozialwissenschaftler und Psychologen, aus Forschungsartefakten in Zukunft einmal eine alltagsrelevante Theorie zusammenbauen zu können, hat sich bisher nicht erfüllt. Auf der anderen Seite steht eine Berücksichtigung möglichst vieler relevanter Variablen vor dem Dilemma, daß nicht alle streng kontrolliert werden können. Kurzum: Reliabilitäts- und Validitätsforderungen stehen einander schon in der klassischen empirischen Forschungskonzeption im Wege.

Die Interpretation dieser Konzepte und ihres Verhältnisses zueinander wird sicher ebenso zu den künftigen Aufgaben einer konstruktivistischen Forschungskonzeption gehören wie die Prüfung der Forderung nach subjektzentrierten Methoden der Geistes- und Sozialwissenschaften (etwa im Sinne der Vorschläge von N. Groeben und B. Scheele).[109]

Wie oben ausgeführt, gibt es für Konstruktivisten durchaus eine mit ihren erkenntnistheoretischen Annahmen kompatible Redeweise von Tatsachen und Fakten als Beschreibungen (sensu Mitterer) bzw. als kommunikative Kondensationen von Erfahrungen. (Die damit verbundene Zirkularität wird durchaus gesehen und akzeptiert!) Damit wird zweierlei unterstrichen: (a) Mit wissenschaftlichen Operationen kommt man an keiner Stelle aus dem Wissenschaftssystem hinaus. (b) Auch in empirischer Forschung geht es um eine operative Bestätigung von Selbstreferenz, also – wie Pasternack formuliert – um eine Selbstexplikation des Wissenschaftssystems.

»Wissenschaftlich empirisch« heißt eine Forschung dann, wenn sie theoretisch-methodisch inszeniert und kontrolliert durchgeführt wird, kommunikativ anschlußfähig auf Fremdreferenzen (Fakten, Tatsachen im oben erwähnten

109 Vgl. dazu N. Groeben (1995).

Sinne) bezogen werden und Evidenzen temporär als Widerspruchsunterbrecher in Anspruch nehmen kann.

Während der hier explizierte konstruktivistische Ansatz bewußt auf Letztbegründungen verzichtet und mit der Evidenz (oder der Willkür?) des Unterscheiden(müssen)s einsetzt, scheint der Erlanger Konstruktivismus immer noch auf so etwas wie eine operative »Tieferlegung« der Begründungsversuche zu setzen, indem sozusagen beim Apriori des Alltagshandelns (etwa der Prädikation) angesetzt wird (so bei W. Kamlah/P. Lorenzen 1992). Bei diesem Ansatz stehen drei Konzepte im Vordergrund: ›Rationalität‹, ›Kulturalität‹ und ›Zweck‹.

Den Ausgangspunkt der Debatte über diese Konzepte kann man mit P. Feyerabend wie folgt markieren: *»Die Wissenschaften sind schließlich unser eigenes Werk,* eingeschlossen all die strengen Maßstäbe, die sie uns aufzuerlegen scheinen [...]« (P. Feyerabend, 1978: 200; Hervorhebung i. O.).

Mit dieser Feststellung verbindet Feyerabend zwei weitere Feststellungen: (a) Theorienbildung und Theorienwahl hängen nicht nur von den Tatsachen ab, die Wissenschaftlern bekannt sind, sondern auch von Traditionen, Vorlieben und Neigungen (1981: 90). (b) Die Existenz einer allgemeinverbindlichen Logik der Forschung ist ebenso unwahrscheinlich wie die Existenz einer allgemeingültigen Methodologie (Feyerabend 1978: 205, 246). Zwar bringt die Anwendung klarer, wohlbestimmter und vor allem »rationaler« Regeln »gelegentlich Resultate«. Aber weder Tatsachen noch die Logik noch der Erfolg rechtfertigen grundlegend wissenschaftliche Rationalität. Auf der anderen Seite hat sich das Kriterium der *Rationalität* als spezifisches Kriterium wissenschaftlichen Handelns und Kommunizierens schon seit langem im Wissenschaftssystem so fest etabliert, daß diese Akzeptanz auch etwas über seine Brauchbarkeit auszusagen scheint. Wie steht es also mit Rationalität als (einem?) Wissenschaftskriterium?

J. Mittelstraß (1984, 1987, 1992) wundert sich zu Recht darüber, daß trotz der scheinbaren Selbstverständlichkeit der Gleichsetzung von Wissenschaftlichkeit und Rationalität das Rationalitätskonzept selbst höchst unklar zu sein scheint und eine seltsame Pluralität von Rationalitätsmodellen in der wissenschaftstheoretischen Diskussion anzutreffen ist.

In der traditionellen Philosophie wird die Einheit wissenschaftlicher Rationalität in ihrem Doppelaspekt von Forschungs- und Darstellungsrationalität als Objekt- bzw. Begründungsrationalität gesehen. »Rationalität ist [...] (wesentlicher) Teil der menschlichen Arbeit, damit befaßt, Orientierungsprobleme zu lösen« (1984: 119). Popper verschiebt dann die Rationalität in Verfahren der Prüfung und Kritik, ersetzt also Begründungsrationalität durch Bewährungsrationalität. Da die Entscheidungsbasen immer Produkte theoretischer Entwicklungen sind, wird im fallibilistischen Modell Poppers wie im historischen Modell Duhems oder Kuhns der Wissenschaftsbegriff historisiert. Rationalität erscheint damit stets paradigmagebunden, eine transparadigmatische Rationalität wird ausgeschlossen.

Gegen die bisherigen Rationalitätsmodelle wendet Mittelstraß ein, daß sie offenbar versuchen, Rationalität den wissenschaftlichen Verhältnissen »abzulesen«, statt zu untersuchen, wie und warum sie von wissenschaftlichen Subjekten *hergestellt* werden (a.a.O.: 125). Mittelstraß und mit ihm die Erlanger Konstruktivisten seit Kamlah und Lorenzen suchen ein Rekonstruktionsmodell der Rationalität, in dem, »... wie in der Wissenschaft selbst, der *konstitutive* und der *geltungssichernde* Aspekt der Wissensbildung methodisch miteinander verbunden sind« (a.a.O.: 129). Wie üblich wird dabei ein operativer Ansatz gewählt, in dem pragmatische Konstruktionen theoretische Verhältnisse fundieren, nicht umgekehrt: »Wie sollten auch Handlungen bzw. Handlungsschemata theoretisch fundierbar sein?« (a.a.O.: 130.) Ein operativ-pragmatischer Theorieaufbau muß der Bedingung genügen, ohne Lücken und Zirkel zu sein, da er sonst dem Prinzip der methodischen Ordnung (vgl. P. Janich 1992: 33 f.) widersprechen würde. Jeder Theorieaufbau ist prinzipiell revidierbar im Sinne eines alternativen Aufbaus; mit anderen Worten: beansprucht wird lediglich ein Begründungs-, aber kein Letztbegründungspostulat. Diese Überlegungen faßt Mittelstraß in dem Imperativ zusammen: »*Bilde in deinen Sprach- und Wissenschaftskonstruktionen einen Konstitutions- und Geltungszusammenhang, dessen Basis ein lebensweltliches Apriori, eingeschlossen in pragmatische Strukturen*, ist« (a.a.O.: 131; Hervorhebung i. O.).

Wenn man berücksichtigt, daß wir in der Wissenschaft die Maßstäbe nicht vorfinden, sondern herstellen, dann kann – so Mittelstraß – durchaus von einer Rationalität des Handelns, der Begründungen und der Methoden gesprochen werden, dann kann sinnvoll über das *Herstellen* von Rationalität und Wahrheit auf jeder Stufe der Wissensbildung gesprochen werden. Objektivität wissenschaftlichen Wissens ist durch Transsubjektivität wissenschaftlicher Wissensbildung zu bestimmen – nicht von »den Sachen« her; denn Wissensbildung ist eine Sache von Subjekten[110] und a fortiori wissenschaftliche Wissensbildung, bei der, so könnte man sagen, die Subjekte ihre Systemrationalität der Systemrationalität des Sozialsystems Wissenschaft angleichen, indem sie bestimmte historisch entstandene und bisher bewährte Kriterien des Handelns und Begründens zum Zwecke des in ihren Augen, d. h. zu ihren Zwecken erfolgreichen Erfahrungmachens akzeptieren, ja als blinde Flecken ihres Beobachtens »naturalisieren« – etwa im Sinne des von P. Janich beschriebenen »Hochstilisierens lebensweltlicher Praxen« (1995: 464). Aus diesem Grunde ist empirische Forschung als rationale Tätigkeit einem methodischen Operationalismus verpflichtet; »... erst *die operationalen Definitionen machen naturwissenschaftliche Empirie möglich*« (Janich 1992: 197; Hervorhebung i. O.).

Die »Erlanger« Antwort auf die Frage: »Wie kommen die Wissenschaften zu ihren Gegenständen?« greift meines Erachtens hermeneutische Diskursbestände auf und integriert sie in instrumentalistische Positionen in einer Weise, die ich für bedenkenswert halte.

Janich beginnt seine Überlegungen mit der Feststellung, daß alle Gegenstände aller wie auch immer entwickelten Wissenschaften auf »... außer- und vorwissenschaftlichen Redeweisen, Verständnissen, Praxen und Erkenntnisinteressen aufruhen« (1995: 463). Wissenschaften entstehen aus lebensweltlichen »Praxen« durch eine bestimmte Art von

110 Schon L. Fleck wies darauf hin, daß nicht bloß die Art und Weise von Problemlösungen dem »wissenschaftlichen Stil« unterliegt, sondern vor allem die Wahl der Probleme (1929: 427).

Hochstilisierung, lösen sich aber nie völlig aus diesen Praxen. Unter ›lebensweltlichen Praxen‹ versteht Janich zweckgerichtete menschliche Handlungsweisen als Mittel zur Lebensbewältigung und Bedürfnisbefriedigung, so wie sie etwa in Handwerken und Künsten ausgebildet werden. Solche lebensweltlichen Praxen haben schon eine Bewährungsprobe hinsichtlich ihrer Zweckmäßigkeit für bestimmte Zeiten und für gewisse Personengruppen hinter sich. Für sie genügt die Herausbildung eines Know-how im Hinblick auf bestimmte Zweck- und Mittelbereiche.

Solche regionalen Lebenspraxen sind im Laufe der Geschichte globalisiert bzw. universalisiert worden, wobei drei Übergänge wichtig geworden sind:

- der Übergang von handwerklichen Regeln in wissenschaftliche *Methoden,*
- der Übergang von handwerklichen Fachsprachen in wissenschaftliche *Terminologien,*
- der Übergang von Beurteilungskriterien für das Gelingen und Mißlingen handwerklicher Verfahren in Geltungskriterien für wissenschaftliche *Lehrmeinungen.*

Die Wissenschaftlichkeit der Übergangsresultate liegt darin, daß bei der Hochstilisierung der Praxen methodologische Zwecke der Erkenntnisbildung und transsubjektiven Überprüfbarkeit zur Erzeugung und Beherrschung der Gegenstände hinzukommen. Die Hochstilisierung von Fachsprachen zu Terminologien wird bestimmt durch Diskursfähigkeit, das heißt durch den expliziten Nachweis ihrer Adäquatheit für die weiteren Schritte wissenschaftlicher Erkenntnisbildung. Diskursfähigkeit ist auch das Kriterium für den Übergang zu Lehrmeinungen, wobei metasprachlich zu wissenschaftlichen Meinungen die Kriterien expliziter Zustimmung oder Ablehnung angegeben werden müssen.

Neben den Begriffen und Gegenständen, die als stilisierte Konstruktionen aus lebensweltlichen Begriffen und Gegenständen gesehen werden können, entwickeln die Wissenschaften neue Begriffe und Gegenstände durch Reflexion auf ihr eigenes Tun – ohne damit den Bezug zur Lebenswelt zu verlieren (z. B. Raum als Reflexionsgegenstand).

Die Hochstilisierung lebensweltlicher Praxen zu Wissenschaften zeichnet sich Janich zufolge durch zwei Merkmale aus:

- Theoriefähigkeit bezeichnet die Kohärenz und Konsistenz einer Terminologie im Sinne ihrer Lehr- und Lernbarkeit wie im Sinne ihrer expliziten, zirkelfreien und vollständigen Bestimmung.
- Philosophiefähigkeit bezeichnet den expliziten Nachweis der Tauglichkeit wissenschaftlicher Methoden und Terminologien im Sinne einer Zweck-Mittel-Rationalität. Dabei wird vorausgesetzt, daß eine hinreichend normierte Sprache zur Verfügung steht, die es erlaubt, in expliziter Argumentation den Geltungsanspruch wissenschaftlicher Resultate einzulösen.

Die Wissenschaften beziehen also ihre Gegenstände aus der Lebenspraxis durch Verfahren der Hochstilisierung. Deshalb konstatiert Janich bezüglich der Frage ihres Realitätsstatus nüchtern: »Die Wirklichkeit oder Realität dieser Gegenstände ist also kein philosophisches Rätsel. Sie sind produziert wie andere nicht-sprachliche und sprachliche Artefakte auch. Ihre ›Eigenschaften‹ [...] sind eben diejenigen, die der Erzeuger bzw. der Urheber des Erzeugungsrezeptes als Zweck im Auge hat« (a.a.O.: 468).

Das gilt auch für wissenschaftliche Gegenstände, die immer im Sinne einer »... tatsächlichen Befolgung von wissenschaftsleitenden Regeln und Normen durch die Handlungen der Wissenschaftler erzeugt« werden (a.a.O.). Jede Erfahrung, vor allem die theorie- und philosophiefähigen Erfahrungen der Wissenschaften, stellen, so Janich, »ein Widerfahrniswissen« (W. Kamlah) dar, das relativ zu normierten Handlungsweisen und ihren Zwecken ein Wissen ist. Der Instrumentalismus der Methodischen Konstruktivisten hält Existenzaussagen für nicht erforderlich. Ebensowenig macht er Aussagen über »wirklich existierende Gegenstände« oder »objektives Wissen«, und zwar mit der Begründung, daß »... alles, was lebensweltliche Praxen und wissenschaftliche Forschung an poietischen, praktischen und theoretischen Leistungen hervorbringt, auch ohne solche Existenzannahmen oder -thesen Verstand und Vernunft zugänglich ist, d. h. theoretisch nachvollzogen und im Rahmen einer Zweck-Mittel-Rationalität begriffen werden kann« (a.a.O.: 470).

Der erkenntnistheoretische Status der Gegenstände einer Wissenschaft, und damit – so Janich – ihr »Rationalitätstyp« ist nur aus dem zweckgerichteten Handeln ihrer Urheber und aus dem Erreichen und Verfehlen der Zwecke ihres Handelns zu verstehen. Entscheidend sind also die tatsächlichen nicht-sprachlichen und sprachlichen Handlungen der Wissenschaftler sowie die Reihenfolge von Handlungsschritten, insofern sie für das Erreichen eines Handlungsziels relevant sind. Dazu aber braucht man weder ontologische Existenzaussagen noch erkenntnistheoretische Korrespondenzbehauptungen irgendwelcher Art.

Im methodischen Konstruktivismus spielt das Konzept ›*Zweck*‹ eine zentrale Rolle. Darum gehe ich auf diesen Aspekt genauer ein.

M. Gatzemeier (1982) betrachtet Wissenschaft – qua Handeln wie qua Ergebnis – als menschliches, sprachlich-theoretisches Handeln, das nur als zweckorientiertes Handeln verstanden werden kann. Wissenschaftliche Methoden sind Mittel und Wege, Verfahrensregeln bzw. Verfahrensweisen zum Erreichen eines bestimmten Zieles oder Zwecks. Dabei haben Zwecke systematische und logische Priorität vor den Methoden: »Die Methoden der Wissenschaft sind von ihren Zwecken und Zielen abhängig« (a.a.O.: 20). Bei der Zweckdiskussion unterscheidet man zwischen wissenschafts*internen* und wissenschafts*externen* Zwecken, die heute aber keineswegs mehr säuberlich voneinander getrennt werden können, sondern sich gegenseitig (notwendig) beeinflussen.[111]

Eine weitere wichtige Unterscheidung ist die zwischen

111 »Einerseits beeinflussen externe Zwecke den inneren Entwicklungsgang der Wissenschaften, und dies nicht nur zufällig-faktisch, sondern theoretisch-notwendig; denn wenn die Methoden von den Zielen abhängig sind, dann müssen sich alle Ziele, auch die externen, notwendigerweise auf die Erarbeitung und Weiterentwicklung von Methoden auswirken; andererseits beeinflussen Wissenschaftsinterna die externe Indienstnahme insofern, als nur solche (externen) Zwecke der Wissenschaft zugemutet werden können, deren Realisierbarkeit abzusehen ist; das heißt: für die jeweiligen (externen) Zwecksetzungen muß ein Minimum an wissenschaftsinternen Kenntnissen (inhaltlicher und methodischer Art) schon verfügbar sein. – Es zeigt sich also, daß eine wechselseitige, oft sehr komplexe und schwer durchschaubare Beeinflussung externer und interner Faktoren unausweichlich ist« (a.a.O.: 21).

bewußten, überlegten, absichtsvoll gesetzten Zwecken und eher unüberlegt, unbewußt oder unabsichtlich übernommenen Zwecken, weil diese Aspekte sowohl die moralische Bewertung wissenschaftlicher Handlungen als auch ihr historisches Verständnis beeinflussen.

Aus dieser Sicht auf Wissenschaft als zweckorientiertes Handeln folgt, daß eine Auffassung der Zweckfreiheit von Wissenschaft im Sinne solcher Unabhängigkeit illusorisch ist. ›Zweckfreiheit‹ kann sinnvoll nur meinen: Freistellung oder Ablehnung von bestimmten Zwecken, keineswegs aber von allen Zwecken.

Überlegungen dieser Art sind dann von P. Janich auf die Formel »Der Zweck heiligt die Mittel« gebracht und wissenschafts- wie wahrheitstheoretisch generalisiert worden (Janich 1987).

Janich geht dabei – wie schon oben erwähnt – von der Unterscheidung zwischen zwei Wissensformen aus: Beschreibungswissen (»wie etwas ist«) und Handlungswissen (»wie etwas geht«). Der materiale Unterschied zwischen diesen Wissensformen besteht darin, »... daß Aussagen zur Beschreibung von Wissen-wie *in endlich vielen Schritten und abschließend* auf ihre Wahrheit beurteilt werden können, während [...] Aussagen über ein Wissen-was [...] in einem Begründungsdialog aus logisch trivialen Gründen auf ein *Anfangsproblem*« führen (1987: 70) – und das Anfangsproblem hat bisher noch keine philosophische Richtung lösen können. Zwischen den beiden Wissensformen besteht insofern eine Asymmetrie, als Diskurse über ein Wissen-was immer ein Wissen-wie voraussetzen und nicht umgekehrt, und die Wahrheit von Aussagen über ein Wissen-was zurückgeführt wird auf Aussagen über ein Wissen-wie und schließlich auf dieses selbst (a.a.O.: 72). Für die Naturwissenschaften konstatiert Janich, daß ihre Theorien im Endeffekt die sprachliche Darstellung technischen Know-hows sind. Anders formuliert: Erst und nur die erfolgreiche Anwendung naturwissenschaftlichen Wissens, also der Übergang von der Theorie zur Praxis zum Zweck rationalen Werkzeuggebrauchs, entscheidet über die Wahrheit oder Falschheit dieses Wissens. Die Erkenntnisziele oder -zwecke der Wissenschaftler begründen die Wahl der Methoden, d. h. der geeignet gewählten Mittel für wissenschaftliche Zwecke. Insofern heiligt der Zweck die Mittel. »Andererseits sind die Wahrheits- oder Geltungs-ermöglichenden gelingenden Anwendungen als Zwecke der Forschung selbst keine Naturgegenstände, sondern Gegenstand einer Wahl und als solche begründungspflichtig« (a.a.O.: 82).

Franz Josef Czernin, die aphorismen

2.1.: 2.1	was an der wissenschaft sprache ist, ist das, was ihre wahrheiten zweifelhaft macht.
5.2.7	wissenschaft: das sprechen, was der wahrheit so unmerklich im wege steht, dass es am häufigsten mit ihr verwechselt wird.
4.: 2.1	*wissenschaft*: jene verwandlung von vorurteilen in aussagen, deren methode darin besteht, sie möglichst geschickt zu verbergen.
2.3.7.: 15	sinnliche wahrnehmung ist der ausgangspunkt der wissenschaft, nicht selbstbeobachtung – wenn man erfährt, was mit dem begriff beobachtung geschieht, wenn man ihn auf sich selbst anwendet, kann man entweder an keine wissenschaft oder an keine selbstbeobachtung mehr glauben.
1.4.2	die wissenschaft ist jene tätigkeit, die ihre sprache nach den gesetzen dessen zu formen versucht, was sprachlos ist.
2.7.: 1.2	was immer auch eine wissenschaft über mich sagt: ich mache es zu einem gegenstand, zu dem, was *ich* verstehe.
3.2.1.: 1	wissenschaft: die logik kann uns nicht abnehmen, dass wir von etwas ausgehen, dass wir mit etwas anfangen müssen. – das, was wir wahrnehmen, sagt uns, womit wir anzufangen haben.
3.7.: 1.2	wissenschaftlich über etwas sprechen: sich selbst dabei nicht sprechen hören wollen.
4.8.9.: 1.2	was an einer wissenschaft sprachlos bleibt, ist das, was ihre wahrheiten glaubwürdig macht.

5.: 2.1 die geheime philosophie der wissenschaft ist die, dass es keine dinge gibt.

5.1.: 2 aphorismus: sobald man versteht, dass sich alles, was man zu beweisen wünscht, beweisen lässt, macht man irgendeine wissenschaft zu dem leitfaden, der einem jene annahmen bieten soll, von denen sich auszugehen lohnt. es ist so schwierig, sich klar zu machen, dass schon in jenem wort *lohnt* die ganze beliebigkeit liegt, die man zu vermeiden sucht.

7.6.: 2.1 wissenschaft: wenn, wovor man flieht, oder, wonach man strebt, so beschrieben wird, als würde man weder danach streben noch davor fliehen.

8.
Problemlösen und Empirie

»Nicht die Dinge die gelernt werden können sondern diejenigen die gelehrt werden sind nicht interessant.«

(G. Stein)

Wenn man im konstruktivistischen Diskurs den operativen Aspekt des Wahrnehmens und Erkennens ernst nimmt, dann ergibt sich daraus eine bedeutsame wissenschaftstheoretische Konsequenz. In den Mittelpunkt der Überlegungen treten dann – wie in Abschnitt 6 bereits angedeutet – Probleme an Stelle von wissenschaftlichen Gegenständen.[112] Diese Einsicht ist von kritischen Rationalisten seit K. R. Popper immer wieder formuliert worden. So betont etwa Th. Herrmann für die Psychologie, daß Wissenschaftler Probleme lösen und daß wissenschaftliche Problemlösungsprozesse als Paradigma rationalen Problemlösungsverhaltens anzusehen sind. Bei wissenschaftlicher Tätigkeit als zielgerichtetem rationalem Handeln geht es darum, »... in bestimmter Weise kognizierte Aufgaben hic et nunc zu bewältigen, indem man etwas tut oder auch herstellt, was zur Aufgabenlösung dienlich erscheint« (1979: 197). Die Beurteilung von Problemlösungsversuchen kann nur relativ zu erwarteten Leistungen im Hinblick auf Aufgaben erfolgen; und bei den Anforderungen, die an Problemlösungsmittel gestellt werden, muß die jeweilige Problemstruktur berücksichtigt werden. (Vgl. dazu auch Abschnitt 9.)

Während die Redeweise von »Gegenständen« Subjektunabhängigkeit suggeriert, läßt sich die Redeweise von »Problemen« nur relational bzw. differenztheoretisch anlegen: Probleme sind system- bzw. beobachterspezifisch; sie hängen ab von bisher gemachten Erfahrungen, von verfügbarem Wissen, von Handlungsmöglichkeiten, Interessen, Zwecken, Emotionen, Wertentscheidungen usw., kurz: vom kommu-

112 Vgl. dazu für die Literaturwissenschaft S. J. Schmidt (1997).

nikativen und pragmatisch-praxeologischen Stand einer *Kultur*. Auf die Lösung von Problemen bezieht sich die Zweck-Mittel-Rationalität wissenschaftlicher Handlungen (Experimente, Kommunikationen), die mit dem (Handlungs-)Wissen operieren (müssen), das wissenschaftliche Aktanten aus früheren Problemlösungen gewonnen haben und in Lehrmeinungen kommunikativ verfügbar halten. Solches Problemlösungswissen kann ebenso erweitert und verfeinert werden wie das Wissen und die Fertigkeiten im Hinblick auf praktische Handlungen (wobei Operationalisierungsanweisungen zwischen beiden Bereichen explizit vermitteln), ohne daß man im traditionellen Sinne von Fortschritt oder Annäherung an die Wahrheit sprechen kann. Denn Problemlösungswissen reflektiert menschlichen Umgang mit der Umwelt, nicht Wissen von »der Realität« – wie oben ausführlich dargelegt –, auch nicht im Fall methodologisch systematisierter, also wissenschaftlich-empirischer Problemlösungen.

Wird wissenschaftliches Handeln als systematisches zweckorientiertes Problemlösen konzipiert,[113] dann lassen sich Theorien – wie oben bereits erwähnt – bestimmen als Strategien zum Erreichen bestimmter Zwecke bzw. als Problemlösungsstrategien. Theorien systematisieren gewissermaßen die Erfahrungen der Forscher mit ihren Versuchsinszenierungen, sie strukturieren den Erfahrungsraum von Forschern und konstituieren damit deren kulturelle »Einheitlichkeit« als Grundlage für kommunikative Intersubjektivität. »Problem-neutrale Standardkriterien der Theoriebewertung« (so Th. Herrmann) wie die historisch bewährten Standardkriterien der Widerspruchsfreiheit, der Explizitheit

113 »›Wissenschaft‹ ist daher in der Tat nichts anderes als durch sozial-kooperative Organisation und Normierung verfeinertes und verbessertes lebenspraktisches Problemlösen nach der Methode ›Versuch und Irrtum‹. Das bedeutet aber aufgrund der kognitiven Geschlossenheit jedes Beobachters auch, daß wissenschaftliche Problemlösungen sich nur auf die *wissenschaftlich* konstruierten Probleme beziehen, nicht auf ›Lebensprobleme‹ im Sinne nicht-wissenschaftlicher Phänomenbereiche! Und das ist seit dem Wiener Kreis des Logischen Positivismus ein Gemeinplatz der Wissenschaftstheorie: Wissenschaft löst keine Lebensprobleme, sondern nur wissenschaftliche Probleme. Deren Lösung kann dann zur Lösung von Lebensproblemen genutzt werden, wenn diese analog konstruiert werden« (W. K. Köck 1987: 178).

von Voraussetzungen, der Kohärenz, Zirkelfreiheit, Vollständigkeit usw. können nicht länger als absolute Wahrheitsgaranten angesehen werden. Sie regulieren vielmehr – wie oben bereits angedeutet – die wissenschaftliche Kommunikation im Sinne einer bislang bewährten Standardisierung und Systematisierung, sie erleichtern die Überprüfung von Problemlösungen und machen das Lehren und Lernen wissenschaftlichen Wissens-was und Wissens-wie möglich.[114]

Die Überprüfung wissenschaftlicher Problemlösungen kann im hier entwickelten Argumentationskontext nicht im Sinne von Verifikation oder Adäquanzprüfung, also nicht ontologisch gedeutet werden. Geprüft wird, ob der angestrebte Zweck erreicht worden ist und ob das dabei gewonnene Wissen mit dem bisher bewährten und daher akzeptierten Wissen kompatibel ist. In einer Problemlösungskonzeption wissenschaftlichen Handelns, in der Problemstellung, Theorien und Methoden (= geeignet gewählte Mittel für Erkenntniszwecke sensu Janich) sowie die Beurteilung von Problemlösungen notwendig und immer an Beobachter und deren komplexe Kognitionsbedingungen gebunden sind, kann es keine letzten methodologischen Kriterien und kein endgültiges *fundamentum in re* für Prüfoperationen geben.[115] Auch die Erwartungen an Rationalität oder Logik der Forschung sind zu modifizieren. Die alte Hoffnung, wissenschaftliches Handeln durch einen einzigen Rationalitätstyp erschöpfend und auf Dauer charakterisieren zu können, ist längst der Einsicht gewichen, daß wir mit verschiedenen Rationalitätstypen zu rechnen haben (vgl. u. a.

114 Mit leichter Ironie konstatiert J. Mittelstraß: »... es gibt eine Erosion des Rationalitätsbegriffs, in deren Folge Rationalitätskriterien, die bisher der Definition der wissenschaftlichen Rationalität dienten, ihre unterscheidende, das heißt ihre begriffliche Kraft verlieren. So definieren Kriterien wie Intersubjektivität, Kontrollierbarkeit, Reproduzierbarkeit, begriffliche Klarheit und Widerspruchsfreiheit auch andere Praxen. Nicht nur Physik-Lehrbücher, auch gute Kochbücher erfüllen sie« (1992: 54).

115 N. Luhmann faßt diese Hypothese in die Worte: »Alle operativ geschlossenen Systeme müssen ihre Realitätsindikatoren auf der Ebene ihrer eigenen Operationen erzeugen [...] Je voraussetzungsvoller (und evolutionär unwahrscheinlicher) die operative Schließung eines Systems ist, desto anspruchsvoller und spezifischer werden auch seine Realitätstests ausfallen. Das gilt in spektakulärer Weise für die moderne Wissenschaft« (1995: 68 f.).

U. Charpa 1995), die auch als Systemrationalitäten beschrieben werden können. Dabei geht es nicht um Rationalitätstypen, die im wissenschaftstheoretischen Diskurs im Wettbewerb um die Priorität gegeneinander ausgespielt werden, so z. B. Bewährungs- vs. Begründungsrationalität, Objekt- vs. Darstellungsrationalität. Nicht *ein* abstraktes wissenschaftstheoretisch abgesichertes Rationalitätskriterium begründet und sichert wissenschaftliche Erkenntnis, sondern begründeter Konsens über zweckgerechten Problemlösungserfolg. Wie auch G. Schlosser (1993) betont, ist *Konsens* das plausibelste (für ihn sogar das einzige) Wahrheitskriterium intersubjektiv geführter Diskurse (Abb., S. 155). Dabei markiert – wie bereits erwähnt – Konsens nicht (bzw. wohl nur in Ausnahmefällen) eine willkürlich herbeigeführte Einigung, sondern die Kompatibilität wissenschaftlichen Wissens mit dem in einer Forschergemeinschaft aus guten Gründen akzeptierten Hintergrundwissen sowie mit jeweils bereits akzeptierten Rechtfertigungen und Maßstäben der Problemkonstitution und Problemlösung. Konsens ist dabei an Wissen-was und an Wissen-wie gebunden und wird unterstützt durch die Systematisierung und Handlungsorientierung des Wissens in Theorien, durch die Systematik des methodischen Procedere sowie durch die Wiederholbarkeit wissenschaftlicher Problemlösungsverfahren unter *ceteris-paribus*-Bedingungen. ›Wahr‹ kann im Duktus dieser Überlegungen also gleichgesetzt werden mit ›temporär unstrittig‹, wobei die Übereinstimmung zwischen Aussage und Sachverhalt im Diskurs gesetzt wird, wie C. F. von Weizsäcker betont hat ([5]1980: 152).

Schlossers Argument, daß für den Diskurs nur kommunikativer Konsens als Wahrheitskriterium dienen kann, vermeidet sowohl korrespondenz- als auch kohärenztheoretische Wahrheitstheorien und weist den Versuch zurück, irgendwelche metaphysisch ausgezeichneten Beobachtungsaussagen oder Wahrnehmungen zur Basis von Wissenschaft zu machen. Für ihn besteht diese Basis in Aussagen unwidersprochener Akzeptanz, und es ist seiner Ansicht nach »... vollkommen gleichgültig, *warum* die Sätze, auf denen die Wissenschaft aufbaut, akzeptanzfähig sind, entscheidend ist nur, *daß* sie es sind« (1993: 233). Wissenschaft ist dem-

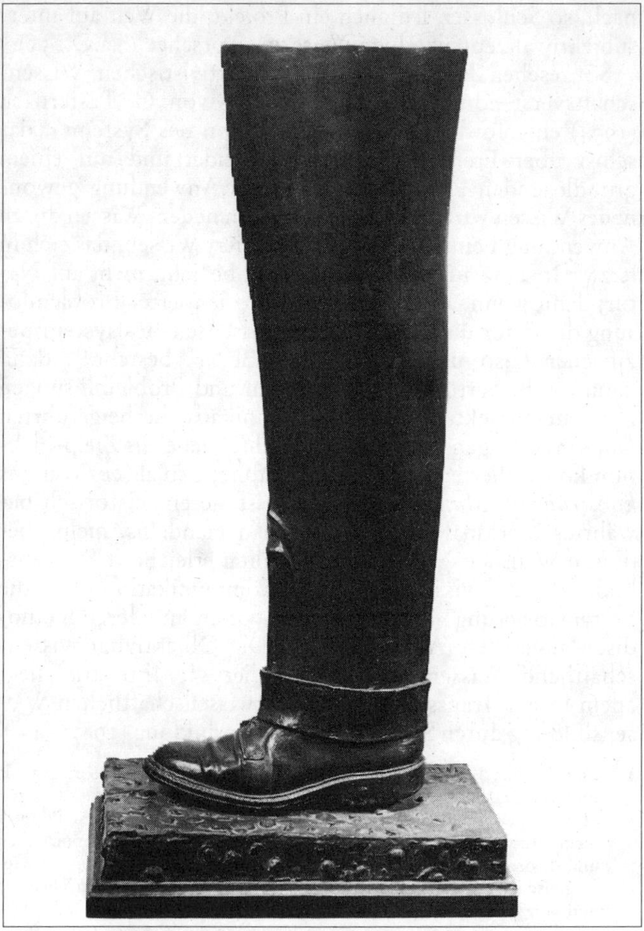

nach, so Schlosser, lediglich ein Projekt, die Welt auf intersubjektiv akzeptanzfähige Weise zu erforschen (a.a.O.: 55).

So gesehen kommt es im konstruktivistischen Wissenschaftsverständnis in der Tat zu der von G. Pasternack (1994) eingeforderten »Selbstexplikation des Systems«, das selbst über Fremdreferenzen entscheidet und mit einem grundlegenden Paradox operiert: Aus Anwendung gewonnenes Wissen wird zur Produktion von neuem Wissen durch Anwendung benutzt. Wissen produziert Wissen, das sich in letzter Instanz auf Kultur stützt und bezieht, nicht auf Natur; denn wenn Wissenschaft zweckorientierter Problemlösung dient, für die ein relevanter (wissenschafts-)systemspezifischer (also überindividueller) Bedarf besteht,[116] dann kann die Bewertung von Problemen und Problemlösungen nur intersubjektiv, durch kommunikativ herbeigeführten Konsens erfolgen. Insofern Rationalität dabei als Zielprojektion kontrollierter Problembearbeitung, also als ein von uns *konstruierter Maßstab*[117] fungiert, ist sie ein historisch bewährtes Merkmal wissenschaftlichen Handelns, nicht aber dessen Wahrheitsgarantie. (Rationalität erleichtert Konsensbildung in der wissenschaftlichen Kommunikation sowie die Systematisierung von Wissen in Theorien und deren methodisch angeleitete Anwendung.[118]) Die Objektivität wissenschaftlichen Wissens aber, so formulierte J. Mittelstraß, liegt allein in der Transsubjektivität der wissenschaftlichen Wissensbildung durch Subjekte der Wissensbildung (1987: 34 f.).

116 Zum Thema Bedürfnis und Bedarf in der Wissenschaftstheorie vgl. P. Finke (1982).

117 »Das schließt im übrigen Zustimmung zu einer bekannten These Poppers nicht aus: wir sind Gefangene unserer Theorien und unserer empirischen und theoretischen Orientierungen allgemein. Auch ist der Gang von Gefangenschaft zu Gefangenschaft, d. h. der Gang von Theorien zu Theorien und von Orientierungen zu Orientierungen, ein Gang der *Aufklärung* – allerdings nicht im Sinne einer Annäherung an die *Wahrheit* (wie Popper überraschend erklärt), sondern im Sinne wachsender Einsicht in gegebene Abhängigkeiten und wachsenden *konstruktiven Könnens*. Auch die Wahrheit ist nicht das, was wir (durch theoretische Gefangenschaften hindurch) einfach erreichen oder verfehlen, sondern etwas, das wir auf jeder Stufe der Wissensbildung selbst herstellen. Also auch Wahrheit und Rationalität nicht im Modus des Aufsuchens, sondern im Modus der Herstellung« (J. Mittelstraß 1984: 135).

118 Zum Themenkomplex Intersubjektivität, Empirie, Theorie aus konstruktivistischer Sicht vgl. L. Kramaschki (1994).

Und die Grenze dieser Objektivität wird dadurch markiert, daß uns die Werkzeuge unserer Wirklichkeitskonstruktion nur sehr begrenzt zugänglich sind. Die Wissenschaftssubjekte generieren und evaluieren Wissen zielgerichtet und gemäß ihren empirisch konditionierten Handlungsbedingungen in konkreten sozio-kulturellen Kontexten. Dabei ist, wie J. Bogumil und St. Immerfall in ihrer Analyse des sozialwissenschaftlichen Erfahrungsprozesses betonen, folgendes zu bedenken: »Daß wissenschaftliches Wissen nicht unabhängig von außerwissenschaftlichen sozialen Beziehungen produziert wird, heißt nicht, daß es irrational sein (muß); daß es unter den Auspizien von Interessen produziert wird, heißt nicht, daß es unwahr sein (muß)« (1985: 149).

Davon unberührt bleibt aber die Forderung, daß wissenschaftliches Problemlösen bzw. wissenschaftliche Wissensproduktion – im Unterschied zu anderen Formen und Möglichkeiten – bestimmten bewährten Handlungskriterien folgt, um konsensuelle Anschlußkommunikationen im Wissenschaftssystem zu erleichtern. Aus diesen pragmatischen Gründen favorisieren Wissenschaftler Kriterien wie Rationalität, Explizitheit, Prüfbarkeit oder Lehr- und Lernbarkeit, um den Zusammenhang zwischen Problemen und Problemlösungen im Sinne einer effektiven Erreichung von Zielen oder Zwecken des Erkennens argumentativ zu optimieren. Diese Strategie ermöglicht bzw. erleichtert auch eine intersubjektive Entscheidung der Frage, wann bzw. ob Theorien oder Methoden (als Problemlösungsinstrumente) effektiver sind als andere (Abb., S. 158).

Die bisherigen Überlegungen zur Differenz zwischen wissenschaftlichem und nichtwissenschaftlichem Erfahrungmachen und Problemlösen haben zu dem Ergebnis geführt, daß die beiden Bereiche sich in erster Linie hinsichtlich der dort akzeptierten Konditionierungen des Handelns und Kommunizierens voneinander unterscheiden. Handeln wird in den Wissenschaften durch Theorieorientierung und methodische Regelung *operationalisiert*, Kommunizieren wird durch eine disziplinspezifische theoretische Koordination von Begriffseinführungen und -verwendungen aus der Alltagskommunikation ausgegrenzt und terminologisch *diszipliniert*. Durch

methodische Explizitheit und innerdisziplinär verbindliche Terminologie(n) wird der Erwerb und die Kommunikation gewonnenen Wissens von der Bindung an Einzelpersonen gelöst und die kommunikative Herstellung von Intersubjektivität ermöglicht. Dabei darf Intersubjektivität nicht mit Objektivität verwechselt werden. Die Konditionierung des Handelns und Kommunizierens in den Wissenschaften führt zu einer kulturellen Vereinheitlichung (Standardisierung) der wissenschafttreibenden Aktanten, die sie zur Produktion gleicher oder ähnlicher Handlungs- und Kommunikationsresultate befähigt. Darum spielt auch das Postulat der Wiederholbarkeit unter *ceteris-paribus*-Bedingungen eine so große Rolle, weil es Stabilität garantiert. Während in den sogenannten Natur- und weitgehend auch in den sogenannten Sozialwissenschaften seit langem Konsens darüber herrscht, daß eine definitorische Terminologisierung des Sprachgebrauchs sowie eine strategische Normierung der Kommunikationspraxen in den einschlägigen Diskursen unentbehrlich ist, muß dieses Thema in den sogenannten Geisteswissenschaften wohl immer noch als unerledigt angesehen werden. Die Opposition gegen eine Disziplinierung der Kommunikation beruft sich immer noch auf die einzigartige »Natur«

ihrer Gegenstände (der »sprachlichen Kunstwerke«, »des Menschen« usw.), auf eine unterstellte Allgemeinverständlichkeit geisteswissenschaftlicher Textc und Reden, sowie auf einen angeblich unvermeidlichen Pluralismus von Methoden und Terminologien, von dem man sich gewissermaßen eine progressive Einkreisung der Unerschöpflichkeit der Gegenstände verspricht.

Im Unterschied zu dieser Auffassung wird hier eindeutig für eine Disziplinierung wissenschaftlicher Kommunikation plädiert, um Intersubjektivität, empirisches Forschen sowie Interdisziplinarität zu ermöglichen. Dieses Plädoyer wird wie folgt begründet.

Jeder Versuch einer Terminologisierung wissenschaftlicher Kommunikation setzt voraus, daß vorhandene Kommunikationspraxen bzw. einzelne Ausdrücke als ungenau, vage, nicht funktionsgerecht usw. angesehen werden, d. h. sie setzt ein spezifisches Problembewußtsein voraus. Dieses Problembewußtsein entsteht aber nur, wenn die bis dato gültigen disziplinären Routinen und blinden Flecken ihre Evidenz verlieren, was in der Regel nur geschieht, wenn konkurrierende Probleme und Problemlösungserwartungen bzw. -angebote in einer Disziplin auftauchen. Die daraufhin angestrebte Präzisierung des wissenschaftlichen Wortschatzes und der Kommunikationsroutinen wird also zugleich ausgelöst und in ihrer Richtung orientiert durch neue bzw. andere Theorien und damit verbundene neue bzw. andere Erwartungen, Intentionen und Differenzschemata. Jede Präzisierung oder Normierung von »Wissenschaftssprachen« setzt aber – und das darf nicht vergessen werden – eine Klärung der Frage nach der Notwendigkeit und Nützlichkeit solcher Normierungen voraus. Und auch hier ist wieder zu bedenken, daß sowohl die Formulierung als auch die Beantwortung dieser Frage einen expliziten theoretischen Rahmen erfordert, der die Erwartungen, Anforderungen und Bedürfnisse einer *community of investigators* transparent zu machen erlaubt und ihnen damit die Beobachtungseinstellung zweiter Ordnung ermöglicht. Eben dieser Zusammenhang macht darüber hinaus wieder einmal deutlich, daß auch das Problem der Disziplinierung wissenschaftlicher Kommunikation ein Relationsproblem ist, dessen Implementierung an ganz konkrete Beobachter in ihren soziokulturellen Bedingungen und Begrenzungen gebunden ist. Mit anderen Worten, die hier einschlägigen Fragen sind nicht nach Maßstäben irgendeiner wissenschaftstheoretischen Objektivität zu beurteilen, sondern nach Maßstäben einer Zweck-Mittel-Orientierung kognitiver und kommunikativer Systeme und ihren systemrationalen Wahrheitskriterien.

Die Präzisierung der in einer Wissenschaft verwendeten Sprache ist ein begründbares Ideal, und zwar ein Ideal zur Erreichung ganz bestimmter Zwecke, wie etwa der Vermeidung von Widersprüchen oder Antinomien.

Wissenschaft als Problemlösungssystem ist vital auf solche Formen von Kommunikation angewiesen, die *kooperatives Handeln* erlauben. Effektives kooperatives Handeln aber setzt – schon aus Gründen der Handlungsökonomie – voraus, daß vermeidbare Kommunikationsprobleme auch tatsächlich vermieden werden. Eine erfolgreiche Strategie der Vermeidung von Kommunikationsproblemen besteht nun erfahrungsgemäß darin, die Verwendung relevanter Begriffe und Argumentationsmuster so zu regeln, daß keine unproduktiven Irritationen der Kommunikation (vom Typ der Dauerfrage »Was bedeutet X?«) entstehen. Diese Regelung erfolgt zu einem großen Teil im Zuge der wissenschaftlichen Sozialisation des Nachwuchses, wobei dieser Teil der Sozialisation nicht bloß im Auswendiglernen von Termini besteht, sondern in der Verknüpfung disziplinrelevanten Wissens in Begriffssystemen, die den Status quo der epistemischen Selbstverständlichkeiten dieser Disziplin ausmachen.

Die begriffliche Normierung wissenschaftlicher Kommunikation optimiert nicht nur innerdisziplinäre Kooperation, sondern auch *inter- und transdisziplinäre Kommunikation*, da ein Zugriff auf die Wissensbestände einer Disziplin »von außen« über den Zugriff auf deren Terminologie zumindest ansatzweise möglich ist.

Begriffliche Normierung ermöglicht und befördert auch die *Kontinuität* wissenschaftlichen Problemlösens in einer Disziplin und erhöht die Ökonomie, da nun nicht jede(r) Wissenschaftler terminologisch von vorn anfangen muß, sondern zumindest von einem Grundbestand an definierten Begriffen ausgehen kann, die im Laufe der Zeit kooperativ erarbeitet worden sind und die Evidenzen eines Diskurses semiotisch materialisieren.

Eine normierende Disziplinierung wissenschaftlicher Kommunikation, die über alltägliche Kommunikation signifikant hinausgehen muß, bildet weiterhin die Voraussetzung für die *Lehr- und Lernbarkeit* disziplinspezifischen Wissens und Problemlösungshandelns, will man nicht Sozialisation durch Initiation(sriten) ersetzen. Außerdem bildet sie erfahrungsgemäß die Voraussetzung für die *Anwendbarkeit* dieses Wissens und Problemlösungshandelns in anderen Disziplinen sowie außerhalb des Wissenschaftssystems.

Und schließlich erlaubt erst eine solche Disziplinierung, das von so vielen »Geisteswissenschaftlern« so hoch gehaltene Ziel eines wissenschaftlichen *Pluralismus* zu erreichen – allerdings in Form eines dem Wissenschaftssystem im Laufe seiner Geschichte »zugewachsenen« rationalen Theorienpluralismus.

Überlegungen zur Normierung der wissenschaftlichen Kommunikation sind nicht nur in der (analytischen) Wissenschaftstheorie angestellt worden, sondern auch in der Sprachwissenschaft, wobei einige bedenkenswerte Einsichten gewonnen worden sind.

Th. Roelke z. B. hat in einem Beitrag zur Fachsprachensemantik zu Recht darauf verwiesen, daß die lexikalische Fachsprachensemantik z. T. bis heute noch von semantischen Eineindeutigkeitspostulaten der traditionellen Terminologielehre geprägt ist, wie sie in den dreißiger Jahren Eugen Wüster formuliert hatte. Danach ist die Forderung nach semantischer Wohlbestimmtheit und Eineindeutigkeit beschränkt auf natürliche Sprachen, auf terminologische Nennwörter und auf ein jeweiliges terminologisches System. »Die tatsächlichen Ausmaße terminologischer Polysemie und Synonymie«, so Roelke, »... wurden jedoch bislang in der traditionellen Terminologielehre weitgehend unterschätzt«, wie er an zahlreichen Beispielen demonstriert (1991: 194 ff.). Aus diesen Beispielen zieht er den Schluß, daß terminologische Polysemien und Synonymien keineswegs als Schwächen von Fachsprachen anzusehen sind, sondern als »... in den wissenschaftlichen und technischen Kommunikationsbedürfnissen selbst begründete Charakteristika des Gebrauchs von Termini« (a.a.O: 205) Roelkes Fazit aus diesen Annahmen ist bemerkenswert: »Darum ist es sinnvoll, für den Gebrauch lexikalischer Zeichen als Termini zwar nicht die Forderung nach system- oder textimmanenter, wohl aber nach kommunikativer Monosemierung zu erheben« (a.a.O.: 206). Das gleiche gilt für den synonymen Gebrauch von Termini: Auch hier ist die illusorische Forderung nach lexikalischer Eindeutigkeit durch die praktikable Forderung nach *kommunikativer Eindeutigkeit* zu ersetzen.

Auf einen zweiten großen Themenbereich der Fachsprachendebatte, nämlich auf den Zusammenhang zwischen Fachsprache und Verständlichkeit bzw. zwischen Wissenschaft und Öffentlichkeit geht B. U. Biere (1996) in seinem einschlägigen Forschungsbericht ein. Biere beginnt seine Überlegungen mit der Einsicht, daß ›Verständlichkeit‹ nicht mit ›Allgemeinverständlichkeit‹ gleichgesetzt werden darf. Fachtexte sind vielmehr hochgradig adressatenspezifische Texte, was sowohl darauf verweist, daß Verständlichkeit keine objektive Texteigenschaft, sondern ein *Nutzungsresultat* ist, und was andererseits plausibel macht, daß sich die Verständlichkeitsfrage auch innerhalb der vertikalen Schichtung eines Faches selbst stellen kann. Für Biere ist es gar keine Frage, daß jeder Wissenschaft das Recht auf fachsprachliche Kommunikation zusteht. Probleme treten dann auf, wenn die Kommunikationssituation unterschiedlich gedeutet wird, etwa wenn an eine innerfachliche Kommunikation Anforderungen interfachlicher oder gar öffentlicher Kommunikation in Massenmedien gestellt werden.

Wenn die Probleme der Normierung von Wissenschaftssprachen nicht lexikalischer, sonder primär kommunikationstheoretischer Art sind, dann stellt sich generell die Frage, ob es so etwas wie eine *Wissenschaftssprache* überhaupt geben kann. Die Frage ist in der Wissenschaftstheorie wie in der Fachsprachendebatte immer wieder aufgegriffen worden, so z. B. in Form der Frage nach dem Verhältnis von Fach- und Umgangssprache. Das einschlägige Argument lautet, daß jede sogenannte Wissenschaftssprache einen hohen Anteil umgangssprachlicher Ausdrücke enthalte und enthalten müsse.

Mein Vorschlag in dieser Debatte geht dahin, nicht von der Vorstellung von Sprachen als fixen Repertoires von Elementen auszugehen, sondern von offenen Mengen höchst diversifizierter Kommunikationsmittel, deren Gebrauchsspezifik sich erst und nur in kontextgebundenen Diskursen entscheidet. Bei diesem Vorschlag erübrigt sich die Kontroverse über Wissenschaftssprachen. An ihre Stelle tritt die Empfehlung, sich in den diversen Kommunikationsbereichen auf die Beobachtung der Erwartungen an Präzision im Sinne einer machbaren Reduktion von »Kommunikationsproblemen« zu konzentrieren, also Beobachtungen zweiter Ordnung anzustellen, um den oben schon erwähnten Zusammenhang zwischen Wissen, Erwartungen und Kriterien herauszufinden. Im Rahmen einer solchen Beobachtungsweise kann dann die so oft behandelte Differenz zwischen den sogenannten Natur- und Geisteswissenschaften genauer bestimmt werden. Offensichtlich geht es dabei nicht um eine Differenz zwischen Wissenschaftstypen, sondern um eine kulturell bedingte Differenz von Erwartungen an und Bewertungen von Problemen, Problemlösungsverfahren und Problemlösungskommunikationen. Insofern dürfte es angemessener sein, von zwei kulturell basierten gegensätzlichen Optionen auszugehen und nicht – wie dies von C. P. Snow bis A. Sokal immer wieder medienwirksam erprobt worden ist – gleich von »zwei Kulturen«.

9. Wahrheit – ein wenig lohnendes Thema?

> *»Gemeint ist, daß Philosophen, die glauben, es handle sich um Wahrheit, sich nicht bewußt sind, daß sie von sich reden.«*
>
> (N. Bolz)

> *»Die Wahrheitstheorien sind eine erkenntnistheoretische Verschleierung des Faustrechts.«*
>
> (J. Mitterer)

Wenn über Erkenntnis und Wissenschaft gesprochen wird, dann taucht – in philosophischen Diskursen offenbar unvermeidlich – die Frage nach »der Wahrheit« auf. Und noch N. Luhmann konzipiert das Wissenschaftssystem ja bekanntermaßen über den Code wahr/unwahr. In der gegenwärtigen wissenschaftstheoretischen Diskussion dieser Frage lassen sich ganz verschiedene Positionen ausmachen.

Die erste Position, die im Gefolge des Popperschen Kritischen Rationalismus auftritt, kann als *Annäherungstheorie* an die Wahrheit bezeichnet werden. Sie geht (in deutlicher Frontstellung gegen empiristische Wahrheitstheorien der Abbildung von Wirklichkeit) zwar davon aus, daß wir keinen direkten Zugang zur Wirklichkeit haben, daß wir aber »... aus theoretischen Annahmen Beobachtungsdaten ableiten, die mit empirischen Befunden bzw. Beobachtungen verglichen werden können. Aufgrund dieses Vergleichs von Beobachtungen innerhalb einer (geschlossenen) kognitiven Welt sind theoretische Annahmen z. B. falsifizier- oder bestätigbar ...« (R. Nüse u. a. 1991: 195). Die Crux solcher Approximationstheorien liegt darin, daß sie nicht angeben, wie man die Distanz der von einer Theorie jeweils erreichten Wahrheitsannäherung mißt – ganz abgesehen davon, daß Wahrheit nach wie vor korrespondenztheoretisch als Übereinstimmung von Aussage und Sachverhalt bestimmt wird.[119]

119 Nüse u.a. (also N. Groeben und Mitarbeiter) bringen als einziges Argument für ihre Forderung nach »Wahrheitsannäherung« vor, daß es keinem Beobachter verwehrt sein dürfe und könne, Überlegungen darüber anzu-

Ähnlich unergiebig sind die Hinweise von Approximationstheoretikern auf die zunehmende prognostische und explanatorische Kraft von Theorien. Th. Zoglauer hat dazu meines Erachtens mit Recht angemerkt, daß dadurch unter der Hand ein pragmatischer Wahrheitsbegriff eingeführt wird, der Wahrheit durch Erfolg *definiert*. Das Beweisziel, Wahrheit als Korrespondenz zu erklären, läßt sich damit aber nicht erreichen; denn: »Aus dem Erfolg einer Theorie kann man nicht auf ihre Adäquatheit im Sinne der Korrespondenztheorie schließen« (1993: 224 f.).

Eine zweite Position zur Wahrheitsproblematik wird in sogenannten holistischen Wissenschaftstheorien vertreten und gehört zur Familie der *Kohärenztheorien*. Danach gibt es Wahrheit immer nur relativ zu einer Theorie, auf die man sich bezieht. ›Wahrheit‹ bedeutet in dieser Konzeption: Kohärenz im System einer Theorie kennzeichnet eine interne Relation zwischen Sätzen und keine externe Relation zwischen Theorie und Wirklichkeit. Das Kriterium der Wahrheit einer Aussage wird hier bestimmt als Übereinstimmung mit allen anderen Aussagen bzw. – im Sinne H. Putnams – als »rationale Akzeptierbarkeit«. Wie Th. Zoglauer betont, sollte man deshalb von T-wahren Aussagen sprechen und sich bewußt bleiben, daß Wahrheit kontextabhängig und damit eine sozio-historische Größe ist (a.a.O.: 225). Auch die Überprüfung einer Theorie bleibt notwendig zirkulär, weil jede Messung von der Gültigkeit eines Fundamentalgesetzes der Theorie ausgehen muß (a.a.O.: 226). Mit dieser Form der Kohärenztheorie von Wahrheit wird jeder Repräsentationalismus obsolet. Theorien »... bilden die Naturordnung nicht ab, sondern *erzeugen* eine Ordnung, die wir in die Natur hineininterpretieren. Wir müssen die Welt zuallererst in ein Ordnungsschema bringen, bevor wir überhaupt Gegenstände perzipieren können. Die Welt wird so vom Erkennenden zu einem Erkannten gemacht«[120] (a.a.O.: 226) (Abb., S. 166).

stellen, »... unter welchen Bedingungen sie [die Überlegungen, s. j. s.] der Wahrheit wohl am nächsten kommen ...« (1991: 200). – Das ist sicher keinem verwehrt, taugt aber als Argument wenig.

120 Ganz ähnlich konstatiert S. Moser: »Die Ausführung der Operation ›Realität‹ besteht im ›Realisieren von Wirklichkeit‹« (1995: 17).

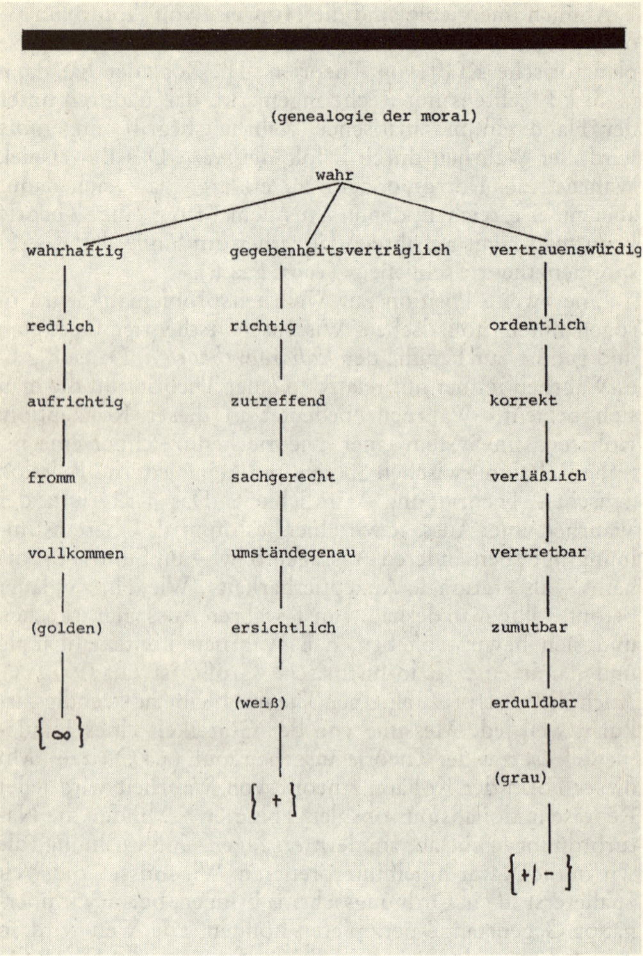
(genealogie der moral)
wahr
wahrhaftig
gegebenheitsverträglich
vertrauenswürdig
redlich
richtig
ordentlich
aufrichtig
zutreffend
korrekt
fromm
sachgerecht
verläßlich
vollkommen
umständegenau
vertretbar
(golden)
ersichtlich
zumutbar
{∞}
(weiß)
erduldbar
{+}
(grau)
{+/-}

Wie E.-M. Engels (1989) gezeigt hat, läßt sich diese Kohärenztheorie von Wahrheit sehr wohl mit Piagets Konstruktivismus vereinbaren.

Nach Piaget wird Korrespondenz als Relation zwischen dem Denken und der von uns konstruierten Realität verstanden. Dabei sind Denken bzw. Erkennen zugleich als Konstruktion wie als Rekonstruktion zu sehen. »Unsere kognitiven Rekonstruktionen sind Vergegenwärtigungen vergangener Konstitutionsleistungen, die Re-Präsentation gemachter Erfahrungen« (a.a.O.: 281). Wir vollziehen im Denken nach, was wir vorgängig auf der Grundlage unserer Handlungsschemata konstituiert haben. (Insofern ist Erkenntnis die abstrakteste Form von Handlung.) Hierin besteht, so Engels, die pragmatische Komponente des konstruktivistischen Wahrheitsbegriffs, bei dem ›Kohärenz‹ die Übereinstimmung zwischen unseren Vorstellungen und dem von uns »vorgängig konstruierten Weltbild« bezeichnet. Diese pragmatische Komponente ist deutlich zu unterscheiden von solchen pragmatischen Positionen, die Wahrheit auf *Nützlichkeit* reduzieren. Gegen diese Reduktion hat sich u. a. G. Rusch gewandt, der seinen konstruktivistischen Wahrheitsbegriff wie folgt bestimmt: Im Unterschied zu realistisch orientierten Positionen, die Wahrheit als die Übereinstimmung von Beschreibungen mit der kognitionsabhängigen Realität fassen, wird – so Rusch – die Wahrheit von Aussagen über Realität erschlossen und nicht durch den Vergleich von Aussage und Sachverhalt beobachtet.[121] »Als Wahrheitskriterium fungiert dementsprechend nicht die Beachtung der Übereinstimmung von theoretischen [...] Sätzen mit der Realität, sondern die Erreichung spezifischer Ziele (z. B. die Vorhersage des Eintretens von Ereignissen) im (Handlungs-)Rahmen der Entwicklung und Prüfung von Theorien« (1995: 2).[122] In Verfahren der Wahrheitsprüfung kommen ausschließlich kognitions- bzw. wirklichkeitsimmanente Kriterien zum Zuge, d. h. Indizien, die eine Wahrheitsannahme bzw. -behauptung akzeptabel machen,

121 Daß dies unmöglich ist, folgt ja schon aus Demokrits Einsicht in die Unhintergehbarkeit von Wahrnehmung – sozusagen *Demokrits Gesetz*.

122 Auch P. Janich bestimmt Wahrheit als Aussagen über das Wissen, wie etwas geht bzw. wie etwas ist.

wobei solche Indizien vermittels der Instrumentalisierung von Handlungsvollzügen gewonnen werden. Die Erfüllbarkeit von Wahrheitskriterien kann dann als die operationale Effektivität einer Theorie für Prognosen bestimmt werden. Die Kriterien für Operativität aber sind tatsächlich entscheidbar, nämlich durch die Beobachtung von Folgen, Effekten usw. in der Erfahrungswirklichkeit des Beobachters.

Rusch wendet sich entschieden gegen den Einwand von R. Nüse u. a. (1991), in konstruktivistischen Argumentationen werde kein Unterschied zwischen Wahrheit und Nützlichkeit gemacht,[123] und hält seinen Kritikern entgegen:

»Sie konfundieren die im Wahrheitsprädikat bezeichnete *semantische Beziehung* zwischen Sätzen und Sachverhalten mit jener Art von *konsekutiven*, *kausalen* und *konditionalen Beziehungen* zwischen Beobachtungen bzw. zwischen Ereignissen, die durch Begriffe wie ›Folge‹, ›Effekt‹, ›Zweck‹ und ›Nutzen‹ bezeichnet werden. Sie verwechseln den Umstand, daß auch die Erzielung eines Effekts, die Erreichung eines Zweckes oder der Nutzen einer Tätigkeit *festgestellt* werden muß, mit dem Umstand, daß auf Wahrheit von Aussagen über die Realität aufgrund von Feststellungen über die Erzielung von Effekten, die Erreichung von Zwecken, etc. [...] geschlossen werden muß. Tatsächlich kann aber das Eintreten von Folgen oder Effekten für die Ausführung von Tätigkeiten unter kontrollierten Bedingungen, die Erreichung von Zwecken oder der Nutzen von Tätigkeiten hinsichtlich der Verfolgung präskribierter Ziele in spezifischen Handlungszusammenhängen *erlebt* bzw. *beobachtet* werden, es braucht nicht erschlossen zu werden« (Rusch 1995: 3).

Einen eindeutig handlungsorientierten Wahrheitsbegriff vertritt P. Janich, der wissenschaftliche Wahrheit explizit als Handlungserfolg deutet. Wahrheit sieht er als Mittel für erfolgreiches gemeinschaftliches Handeln, wobei er als Kriterium die generelle Geltung von Begründungen und Widerlegungen als regulative Idee postuliert. »Zugespitzt gesagt, Wissenschaften gewinnen Wahrheiten dadurch, daß sie die Realitäten von denen sie handeln, selbst erzeugen« (1996a: 94).

123 Daß ›Wahrheit‹ und ›Nutzen‹ nicht synonyme, sondern komplementäre Begriffe sind, erläutert S. Moser ausführlich anhand der einzelnen Entwicklungsstufen der operativen Intelligenz (1995).

Während die bisher skizzierten wahrheitstheoretischen Positionen dem Wahrheitsproblem argumentativ »zu Leibe rücken«, regt der sog. »Neo-Pragmatist« R. Rorty eine Strategie der Problemlösung durch Abstinenz an, während seine pragmatistischen Väter Dewey und James durchaus noch eine Wahrheitstheorie formuliert hatten.[124]

R. Rorty beginnt seine Überlegungen über die Kontingenz der Sprache mit der Feststellung: »Vor etwa zweihundert Jahren faßte in der Vorstellungswelt Europas der Gedanke Fuß, daß die Wahrheit gemacht, nicht gefunden wird« (1992: 21). Rorty drückt damit die Einsicht aus, daß »die Wahrheit« nicht »dort draußen ist«, sondern daß es Wahrheit nur dort gibt, wo es Sätze gibt, und zwar Sätze als Elemente von Menschen gemachter Sprachen. Er plädiert dafür, weder zu behaupten, was die Wahrheit ist, noch, was sie nicht ist,[125] sondern das Thema soweit wie möglich zu vermeiden und dann zu sehen, wie weit wir damit kommen. »Wir sagen nur, unseren Zwecken wäre am besten gedient, wenn wir aufhörten, die Wahrheit als eine tiefe Angelegenheit, ein Thema von philosophischem Interesse zu sehen [...]. Die Natur der Wahrheit ist ein wenig lohnendes Thema ...« (1992: 29). – So verlockend der Vorschlag ist, das Wahrheitsthema durch Nichtbehandlung zu »entsorgen«, so wenig differenziert sind die Begründungen für einen solchen Vorschlag. Deshalb will ich im Folgenden einige Überlegungen dazu anstellen, wie man das Thema so fassen kann, daß es durch entsprechende Differenzierungen an philosophischem Gewicht verliert (Abb., S. 170).

Aus den bisherigen Überlegungen können m. E. drei Empfehlungen für einen wahrheitstheoretischen Diskurs gewonnen werden:

124 Um wenigstens eine flüchtige Einsicht in James' Wahrheitstheorie zu vermitteln, füge ich in Anhang 4 Auszüge an aus W. James' Vorlesung »Der Wahrheitsbegriff des Pragmatismus«.

125 Aber auch Rorty ist diesbezüglich inkonsequent und kann Prädikationen offenbar nicht vermeiden: »Da Wahrheit eine Eigenschaft von Sätzen ist, da die Existenz von Sätzen abhängig von Vokabularen ist, und da Vokabulare von Menschen gemacht werden, gilt dasselbe für Wahrheiten« (1992: 49).

die wahrheit

wer einmal glaubt dem glaubt man nicht und wenn er auch glaubt er glaubt und kann die wahrheit nicht verhindern weil die wahrheit immer an den tag kommt glaubt er sie nicht verhindern zu können er stellt sich der wahrheit entgegen er will nicht daß sie an die große glocke gehängt wird sein wille ist ihm gesetz dein wille geschehe er hofft daß sein wille berge versetzen kann aber die wahrheit kommt immer ans licht er stellt sein licht nicht unter den scheffel er wird ihr heimleuchten beziehungsweise ihrs heimzahlen er läßt sich nicht unterkriegen er erklärt ihr den krieg er zieht gegen sie zu felde er glaubt sie schon noch zur räson zu bringen er will ihr den herrn im hause zeigen aber die wahrheit ist nicht umzubringen sie zeigt sich von allen seiten sie zeigt sich in neuem gewande er wendet sich ab er wendet sich anderen dingen zu er schöpft wieder hoffnung weil er wieder aus dem vollen schöpft die schöpfung ist noch nicht zu ende er schöpft also weiter erschöpft läßt er sich fallen seine erschöpfung kennt keine grenzen die wahrheit kommt also doch an den tag denn sie läßt sich nicht hinters licht führen er glaubt an ein wunder glaube in der not dann sparst du beizeiten es bleibt ihm nichts erspart schließlich rafft er sich auf und reißt sich zusammen wenn alle stricke reißen dann heißt es beten er betet bis drei und zählt seine stunden sind gezählt er glaubt daß nur noch ein wunder ihn retten kann glauben heißt nichts wissen morgen heißt es um drei aufstehn um drei wenn er morgen aufsteht kommt die wahrheit an den tag.

- Es macht so wenig Sinn zu behaupten, daß es die Wahrheit gibt bzw. nicht gibt, wie zu behaupten, daß es die Wirklichkeit gibt bzw. nicht gibt.
- Entschieden sinnvoller erscheint die Frage, was wir mit Ausdrücken wie ›wahr‹/›Wahrheit‹ in welchen Typen von Diskursen anstellen bzw. erreichen wollen.
- Die Attribute ›wahr‹/›Wahrheit‹ werden Entitäten im weitesten Sinne von Beobachtern in Diskursen mit guten Gründen zu- bzw. abgesprochen. Mit anderen Worten: Wahrheit ist eine kommunikative (Spezial-)Handlung.

Nimmt man die beiden letzten Empfehlungen ernst, dann dürfte es sinnvoll sein, zunächst an die Unterscheidung zwischen Beobachtern erster und zweiter Ordnung sowie zwischen Alltags- und Wissenschaftsdiskursen zu erinnern.

Für den Beobachter erster Ordnung, der in seiner Lebenspraxis aus guten Gründen so operiert, als sei er philosophischer Realist, gibt es keine wahrheitstheoretischen Komplikationen. Sein Wahrheitsbegriff folgt der Semantik von »stimmt«, »trifft zu«, »deckt sich mit meinen Erfahrungen«, »ist glaubwürdig« oder »es wird schon so sein«. Wie Aussagen auf ihre Wahrheit (im Sinne von: Akzeptanz im Rahmen des Wissenssystems anderer Beobachter) hin geprüft werden, dafür gibt es ganz unterschiedliche Verfahren: man schaut selber nach, fragt Zeugen, erkundigt sich bei Fachleuten, fordert Belegstücke ein usw. Eine Aussage bleibt wahr, solange nichts Gegenteiliges bekannt wird. Wer sie akzeptiert, der überprüft in der Regel nicht die Relation zwischen Sachverhalt und Aussage, sondern er signalisiert Zustimmung zu einer Aussage, zumal nur in Ausnahmefällen eine Relationsprüfung möglich ist. Wie N. Luhmann betont, wird im Alltagsleben keine Unterscheidung von Wissen und Wahrheit getroffen: »Was man als Wissen behauptet, soll als wahres Wissen behauptet sein (denn sonst würde man täuschen und betrügen). Die Ununterscheidbarkeit von Wissen und Wahrheit wird damit durch die Norm der Wahrhaftigkeit abgesichert« (1990: 167).

Während bei diesem alltagssprachlichen Wahrheitsbegriff die Genese unserer Erkenntnisprozeduren aus sensomotorisch-kognitiven Operationen und deren Abstraktion (sensu J. Piaget) keine Rolle spielt (und zu spielen braucht), muß dies auf einer erkenntnistheoretischen Ebene durchaus berücksichtigt werden. Ein entsprechend prozessual angelegter Wahrheitsbegriff muß also die Genese unserer wissensproduzierenden Strategien mit berücksichtigen, um repräsentationistische Vorstellungen zu vermeiden. Wenn man sich klar macht, daß die Produktion von Wissen und Ordnung Wissen und Ordnung voraussetzt (Abb., S. 173), dann leuchtet auch eine Kohärenztheorie von Wahrheit ein, die als Kohärenz die Übereinstimmung von Erkenntnissen miteinander und mit dem Gesamtsystem des Wissens eines bestimmten Diskurses bestimmt. Dann leuchtet – wie oben referiert – auch der Vorschlag ein, Wissen auf der Ebene von Wissenschaften als Theorie-wahr bzw. Diskurs-wahr zu konzipieren und zu bewerten. Welche Funktion hat nun die Attribuierung »X ist wahr« in einem wissenschaftlichen Diskurs? Nach den bisherigen Überlegungen kann die Antwort nur lauten: Mit dieser Attribuierung erhebt der so Attribuierende den Anspruch auf Zustimmung im Diskurs, da seine Aussagen mit dem Diskurswissen kompatibel sind bzw. durch geeignete Operationen anschlußfähig gemacht werden können.

Abgesehen davon, daß im täglichen Wissenschaftsbetrieb selten die Rede von ›Wahrheit‹ ist – hier geht es darum, ob eine Hypothese plausibel, ein Forschungsergebnis interessant oder ein Experiment erfolgreich ist –, verweist die Rede von Wahrheit in wissenschaftlichen Diskursen auf die Einhaltung verbindlicher Diskursregeln, auf konsensuelle Praktiken der Wissensgewinnung und -darstellung, auf diskursiv erfolgreiche Anschließbarkeit in der Kommunikation usw. Insofern handelt es sich, wie auch N. Luhmann betont, »... nicht um ein Übereinstimmungsverhältnis zwischen Denken und Sein oder System und Umwelt, sondern um eine Selbstprägung, eine Selbststrukturierung des [Wissenschafts-]Systems« (1990: 188).

Wie bekannt verläßt N. Luhmann die traditionelle Auffassung, Wahrheit als Attribut zu konzipieren, das der Aufhebung der Differenz von Gegenstand und Erkenntnis zugeschrieben wird, und konzeptualisiert ›Wahrheit‹ als symbolisch generalisiertes Kommunikationsmedium, nämlich als Differenz Wahrheit/Unwahrheit. Der positive Wert der Dif-

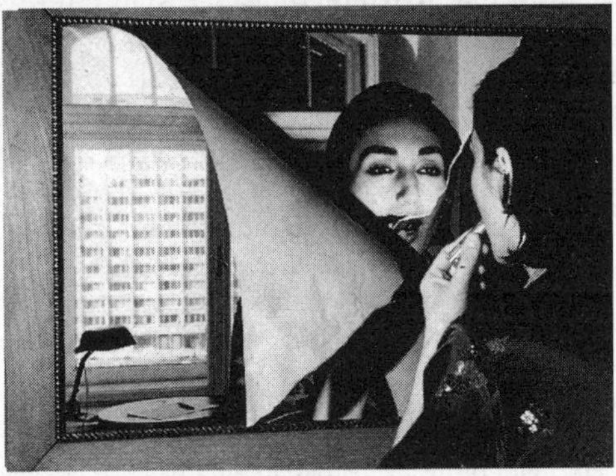

ferenz repräsentiert dabei die Anschlußfähigkeit der Operationen des Systems, während der negative Wert als Reflexionswert dient. Luhmann distanziert sich bewußt von jeder als Ontologie ausgewiesenen Zweiwertigkeit und verlagert die Analyse auf die Ebene der Beobachtung zweiter Ordnung, also auf die Ebene der Bedingung von Wissenschaft. Er beginnt mit dem Paradox, daß Wahrheit als Einheit der Differenz wahr/unwahr dient. Nach dieser Sprachregelung gibt es wahre und unwahre Wahrheit. Wahrheit konzipiert Luhmann also nicht als Eigenschaft von Kognitionen, Sätzen oder Objekten, sondern als »Medium der Emergenz unwahrscheinlicher Kommunikation«; das heißt, er fragt nicht nach den zwei Seiten einer *adaequatio*, sondern nach dem Verfahren der Attribuierung des Symbols ›Wahrheit‹ (1990a: 173). Dabei wird sowohl angenommen, daß wichtige Kommunikationsbereiche der Gesellschaft sich an binären Codes orientieren, als auch akzeptiert, daß jede binäre Codierung bei der Anwendung auf sich selbst zu Paradoxien führt.

Ausgehend von der These: »Immer wenn mit Hilfe eines solchen binären Codes Beobachten beobachtet wird, ordnet die entsprechende Operation sich dem durch sie erzeugten System Wissenschaft zu« (a.a.O.: 174), kommt Luhmann zu der Feststellung:

> »Für den Beobachter zweiter Ordnung ist mithin das Symbol ›wahr‹ ein Symbol der Selbstbestätigung des beobachteten Kommunikationsprozesses und nichts, was über unabhängige Bedingungen validiert werden könnte. Es ist ein Symbol für die im Kommunikationsprozeß selbst ermittelte Anschlußfähigkeit der Kommunikation« (a.a.O.: 175).[126]

Wie immer in seinen systemtheoretischen Argumentationen konzentriert sich Luhmann auf die tatsächlich ablaufenden Operationen[127] und konstatiert, daß Wahrheit entweder als Moment von Operationen vorhanden ist oder daß sie nicht vorhanden ist. Sie ist ein Symbol, das in empirisch beobacht-

126 Insofern entspricht Luhmanns Wahrheitsbegriff meinem oben entwickelten Begriff des kommunikativen Konsenses (bzw. der Intersubjektivität).

127 Luhmann verwendet den Begriff ›Operation‹ für alle Formen von Aktivitäten.

baren Prozessen gebraucht wird, um auf der Ebene der Beobachtung zweiter Ordnung die systeminternen Prozesse zu beobachten. Luhmann folgert daraus, daß Wahrheit exklusiv selbstreferentiell verwendet wird: »denn es gibt keine Wahrheit außerhalb der Wahrheit« (a.a.O.: 177). Wahrheit läßt sich nicht beobachten, sondern nur durch die Beobachtung von Formen erschließen: Man muß den Beobachter beobachten, um herauszufinden, »... wie er mit der Unterscheidung wahr/unwahr umgeht, um weitere Unterscheidungen (Formen) zu erzeugen« (a.a.O.: 181).

Die Paradoxie, die bei der Selbstanwendung des Codes entsteht, wird operativ entschärft, indem man nur dasjenige als wahr akzeptiert, dessen Unwahrheit ausgeschlossen ist, und als unwahr nur dasjenige akzeptiert, dessen Wahrheit ausgeschlossen ist. Das symbolisch generalisierte Medium Wahrheit kann nicht auf ein Prinzip oder auf ein Kriterium reduziert werden: »Es ist auf Ausprägung in Theorieform angewiesen. Es kann ohne Theorie nicht funktionieren« (a.a.O.: 193).

Anders als natürliche Unterscheidungen (oder Duale) wie männlich/weiblich besteht der Wert der Binarität von Codes im ausgeschlossenen Dritten. Codes und Programme (Theorien, Methoden), also sowohl die Unterscheidung wahr/unwahr als auch die Unterscheidung richtig/falsch fungieren nur im System, ohne Entsprechung in der Umwelt. Was als Wahrheit zählt, ist eine »systeminterne Wertbestimmung« (a.a.O.: 198). Diese Wertbestimmung postuliert, daß es nur eine Wahrheit gibt, was zum Bemühen um Kohärenz des Wissens, zur Generalisierung von Theorien und schließlich zum rekursiven Beobachten des Beobachters führt.

Im Rahmen der Wissenschaftsentwicklung seit dem 17. Jahrhundert, die auf die Gewinnung neuen, unvertrauten und überraschenden Wissens setzt und Wissensgewinn zum historischen Fortschritt stilisiert, dient der Wahrheitscode dazu, das Neue und Überraschende in Erwartbares zu transformieren. Das Symbol ›Wahrheit‹ drückt aus, daß dies gelungen ist. »Man präsentiert Überraschungen mit dem Zusatzsymbol: für alle gültig. Die Entdeckung wird sogleich auf die Welt zugerechnet« (a.a.O.: 218).

Wahrheit als symbolisch generalisiertes Kommunikationsmedium ist Bedingung und Katalysator für die Ausdifferenzierung von Wissenschaft als System. Dabei wird keineswegs übersehen, daß auch in der Umwelt des Wissenschaftssystems von ›wahr‹ und ›Wahrheit‹ die Rede ist. Aber – so Luhmann – nur im Wissenschaftssystem wird in einem codierten Sinne von Wahrheit gesprochen. »Ist von Wahrheit die Rede, so braucht man nur zu fragen, unter welchen Bedingungen die betreffende Aussage unwahr sein würde – und schon findet die Kommunikation im Wissenschaftssystem statt« (a.a.O.: 293).

Man mag dieser Fassung des Wahrheitsproblems bei N. Luhmann zustimmen oder nicht. Unbestreitbar bleibt meines Erachtens, daß hier eine konstruktivistische Konzeption vorliegt, die in strikterer Weise als andere konstruktivistische Ansätze die Tendenzen der Entontologisierung und operationalen Orientierung vorantreibt. Hier wird weder mit Referenz- oder Repräsentationsmodellen noch mit Korrespondenz- oder Kohärenzvorstellungen argumentiert; vielmehr stellt Luhmann das Nachdenken (in seinem sog. operativen Konstruktivismus) um auf Beobachtung, Differenz und Kommunikation und stellt fest, daß das Wissenschaftssystem gerade deshalb unwahrscheinlichen Erfolg gehabt hat, weil es sich an einem indifferenten Code orientiert, der zu Beobachtungen zweiter Ordnung zwingt.

Diese operative Orientierung löst meines Erachtens in konsequenter Weise die oben als »Handlungsorientierung« bezeichnete Richtung konstruktivistischen Theoretisierens ein; deshalb soll im nächsten Abschnitt noch genauer verfolgt werden, wie sich wissenschaftsphilosophische Probleme im Rahmen eines operativen Konstruktivismus behandeln lassen.

Franz Josef Czernin, die aphorismen

1.8.5	was wir *wahrheit* nennen, ist nur das ergebnis eines vorgangs, das besagt, dass wir etwas mehr glauben, als wir daran zweifeln.
1.2.: 8	*wahrheit*: was uns, wenn wir etwas behaup-

ten, verbietet zu denken, dass wir uns selbst dabei erwähnen.

3.2 *wahrheit*: was die beziehung zwischen dem, wie man sich verhalten kann, und dem, was darüber gedacht wird, hervorbringt.

5.: 1 wahrheit: jener irrtum, den alle begehen müssen.

6.5.1 *wahrheit*: euphemismus für: nützlich in einem bestimmten zusammenhang.

4.8.9.1.6. *das wahre*: was so geordnet ist, dass es unwahrscheinlich ist, jenes ordnen könne so gedacht werden, dass man sich dabei so missversteht, dass man, was schön ist, für hässlich hält, und das, was besser ist, für schlechter.

10.
Wissenschaftsphilosophie

»Es gibt nichts Absolutes, außer man tut es.«
(E. Kästner/P. Janich)

In einer Reihe von Publikationen hat G. Pasternack für eine Wissenschaftsphilosophie plädiert, die sich einer systematischen Erforschung des Zusammenhangs ontologischer, epistemologischer und methodologischer Voraussetzungen der Einzelwissenschaften widmet (Pasternack 1994, 1995; Pasternack/Mehrtens 1990). Im folgenden Abschnitt will ich auf dieses Problem kurz eingehen, und zwar unter dem Gesichtspunkt einer operativ-konstruktivistischen (Auf-)Lösung dieses Problems. Dabei stütze ich mich zunächst auf N. Luhmanns Darstellung der Beobachtungsthematik in seinem Buch »Die Kunst der Gesellschaft« (1995a, Kap. 2).

Im Anschluß an G. Spencer Brown wird – wie bekannt – ›*Beobachten*‹ definiert als Gebrauch einer Unterscheidung zum Zweck der Bezeichnung einer und nicht der anderen Seite. Unterscheiden und Bezeichnen werden zugleich durchgeführt. Mit dem Einsetzen einer Unterscheidung als Form[128] ist notwendig eine Rückverweisung auf den Beobachter gegeben, und das heißt eine Rückverweisung auf Selbstreferenz und Fremdreferenz der Form. Beobachten umfaßt immer zugleich Erleben und Handeln. Von Beobachten wird nur dann gesprochen, wenn es sich um die Operation eines beobachtenden Systems handelt, die durch rekursive Vernetzungen motiviert ist, also teils durch vorangegangene Beobachtungen (durch Gedächtnis), teils durch Vorausblick auf das, was man mit der getroffenen Unterscheidung anfangen kann (durch Anschlußfähigkeit). »Jede Beobachtung ist unmittelbare Beobachtung von etwas, was man unterscheiden kann – von Dingen und von Ereignissen, von Bewegungen oder von Zeichen. Die unmittelbar gegebene Welt läßt sich nicht eliminieren, auch wenn der Philo-

128 Luhmann verwendet die Begriffe ›Form‹, ›Beobachtung‹ und ›Unterscheidung‹ gleichberechtigt nebeneinander.

soph Zweifel haben mag, ob sie existiert oder so existiert, wie sie erscheint ...« (a.a.O.: 93).

Der Blick des Beobachters erster Ordnung bleibt auf den Sachen haften; der Beobachter unterscheidet sich nicht von dem, was er beobachtet, und er macht das Beobachten nicht zum Gegenstand von Beobachtungen. Er garantiert sich mit seinen eigenen Operationen seine Wirklichkeit.

Von Beobachten zweiter Ordnung wird gesprochen, wenn auf Unterscheidungsgebrauch geachtet wird, wenn beobachtet wird, *wie* beobachtet wird. Auch die Beobachtung zweiter Ordnung – ob vom selben oder von einem anderen Beobachter, ob als Selbst- oder als Fremdbeobachtung durchgeführt – ist *als Operation* eine Beobachtung erster Ordnung (= Beobachtung von etwas, was man als Beobachtung unterscheiden kann).[129] Damit ist, so Luhmann, zugleich die These ausgedrückt, daß es kein extramundanes Subjekt gibt bzw. daß die Welt nicht von außen beobachtet werden kann; auch der Beobachter zweiter Ordnung bleibt »in der Welt«; aber er erkennt die Un-Wahrscheinlichkeit, die Kontingenz des Beobachtens erster Ordnung. Daher ist die Welt des Möglichen eine Erfindung des Beobachters zweiter Ordnung, die für den Beobachter erster Ordnung notwendig latent bleibt. Wie weit man in der Beobachtungshierarchie aber auch hinaufsteigt: der blinde Fleck der jeweiligen Beobachtungsoperation, also die Bedingung der Möglichkeit des Beobachtens, bleibt unbeobachtbar.

Die Theorie der Beobachtung zweiter Ordnung vertritt die These, daß es allgemeine Zusammenhänge gibt zwischen fundamentaler Differenzierung des Gesellschaftssystems, der Ausdifferenzierung operativ geschlossener Funktionssysteme, die sich (nach Luhmanns Überzeugung) autopoietisch reproduzieren, und Selbstorganisation auf der Ebene der Beobachtung zweiter Ordnung (a.a.O.: 115). Das bedeutet, daß sich Funktionssysteme der modernen Gesellschaft wie das *Wissenschaftssystem* auf der Ebene der Beobachtung zweiter Ordnung etablieren. Die strukturelle Kopplung der Beobachtungen erster und zweiter Ordnung wird im Wis-

129 Die Beobachtungen unterschiedlicher Hierarchiestufen sind strukturell miteinander gekoppelt.

senschaftssystem durch Publikationen hergestellt, die es erlauben, die Beobachtungsweise anderer Wissenschaftler (und damit reflexiv auch die eigene) zu beobachten. Gleichzeitig fungieren Publikationen, in denen der Forschungsstand referiert und andere Publikationen zitiert werden, als basale Elemente wissenschaftlicher Produktion und der Reproduktion von Wissenschaft.

Operativ geschlossene autopoietische Systeme wie das Wissenschaftssystem sind – so Luhmann (1990) – fundamental zirkulär. Solche Systeme können sich selbst nur über intern gezogene Grenzen hinweg beobachten und niemals vollständig selbst beschreiben. Um die Zirkularität zu unterbrechen (zu asymmetrisieren) und die Selbstreferenz des Systems zu entfalten, sind Reflexions-, Erkenntnis- und Wissenschaftstheorien entwickelt worden,[130] die zwar in der Regel normative Ansprüche erhoben, damit aber nur kaschierten, daß sie an die Form historischer Semantiken gebunden bleiben und nichts anderes sein können als Beschreibungen des Systems im System mit der Aufgabe, die spezifische Reproduktion des Systems fortzusetzen bzw. zu befördern. Wissenschaftstheorie bleibt der Wissenschaft selbst überlassen, die beobachten kann, wie sich die verschiedenen Möglichkeiten der Selbstbeschreibung im System auswirken.

Reflexionstheorien wie etwa Wissenschaftstheorien können das System Wissenschaft nicht von außen beobachten, sondern beschreiben das System im System durch Differenz zu anderem; denn sie behalten den Wahrheitsanspruch des Wissenschaftssystems bei und können nur innerhalb des Systems einen besonderen Beobachterstandpunkt einnehmen. Luhmann folgert aus diesen Überlegungen: Von der Wissenschaftstheorie läßt sich keine (Letzt-)Begründung der Wissenschaft erwarten. Sie stellt vielmehr basale Differenzen zur Verfügung, mit deren Verwendung sich Forschungsoperationen als »wissenschaftlich« ausweisen; so etwa die Differenz wahr/unwahr, Erkenntnis/Gegenstand, Theorie/Methode

130 Die Ausfaltung solcher Reflexionstheorien zwischen dem 17. und 19. Jahrhundert deutet wieder darauf hin, daß es einen Zusammenhang zwischen funktionaler Differenzierung und gesteigertem Reflexionsbedarf gibt (1990: 479).

oder Genesis/Geltung[131] (a.a.O.: 486). Ebensowenig läßt sich von einer Wissenschaftstheorie eine endgültige Sicherung von Erkenntnis erwarten, da sich die Reflexion der Erkenntnis selbst als Moment ihres Gegenstandes erkennt. Ein Ausweg aus der grundlegenden Paradoxie jeder Beobachtung und jeder Erkenntnis ist nicht zu erwarten. »Wenn alles wissenschaftliche Beobachten sich der Unterscheidung von Erkenntnis und Gegenstand bedient und es dabei nie zu einer Verwechslung der beiden Seiten dieser Unterscheidung kommen lassen darf, entzieht sich die Unterscheidung selbst offenbar der Beobachtung. Sie muß vorausgesetzt werden« (a.a.O.: 493). Die neuzeitliche Erkenntnistheorie, die nicht mehr von einem gottgeschaffenen Rationalitätskontinuum zwischen Sein und Denken ausgehen konnte, hat deshalb kontinuierlich Zeit- und Sozialdifferenz schon in die Bedingungen der Möglichkeit von Erkenntnis eingebaut: Erkennen wird temporalisiert und sozialisiert. Damit aber entsteht ein Bild von Erkenntnis als einem rekursiven System von beobachtenden Operationen, das seine Einheit zwar vollziehen, nicht aber selbst wieder beobachten und beschreiben kann. Aus der Zirkularität von Erkenntnis- wie von Wissenschaftstheorie führt kein Weg heraus. Der Begründungszirkel muß anerkannt werden, und damit büßen beide Reflexionstheorien den Anspruch ein, verbindliche Rationalitätsgarantien zu geben. Jeder Beobachter muß seine eigenen Unterscheidungen als blinde Flecken akzeptieren. Alles Erkennen ist ein ständiges Prozessieren der Unterscheidung von Unterscheidungen – bis hin zu der Unterscheidung zwischen Sein und Nichtsein, also bis zu den ontologischen Prämissen jeder Erkenntnistheorie.

Für die Wissenschaftstheorien bekannten Zuschnitts folgt daraus nach Luhmann, daß sie »... weithin nur Methodologien hoch generalisierter Form [sind], also Programme für das Beobachten zweiter Ordnung« (a.a.O.: 509). Eine Wissenschaftstheorie auf der Grundlage einer Beobachtungstheorie muß ablassen von einer Wissenschaftskonzeption, die einen privilegierten Zugang zur Welt und soziale Autorität im Wissen und Können in Anspruch nimmt. Gemäß

131 Dabei ist, so Luhmann, die Differenz Genesis/Geltung ein wissenschaftstheoretischer »Entparadoxierungstrick« ganz besonderer Sorte.

dem Postulat: Beobachte den Beobachter! geht es nicht länger um die Korrespondenz von Wissen und Außenwelt, nicht länger um die Klärung der Frage, wie ein reflektierendes System »nach außen« kommt – was mit systemeigenen Operationen offenbar unmöglich ist. »Das Problem ist nur noch, wie Unterscheidungen und Beziehungen angesetzt werden können, um systeminterne Anschlußfähigkeiten zu organisieren« (a.a.O.: 528). Wissenschaft erscheint in dieser Perspektive als ausdifferenziertes Funktionssystem, dessen Reflexionsproblem nicht länger die Einheit der Differenz von Erkenntnis und Gegenstand ist, sondern die Vernetzung von Beobachterverhältnissen und die Reproduktion von Systemgrenzen. Deshalb ersetzt Luhmann die Differenzen Denken/Sein und transzendental/empirisch durch die Unterscheidung Beobachtung/Operation. In einer solchermaßen operativ-konstruktivistisch angelegten Wissenschaftstheorie stößt man auf der Reflexionsebene, also auf der Ebene der Beobachtung begründender Operationen, »... nur auf die Letztprobleme des Zirkels, des unendlichen Regresses, der Tautologie, der Paradoxie« (a.a.O.: 516). Die Realitätsgarantien der Beobachtungen qua »empirischer Operationen in einer realen Welt« liegen allein darin, »... daß *verschiedene interne* Operationen auf Grund *interner* Identitätskriterien zum *selben* Resultat führen, also kondensiert und konfirmiert werden können« (a.a.O.: 517). Wenn unterscheidungsloses Beobachten undenkbar ist, dann ist alles, was für einen Beobachter Wirklichkeit ist, Wirklichkeit dank der Einheit seiner Unterscheidungen – und in *diesem Sinne* Konstruktion; denn der Einheit des Konstrukts entspricht keine unbekannte Einheit in der Außenwelt. Auch die Unterscheidungen, mit denen Wissenschaft operiert, setzen sich selbst voraus und schließen sich damit aus dem aus, was sie unterscheiden können. So kann sich die Unterscheidung wahr/unwahr nicht selbst beobachten, sie ist ihr eigener blinder Fleck, der sich in der Selbstanwendung operativ blockiert und für einen Beobachter Paradoxien und Tautologien erzeugt. Auch wissenschaftliche Erkenntnis stabilisiert sich allein in der laufenden Vernetzung des Beobachtens von Beobachtungen. In dieser Selbstreferenz liegt die Kontingenz alles Wissens begründet. Im Wissenschaftssystem gibt es keine Beobachtungsasymmetrien, keine Operationen, die zwar beobachten können, die sich aber ihrerseits der Beobachtung entziehen. Deshalb muß jede Wissenschaft, auch die wissenschaftliche Beobachtung der Wissenschaft, *selbstkonstitutiv* gebaut werden. Dem entspricht auf methodologischer Ebene die Empfehlung, von Differenzen oder Leitunterscheidungen auszugehen und wiedereintrittsfähige Unterscheidungen zu bevorzugen, die die Auflösung von Paradoxien begünstigen. Ob dadurch qua Rekursivität stabile Eigenzustände entstehen, muß man ausprobieren, das läßt sich nicht vorhersagen.

Wissenschaftstheorie als konstruktivistische Reflexionstheorie ist – wie jede Wissenschaft auch – Konstruktion und nicht Entdeckung oder Repräsentation der Welt, »wie sie ist« – »Wissenschaft ist, was die Wissenschaft tut« (a.a.O.: 397).

Schon diese kurze Rekapitulation einer konstruktivistischen Wissenschaftstheorie als Reflexionstheorie läßt erkennen, daß in diesem Rahmen die Pasternacksche Vorstellung von Wissenschaftsphilosophie als Systematik der Beziehungen zwischen Ontologie, Epistemologie und Methodologie zugleich implementiert und abgewiesen wird. Implementiert insofern, als eine beobachtungszentrierte Wissenschaft der Wissenschaft zeigt, wie Wahrnehmen und Erkennen ohne Rückgriffe auf klassische Ontologien operieren (können und – wegen der operationalen Geschlossenheit beobachtender Systeme – müssen); abgewiesen insofern, als die mit Pasternacks Vorstellung verbundene Forderung nach Geltungskriterien, Prüfbasen, *fundamenta in rebus*, nach festen Objektivitäts- und Rationalitätsbegriffen als Relikt einer empiristischen bzw. realistischen Konzeption (empirischer) Erkenntnis abgewiesen werden muß.

Wie oben dargelegt, setzt Luhmann an die Stelle analytischer und kritisch-rationalistischer Wissenschaftsvorstellungen die Konzeption eines Wissenschaftssystems, dessen Grenze (bzw. dessen Einheit) über den Code wahr/unwahr definiert wird. Dieser Code macht erkennbar, welche Operationen das System reproduzieren und welche nicht. Zusätzlich braucht das System Programme, die bestimmen, welche Erkenntnisse welchem der beiden Wahrheitswerte zugeordnet werden. Programme wiederum werden unterschieden nach Theorien und Methoden. Theorien werden entsprechend ihrer methodischen Überprüfung ausgewechselt oder beibehalten. Methoden werden gewählt bzw. weiterentwickelt je nachdem, was zur Überprüfung von Theorien gebraucht wird, bzw. je nachdem, welche Theorien den Voraussetzungen von Methoden Plausibilität verleihen (a.a.O.: 403). Theorien, so Luhmann, leisten eine (stets systeminterne) »Externalisierung der Referenz der Operationen des Systems«, d. h. sie sind stets mit Fremdreferenz verbunden. Dabei ist zu bedenken, daß die *Theorie* die Einheit des Gegenstandes garantiert.

Von *Theorien* wird erwartet, daß sie etwas *erklären*. Das kann in einem konstruktivistischen Kontext nicht heißen, daß die Kausalverhältnisse »der Realität« entdeckt und vorgefundene Tatsachen darauf zurückgeführt werden. Vielmehr geht es um das Ausprobieren der Differenz Ursache/Wirkung als Konstruktion eines Beobachters.[132] Insofern faßt Luhmann Erklärungen als besonderen Fall der Argumentation, als »Reformulierung mit dem Zugewinn besserer Anschlußfähigkeit und höherer Eigenkomplexität des Wissenschaftssystems« (a.a.O.: 410). Dabei verwendete Gesetze sind seines Erachtens Selbstverpflichtungen der Wissenschaft zur Reformulierung »für den Fall, daß ...«; mit anderen Worten: sie gelten, weil bisher kein Anlaß vorliegt, sie zu ändern. Erklärungen kombinieren theoretische Sätze zu komplexeren »Theorieprogrammen«, mit denen sich die Wissenschaft in erhöhtem Maße von sich selbst abhängig macht und immer unwahrscheinlicheres Wissen erzeugt. Theorien bilden die Form, in der Erklärungen kommuniziert und reformuliert werden können. Sie bauen Zusammenhänge auf, die eine Fortsetzung der wissenschaftlichen Kommunikation zugleich ermöglichen und selektiv steuern. Keine Wissenschaft kommt daher ohne Theorien aus.

Methoden haben das Ziel, eine Entscheidung zwischen wahr und falsch herbeizuführen. Sie erzwingen eine Verlagerung des Beobachtens auf die Ebene der Beobachtung zwei-

132 In Abschnitt 4 war entsprechend Kausalität als Ermöglichungsverhältnis bestimmt worden.

ter Ordnung und ermitteln Bedingungen, die angenommen werden müssen, um eine Entscheidung zwischen wahr und unwahr zu ermöglichen.

Methodologie bearbeitet die Differenz von Beobachtung erster und zweiter Ordnung und garantiert »methodisch kontrollierte Direktbeobachtung«, die als typisch für empirische Forschung angesehen wird (a.a.O.: 414).

Bei den Methoden unterscheidet Luhmann zwei konträre Formen: Deduktive Methoden starten mit angeblich unbezweifelbar gesicherten Positionen wie Axiomen oder Daten und vermeiden jeden Zirkel. Kybernetische Methoden dagegen schließen (wegen fehlender externer Validierbarkeit) solche garantiert sicheren Positionen aus und erzeugen Sicherheit allein im Prozeß, der vom ständigen Praktizieren von Vor- und Rückgriffen geprägt ist, und Zirkel als Instrument der Methode durchaus einschließt. Die Semantik dieses Methodentyps ist bestimmt von der Unterscheidung von Problem und Problemlösung, wobei man entweder eine Lösung für ein Problem oder das Problem zu einer Lösung sucht. Dabei ist zu bedenken, daß ein Problem nur dann funktioniert, wenn es die Zahl möglicher Lösungen limitieren kann bzw. wenn es Beschränkungen dafür enthält, was als Lösung zugeordnet und akzeptiert werden kann (a.a.O.: 424).

Die Verbindung von Theorien und Methoden als kombinierbare Programme zusammen mit der Entwicklung und Verwendung einer Begrifflichkeit differenziert Wissenschaft aus dem Bereich des Bekannten, durch Alter und Erfahrung bestätigten Weltwissens als eigenständiges System aus. Das Postulat, das dafür sorgt, daß in jeder dem System zugerechneten Operation beide Programmsorten berücksichtigt werden, ist das der *Überprüfbarkeit.* Disziplinenbildung im Wissenschaftssystem orientiert sich an wissenschafts*internen* Problemen, nicht an unterschiedlichen Gegenstandsfeldern. Sie bildet ihre Gegenstände nach Maßgabe ihrer Theorien. Die Grenzen einer Disziplin gelten nur für die jeweilige Disziplin, nicht für deren Umwelt.

Wissen muß schließlich nicht nur methodisch kontrolliert hergestellt, sondern auch dargestellt werden – ohne Publikationen könnte das Wissenschaftssystem sich nicht reproduzieren. »Wissenschaft«, so Luhmanns Fazit, »ist Kommunikation, und Kommunikation ist gesellschaftsinterne beobachtbare Operation. Ein Wissenschaftskonzept, das diesen Sachverhalt übergeht oder sich selbst ihm entzieht, verzichtet darauf, Realitäten zu konstruieren« (a.a.O.: 543).[133]

In den letzten Jahren habe ich in verschiedenen Publikationen Einwände gegen N. Luhmanns Konzeptualisierung sozialer Systeme erhoben (so zuletzt 1996a). Diese Einwände will ich hier noch einmal kurz zusammenfassen, um nicht den Eindruck zu erwecken, ich folgte Luhmanns Argumenten ohne Einschränkungen.

Bei der Divergenz zwischen Luhmanns Systemkonzept und meinem Vorschlag handelt es sich wohlgemerkt nicht um eine wahr/falsch-Alternative, sondern um Konzeptdifferenzen, die die Antwort auf unterschiedliche Problemsichten und Problemlösungsabsichten darstellen.

Luhmanns apodiktische Forderung, soziale Systeme könnten als Komponenten nur Kommunikationen und nichts als Kommunikationen enthalten, die sich selbst erzeugen und erhalten und gleichzeitig damit autokatalytisch Sozialität entstehen lassen, mag für seine Problemlösungsabsichten plausibel sein. Den Grundlagen der Allgemeinen Systemtheorie widerspricht aber keinesfalls eine Systemkonzeptualisierung, die als Systemkomponenten verschiedene interrelierte Dimensionen oder Subsysteme enthält. Soziale Systeme sind z. B. vorstellbar als nicht-linear interrelierte dynamische Komplexe von Komponentensystemen, in denen Kausalstrukturen u. a. von Entscheidungen zielorientierter Subsysteme wie etwa Aktanten abhängen.

Ein solcher Vorschlag sieht sich natürlich mit dem Problem konfrontiert, wie System- und Handlungstheorie in einer komplexen Sozialtheorie miteinander verbunden werden können. Wie an anderer Stelle (Schmidt 1996a) bereits erläutert, könnte diese Verbindung wie folgt begründet werden.

Das Akteurskonzept, das ich hier vorschlage, integriert die Reflexivität und Rekursivität von sozialen Handlungen

133 Ob man mit dieser Bestimmung auskommt – schließlich bestimmt Luhmann auch Gesellschaft als Kommunikation und nichts anderes –, halte ich für fragwürdig, gehe darauf aber hier nicht weiter ein.

ebenso wie die strategische Orientierung in Richtung auf einen von anderen Akteuren konstituierten Kontext. Akteure handeln entsprechend generalisierten Interessen, die in der Handlungslogik sozialer (Sub-)Systeme verkörpert sind, sowie im Rahmen der sozialen Mechanismen, die die Aufrechterhaltung sozialer Organisationen bewirken. Anders ausgedrückt: Das soziale Handeln von Individuen ist immer schon »getränkt« von sozialen Beziehungen, Orientierungen und Einschränkungen. Soziale Systeme handeln nicht selber (wie Luhmann sich ausdrückt), sondern begrenzen und formen die Aktionen von Akteuren, indem sie Muster der Reduktion von Komplexität bereitstellen. Auch dürften soziale Strukturen kaum, wie Luhmann postuliert, autokatalytisch emergieren; vielmehr setzt ihre Emergenz wohl Interessen von Aktanten voraus und schließt sie zugleich ein.

Die sozialen Aktivitäten von Akteuren sind dabei vermutlich durch drei miteinander rivalisierende Rationalitäten gekennzeichnet und geprägt:

- *Systemrationalität,* die sozialen Aktionen über systemspezifische Anschließbarkeiten eine spezifische Bedeutung zuordnet;
- *Kommunikationsrationalität,* die die Rolle von Kommunikationen in sozialen Prozessen definiert;
- *Aktantenrationalität,* also die Eigenschaften und Verhaltensweisen, die Aktanten aus lebensweltlichen Zusammenhängen in Systemzusammenhänge einbringen bzw. dort ausprägen.

Die Interaktion zwischen diesen Rationalitäten ist meines Erachtens fundamental für die Konstruktion sozialer Wirklichkeiten; und der oft beschriebene Zwangs-(bzw. Bindungs-)Charakter des Sozialen resultiert nicht zuletzt aus den unterschiedlichen Geschwindigkeiten, mit denen sich diese drei Rationalitäten im Laufe der Geschichte verändern.

Wie aber läßt sich nun ein Mehrkomponenten-System konzipieren?

Im Rahmen einer Allgemeinen Systemtheorie (vgl. G. Schlosser 1993) kann diese komplexe Einheit spezifiziert werden als ein heterogenetisches System, das heißt als ein zyklisch operierendes dynamisches Prozeßsystem, das angewiesen ist auf eine sogenannte permissive Umgebung, die keine für das Bestehen des Systems restriktiven Systeme enthält. Heterogenetische Systeme werden dadurch konstituiert, daß sie relativ autonome, aber auch nicht-autonome heterogenetische Subsysteme miteinander kombinieren. Autonome Subsysteme sind dabei solche Systeme, die auch außerhalb des Systems überleben können, während dies bei nicht-autonomen Subsystemen nicht der Fall ist.

Die Einheit des Systems resultiert aus der systemspezifischen Organisation relevanter Interaktionen der Komponentensubsysteme, die als Selbstorganisation charakterisiert werden kann.[134]

Soziale Systeme werden im Folgenden theoretisch aufgefaßt als heterogenetische Prozeßsysteme, in denen Komponenten in fünf voneinander unterscheidbaren Dimensionen miteinander interagieren. Dies sind die Dimensionen der

- Akteure und ihrer kognitiven Bereiche,
- Kommunikationsprozesse,
- sozialen Strukturen und Institutionen (unter Einschluß von Mediensystemen),
- Medienangebote im weitesten Sinne,
- symbolischen Ordnungen kulturellen Wissens.

Die Komponenten im Rahmen dieser Dimensionen können theoretisch aufgefaßt werden als Subsysteme, die keineswegs vollständig innerhalb des Systems enthalten sein müssen. Sie müssen jedoch in relevanter Weise beitragen zu seiner Entstehung, zu seinem Funktionieren und zu seiner Reproduktion – wobei die Frage, was ›relevant‹ hier bedeutet, eine jeweils zu untersuchende empirische Frage ist. Die Interrelationen zwischen dem System und seinen Subsystemen lassen sich auf drei Ebenen beobachten: auf der Ebene von *Ereignissen* (einfache Interaktionen oder Symmetriebrechung), auf der Ebene von *Prozessen* und auf der Ebene von relativ stabilen *Elementen* wie Strukturen und Wirkfaktoren. Subsysteme können Komponenten unterschiedlicher sozialer Systeme sein, insofern sie einen relevanten Beitrag zur Organisation der jeweiligen Systeme leisten (z. B. Aktanten, die in verschiedenen Rollen in verschiedenen sozialen Systemen handeln).

134 Die Begriffe ›Komponente‹, ›Organisation‹ und ›Selbstorganisation‹ verwende ich in der von P. M. Hejl (1995) definierten Lesart.

Betrachtet man die Komplexität der Architektur von sozialen Systemen und die Fülle von möglichen Interaktionen zwischen Systemen und ihren Komponenten (Subsystemen), dann scheint die Definition der Systemgrenzen mit Hilfe von dichotomischen Kommunikationscodes viel zu oberflächlich. Vielmehr stellt sich das Abgrenzungsproblem als ein Inklusionsproblem heraus.

Entsprechend dem hier verwendeten Systemkonzept gibt es verschiedene Möglichkeiten, die Grenzen eines Systems zu bestimmen. In Luhmanns Theorie, in der ein soziales System nur aus homogenen Komponenten, nämlich aus Kommunikationen besteht, wird die Grenze durch ein Exklusionsprinzip definiert, das alle anderen Ereignisse außer Kommunikationen ausschließt (z. B. Handlungen, Institutionen, Interessen, Akteure usw.). Ein binärer Code selegiert definitiv alle relevanten Bestandteile eines sozialen Systems, eben alle relevanten Kommunikationen.

In meinem Vorschlag werden Systeme aufgefaßt als heterogenetische dynamische Prozeßsysteme, die aus autonomen und nicht-autonomen Subsystemen bestehen und deshalb ganz unterschiedliche Grenzmechanismen entwikkeln können, die wiederum unterschiedliche Bereiche der Überschneidung zwischen Subsystemen in den Dimensionen wie zwischen den Subsystemen und dem System erlauben.

Während in Luhmanns Modell die Definition der Systemgrenze ein rein definitorisches Problem ist, erscheint es in meinem Vorschlag als ein empirisches Problem. Luhmann und seine Schüler suchen immer noch nach den korrekten binären Codes zur Abgrenzung von Sozialsystemen. Mein Problem liegt darin, wie die Interaktion zwischen den inhomogenen Subsystemen so analysiert werden kann, daß die Relationen des Austausches, der Verursachung, der Selektion oder der Exklusion, die Teile des jeweiligen Sozialsystems bilden, beobachtbar werden. Damit wird auch die Eleganz und Glätte der Abgrenzung zwischen Systemen und ihren Umwelten »aufgeweicht«: Wenn Grenzziehung auf verschiedenen Ebenen und über unterschiedliche Prozeduren erfolgt, dann kann man sich durchaus Interpenetrationszonen zwischen gesellschaftlichen Funktionszonen und Systemen in ihrem Inneren vorstellen, wie dies R. Münch ja immer wieder gegen Luhmann einfordert.

Aus solchen Überlegungen folgt, daß Luhmanns Konzeptualisierung des Wissenschaftssystems als Kommunikationssystem mit dem Code wahr/unwahr sozusagen theoriebautechnisch zu glatt geraten ist. Die apodiktische Dominanzsetzung der alles inkludierenden Systemrationalität über die anderen Rationalitätstypen (s. o.) verdeckt einfach die Spannungen, die zwischen den Rationalitätstypen bestehen. Sicher dürfte die Systemrationalität des Wissenschaftssystems, also die Regelung der Anschließbarkeit wissenschaftlicher Handlungen im weitesten Sinne über Theorien und Methodologien, eine wichtige Rolle spielen. Aber die Kommunikationsrationalität, die ja nicht nur Standards des Argumentierens umfaßt, sondern auch alle sozialen Mechanismen des Zugangs zu wissenschaftlicher Kommunikation, der Prestigepolitik, der Kritikstrategien, der Interessendurchsetzung usw. (also, nach P. Bourdieu, die Sphäre der »symbolischen Kämpfe«), konfligiert ja bekanntermaßen häufig genug mit der Systemrationalität. Ähnliches gilt für die Aktantenrationalität; jedes Mitglied des Wissenschaftssystems weiß aus Erfahrung, wieviel an Eigenschaften und Verhaltensweisen – von Emotionen bis hin zu Idiosynkrasien – aus lebensweltlichen Zusammenhängen in den Wissenschaftskontext hineingetragen wird und grundlegende Entscheidungen – etwa die jeweilige Entscheidung für konkurrierende wissenschaftliche Überzeugungen – mitbestimmt.

Diese interagierenden und konfligierenden Rationalitäten »tönen« auch den jeweils vertretenen Wahrheitsbegriff »ab«, der neben kognitiven auch emotive, normative und ästhetische Facetten enthält, die seine Semantik mitprägen.

Nach den bisher vorgelegten Überlegungen bedarf es wohl keiner besonderen Begründung mehr, daß traditionelle (referentielle, repräsentative, ontologische) Konzepte von ›Empirie‹ und ›empirischer Forschung‹ weder mit dem hier entwickelten Empiriebegriff noch mit dem hier referierten Wissenschaftsbegriff vereinbar sind. Wenn ›empirisch forschen‹ bestimmt wird als programmgesteuerte operationalisierte

Produktion von Erfahrungswissen (Fakten, Tat-Sachen),[135] das kommunikativ anschlußfähig ist und dessen fremdreferentielle Interpretation temporär unwidersprochen bleibt, dann stellt sich die Frage, ob man überhaupt noch einen Empiriebegriff braucht bzw. ihn weiter verwenden sollte.

Wie so oft geht es auch bei der Auseinandersetzung um dieses Problem nicht bloß um eine terminologische Frage. Abgesehen davon, daß traditionell wichtige Begriffe wie der Empiriebegriff sich nicht einfach abschaffen und nur mit hohem Wiederholungsaufwand uminterpretieren lassen, geht es hier auch darum, daß im Wissenschaftssystem eine Unterscheidung für differente Formen der Wissenschaftsproduktion gebraucht wird. Solange die Unterscheidung Selbstreferenz/Fremdreferenz im Bezug auf kognitive wie kommunikative Operationen nicht kassiert wird, was kaum vorstellbar ist, braucht man auch eine Unterscheidung für die jeweils verwendeten Strategien sowie für die Interpretation des wissenschaftlichen Status der erzielten Wissensproduktionen. Ob diese Unterscheidung nun empirisch/ontologisch, operational/begrifflich oder instrumentell/kontemplativ (s. o.) genannt wird, ist dabei von nachgeordneter Bedeutung. Entscheidend ist, *daß* sie getroffen wird und daß ihre Begründung kompatibel ist mit den dabei notwendig vorausgesetzten Konzepten von Wirklichkeit, Erkenntnis und Wissenschaft.

Eine solche kompatible Begründung zu versuchen, war die Intention dieser Überlegungen.

Statt eines Nachworts: Gertrude Stein, Erzählen

»Sätze haben ihren Raum in sich selbst und alles das seinen Raum wirklich in sich selbst hat hat weder Anfang noch Mitte noch Ende, alle vermögen das zu wissen wenn sie nur irgend etwas in irgendeinem Augenblick ihres Lebens wissen, kurz wenn sie irgend etwas wissen. Wie wissen Sie etwas, nun Sie wissen etwas als vollkommenes Wissen als etwas das Sie vollkommen in sich haben im Augenblick da Sie es tatsächlich in sich haben. Das ist es was Wis-

135 Wie sagt W. J. Ong so treffend: »Die Natur setzt keine ›Fakten‹: Fakten entstehen nur durch menschliche Festlegungen, deren Zweck es ist, das nahtlose Gewebe der Wirklichkeit handhabbar zu machen« (1987: 72).

sen ist, und im wesentlichen ist Wissen daher nicht eine Aufeinanderfolge sondern ein unmittelbares Existieren. Alle diese Dinge sind also wie sie sind und wir kommen darauf zurück was Poesie ist wie Prosa ist und aus welchem Grund und was das alles mit Erzählung zu tun hat und ob irgendeine Art Erzählung jetzt existiert und wie und warum.
Wissen also ist was Sie zur Zeit wissen irgendeiner Zeit da Sie wirklich etwas wissen. Und indem Sie irgend etwas wissen wissen Sie es wie Sie es wissen, Sie wissen es zur Zeit da Sie es gerade wissen und auf diese Weise die Weise des es Wissens hat Wissen keine Abfolge es mag fortlaufende Stadien des Wissens von etwas geben aber zu keiner Zeit des Wissens gibt es irgend etwas außer das Wissen dieser Sache der Sache die Sie wissen, Sie müssen nur genau wissen was Sie wissen und dann kann natürlich jeder wissen daß das stimmt. Und nochmals sage ich das Alte Testament ist die Sache die diese Art alles als Wissen von etwas zu wissen besitzt und nicht das Fühlen oder Denken daß etwas auf etwas folgt. Wissen heißt beim Wissen des Dinges alles zu wissen wenn dieses Ding es ist was man weiß. Das Alte Testament ist immer so gewesen. Da sind wir also und auf eine seltsame Weise sind wir jetzt und heute in der heutigen Zeit wieder da angelangt das als unser Eigenstes zu haben, daß es keine Abfolge gibt, es gibt ein Bewegen in jeder und jeder verschiedenen Richtung und daß als existierendes Ding Wissen ist was man in dem Augenblick weiß da irgend etwas als Wissen existent ist. Das Erregende an all dem ist daß wie es neu ist es alt ist und wie es alt ist es neu ist, aber jetzt sind wir tatsächlich auf unseren eigenen Weg gelangt der ein völlig anderer Weg ist als der Weg den das Alte Testament als seinen Weg ging wir sind da angelangt daß Wissen ist was man weiß wenn man weiß und wie man weiß gibt es keine Abfolge dessen was man weiß da man tatsächlich weiß was man weiß. Jeder wirklich jeder kann wirklich wissen daß das stimmt« (G. Stein, 1990: 43-45).

Anhang 1

Franz Josef Czernin –
Bio-bibliographische Notiz

Franz Josef Czernin, geboren 1952 in Wien. Matura 1971. Studium in den USA von 1971 bis 1973. Publikationen von Gedichten, Prosa, Theaterstücken, Essays und Aphorismen seit 1978. Mitglied der Grazer Autorenversammlung und des Bielefelder Colloquiums für Neue Poesie (seit 1980). 1988 Vorlesungen an der Indiana University, USA. Lebt seit 1980 vor allem in Rettenegg, Steiermark. 1993 »Stadtschreiber von Graz«. Seit 1980 Arbeit an dem Projekt einer *Kunst des Dichtens*, einem enzyklopädischen Versuch, Formen, Verfahren und Themata lyrischen Schreibens in einem Werk zu integrieren.

Buchpublikationen

Ossa und Pelion. gedichte. edition neue texte, Wien/Linz 1979.
Anna und Franz. Mundgymnastik und Jägerlatein. Fünf Sonette. gedichte. edition neue texte, Wien/Linz 1982.
Glück? Ein Fragment der Maschine, prosa. edition neue texte, Wien/Linz 1984.
Die Kunst des Sonetts. edition neue texte, Wien/Linz 1985.
Die Reisen. In achtzig Gedichten um die ganze Welt. Residenz-Verlag, Salzburg 1987.
Die Reise. Mit achtzig flachen Hunden in die ganze tiefe Grube. edition neue texte, Wien/Linz 1987 (zusammen mit Ferdinand Schmatz).
Gelegenheitsgedichte. Rainer-Verlag, Berlin 1987.
Scherblätter und Scherbletten. Seedorn-Verlag, Zürich 1984 (zusammen mit Dieter Schwarz).
Die (Un)Ordnungen (Ein Fragment der Tafel). Essay. Picaron Edictions, Amsterdam 1988.
Das Stück. Ein Theater. edition neue texte, Wien/Linz 1991.

Teller und Schweiss. gedichte. Verlag Pakesch und Schleebrügge, Wien 1991 (zusammen mit Ferdinand Schmatz).

Sechs tote Dichter.. Aufsätze zur Literatur (über Franz Kafka, Karl Kraus, Raoul Hausmann, Reinhard Priessnitz, Georg Trakl und Robert Musil), Sonderzahl-Verlag, Wien 1992.

Ein Gewand. Gedichte. edition Thaddeus Ropac, Salzburg 1992 (zusammen mit James Brown).

Die Aphorismen. Eine Einführung in die Mechanik. 8 Bände Aphorismen plus einem Registerband in einem Schuber, plus einem Registerband. Sonderzahl-Verlag, Wien 1992.

Gedichte (Aus: Die Kunst des Dichtens). Literaturverlag Droschl, Graz–Wien 1992.

Die Kunst des Sonetts, Teil 2 und Teil 3. Literaturverlag Droschl, Graz–Wien 1993.

Terzinen. Gedicht. Edition Artelier, Graz–Frankfurt 1994.

Marcel Reich-Ranicki. Eine Kritik. Steidl Verlag, Göttingen 1995.

Natur-Gedichte. Hanser-Verlag, München 1996.

Anhang 2

Josef Mitterer, *Das Jenseits der Philosophie.*

Passagen Verlag, Wien 1992. (Auszüge)

12. In der Dualisierenden Redeweise sind Beschreibungen immer Beschreibungen von *E*twas, von einem *Objekt,* einem *Ereignis,* einem *Sachverhalt,* wobei das *Etwas,* von dem die Beschreibung geht, das *Objekt* der Beschreibung, der *Sachverhalt,* der beschrieben wird, das *Ereignis,* das beschrieben wird, beschreibungs-, d. h. ›sprachverschieden‹ sind.

Ein kategorialer Unterschied besteht zwischen dem Objekt der Beschreibung und der Beschreibung des Objekts.

13. In der Vorgangsweise, die hier entwickelt wird, bilden Objekt der Beschreibung und Beschreibung des Objekts eine Einheit. Das Objekt der Beschreibung ist nicht beschreibungs- oder ›sprachverschieden‹, sondern jener Teil der Beschreibung, der bereits ausgeführt worden ist.

Die Beschreibung ist nicht auf das Objekt gerichtet, sondern geht vom Objekt der Beschreibung aus; sie führt die schon geleistete Beschreibung fort; sie ist die Fortsetzung der vor ihr schon vorliegenden Beschreibung.

14. (Irgend)ein Objekt beschreiben, heißt die (bereits insofern ausgeführte) Beschreibung /(irgend)ein Objekt/ fortsetzen.[1*]

Einen Apfel beschreiben, heißt die (bereits ausgeführte) Beschreibung /ein Apfel/ fortsetzen.

Den Tisch in der Ecke beschreiben, heißt die Beschreibung /der Tisch in der Ecke/ fortsetzen; über die bereits vorliegende Beschreibung /der Tisch in der Ecke/ hinaus und

1* Wenn ich das Objekt einer Beschreibung als schon ausgeführte Beschreibung erkläre, setze ich die schon geleistete, ausgeführte, Beschreibung nicht in Anführungszeichen („) sondern in Ausführungszeichen (/). Damit soll eine Verwechslung zwischen dem Objekt der Beschreibung, das heißt der geleisteten Beschreibung, und der Beschreibung des Objekts, also der zu leistenden Beschreibung, vermieden werden.

von ihr ausgehend zu beschreiben. Damit der Tisch in der Ecke beschrieben werden kann, muß *die* Beschreibung /der Tisch in der Ecke/ bereits vorliegen.

[...]

15. Über ein Objekt reden, heißt *die* Rede /ein Objekt/ fortsetzen, über die Rede /ein Objekt/ hinaus reden. Über Afrika reden, heißt die Rede /Afrika/ fortsetzen, über die Rede /Afrika/ hinaus reden.

Wenn der Lehrer den Schüler auffordert über Afrika zu reden, dann ist das Objekt der vom Schüler zu haltenden Rede Afrika. Die vom Lehrer vorgegebene Rede /Afrika/ wird vom Schüler übernommen und fortgesetzt, indem dieser etwa sagt: ›Afrika ist einer der fünf Erdteile.‹ Der Schüler löst die ihm gestellte Aufgabe, indem er über Afrika redet, spricht, d. h. indem er über die Rede /Afrika/ *hinaus* redet und nicht etwa bloß sagt: ›Afrika.‹

16. Das Wissen über den Apfel, der auf dem Tisch liegt, ist das Wissen über das Wissen /Der Apfel liegt auf dem Tisch/ hinaus. Etwas über den Apfel, der auf dem Tisch liegt, zu wissen, heißt mehr, etwas anderes, zu wissen, als nur, *daß* der Apfel auf dem Tisch liegt.

Nichts über den Apfel, der auf dem Tisch liegt, zu wissen, heißt nur zu wissen, daß der Apfel auf dem Tisch liegt.

17. Die Beschreibung des Apfels auf dem Tisch ist die Fortführung der Beschreibung /der Apfel auf dem Tisch/ unter Einschluß der Beschreibung /der Apfel auf dem Tisch/. Den Apfel auf dem Tisch zu beschreiben, heißt auch, bei der Beschreibung /der Apfel auf dem Tisch/ nicht stehen zu bleiben.

Auch das zu Beschreibende, das Objekt der Beschreibung, ist bereits eine, nämlich die vorliegende Beschreibung. Für die Dualisierende Redeweise, in der die Beschreibungen auf das Objekt gerichtet sind, wären jetzt verschiedene Beschreibungen ein und derselben Beschreibung möglich, wobei die vorliegende Beschreibung eine sogenannte Identität gegenüber den anderen Beschreibungen erhielte. Die Folge wäre eine Unterscheidung in Metabeschreibung(en) bzw.

Metasprache(n) und Objektbeschreibung bzw. Objektsprache. In der Nicht-dualisierenden Redeweise ist dagegen die Beschreibung einer Beschreibung nichts weiter als die *Fortsetzung* der ersten, vorgängigen Beschreibung und eine Aufspaltung in Meta- und Objektsprache findet nicht statt.

18. Das jeweilige Objekt einer Beschreibung ist die jeweils geleistete Beschreibung. Daraus folgt nicht, daß in einer Nicht-dualisierenden Redeweise das Objekt der Beschreibung *kein* Objekt, *sondern* Beschreibung ist. Damit würde eine Leugnung der Unterscheidung zwischen Beschreibung und Objekt unterstellt, während im Verlauf dieser Arbeit Bedingungen und Faktoren aufgezeigt werden sollen, die das Zustandekommen dieser und anderer Unterscheidungen in ihrer traditionellen Form begünstigen, bzw. erst ermöglichen.

19. Die Erkenntnis ist immer eine Erkenntnis von Etwas, eine Erkenntnis von der Welt, eine Erkenntnis von der Wirklichkeit.

Der Erkenntnis von Etwas geht die Erkenntnis /Etwas/ voraus. Die Erkenntnis von Etwas ist die Erkenntnis über die schon geleistete Erkenntnis /Etwas/ hinaus. Wir streben nicht *nach* der Erkenntnis der Welt, sondern wir streben *von* der Erkenntnis /die Welt/ *aus.*

Das Objekt der Erkenntnis verhält sich zur Erkenntnis des Objekts wie die (schon) vorliegende Erkenntnis zur (noch) nicht vorliegenden Erkenntnis.

[...]

21. Beschreibungen sind immer Beschreibungen von Etwas, von einem Objekt, einem Ereignis, einem Sachverhalt, etc. Jede Beschreibung des Objekts bringt eine Änderung des Objekts der Beschreibung mit sich:

Das Objekt der Beschreibung verhält sich zur Beschreibung des Objekts wie die Beschreibung *so far* zur Beschreibung *from now on,* wie die geleistete Beschreibung zur (noch) nicht geleisteten Beschreibung.

Die Beschreibung des Objekts bildet im Verein mit dem Objekt, das sie beschreibt, ein ›neues‹ Objekt weiterer Beschreibung. Das Objekt einer Beschreibung angeben heißt eine Beschreibung *so far* an- und vorgeben, die in einer Beschreibung *from now on* fortgeführt und zu einem neuen Objekt weiterer Beschreibung(en) verändert werden soll.

22. Beispiel:

Der Tisch, der in der Ecke steht, soll beschrieben werden. /Der Tisch, der in der Ecke steht/ ist die vorgegebene Beschreibung, die Beschreibung *so far,* die fortgesetzt werden soll. Diese Beschreibung *so far* wird nun in einer Beschreibung *from now on* etwa so fortgesetzt: »Der Tisch, der in der Ecke steht, hat vier Beine.« Nach dieser Weiterführung der Beschreibung *so far* /Der Tisch, der in der Ecke steht/ liegt nunmehr für eine weitere Beschreibung *from now on* ein neues Objekt und damit eine neue Beschreibung *so far* vor, nämlich die Beschreibung *so far* /der Tisch, der in der Ecke steht und vier Beine hat/. Die anfängliche Beschreibung *so far* ist durch die Fortsetzung in der Beschreibung *from now on* um diese Fortsetzung zu einer Beschreibung *so far* (2) erweitert/verändert worden. Die Beschreibung *so far* (2) kann nun weitergeführt werden, zum Beispiel in einer Beschreibung *from now on* (2) »Der Tisch, der in der Ecke steht, und vier Beine hat, ist braun.« Damit wäre eine Erweiterung der Beschreibung *so far* (2) zu einer Beschreibung *so far* (3) /Der Tisch, der in der Ecke steht, vier Beine hat und braun ist/ erreicht, die wiederum durch eine Beschreibung *from now on* (3) fortgesetzt werden kann.

[...]

30. Die Funktion ›sprachverschiedener‹ Objekte für den Diskurs wird erst dann manifest, wenn Meinungsverschiedenheiten auftreten und gelöst werden sollen, – wenn also verschiedene voneinander abweichende, oder gar widersprechende, Auffassungen, Thesen, Theorien, etc. aufeinandertreffen. Hätte es nie Meinungsverschiedenheiten gegeben und gäbe es sie auch nicht, dann könnte der Diskurs nur in eine Richtung laufen bzw. geführt werden und ein Rekurs auf angeblich ›sprachverschiedene‹ Objekte wäre überflüssig. Die Dichotomie Sprache-Welt würde folgenlos bleiben und nicht imstande sein, den Diskurs zu beeinflussen.

31. Nur eine Vorgangsweise, die ohne die Voraussetzung ›sprachverschiedener‹ Objekte auskommt, kann das Zustandekommen dieser Voraussetzung kritisch erklären.

[...]

43. Ein Satz kann nur dann sinnvoll als ›wahr‹ ausgezeichnet werden, wenn das, was den Satz wahr macht, schon vor der jeweiligen Auszeichnung als ›wahr‹ für gegeben angenommen wird; wenn die Wahrheitsbedingungen zum Zeitpunkt der Wahrheitsauszeichnung als bereits erfüllt vorausgesetzt werden, – wenn also zum Beispiel das Objekt bereits so ist, wie dann in der – deshalb – wahren Aussage behauptet wird, wenn jene Aussagenformation bereits vorliegt, mit der die – deshalb – wahre Aussage übereinstimmt, wenn die Forschergemeinschaft bereits jene Ansichten hat, mit denen die – deshalb – wahre Ansicht übereinstimmt.

(Und statt ›wahr‹ können wir, je nachdem welche Variante der Dualisierenden Redeweise praktiziert wird, auch ›wahrheitsähnlich‹ oder ›wahrheitsnäher‹ oder einen anderen Ausdruck dieser Sorte setzen.)

[...]

48. *Wenn auf die Idee eines ›sprachverschiedenen‹ Objekts verzichtet wird,* kann die Überprüfung der infrage stehenden Beschreibungen nicht *am* Objekt dieser Beschreibungen erfolgen. Das gemeinsame Objekt der infrage stehenden Beschreibungen ist, als gemeinsames Element beider Beschreibungen, die neutralistische Ausgangsbasis, die mit beiden Beschreibungen in gleicher Weise verträglich ist.

Jede Übereinstimmung, die für die Verleihung des Wahrheitsprädikates an die Beschreibung »Der Tisch, der in der Ecke steht, ist rund.« vorliegen muß, kann nicht nur die Übereinstimmung mit dem Objekt dieser Beschreibungen sein, nämlich dem Tisch, der in der Ecke steht. *Damit* stimmt auch die Beschreibung »Der Tisch, der in der Ecke steht, ist eckig.« überein.

Obzwar die Überprüfung der Beschreibungen nicht *am* Objekt der Beschreibungen erfolgt, nimmt sie dennoch *vom* Objekt der Beschreibungen ihren Ausgang.

Anhang 3

Frank Pasemann, *»Repräsentation ohne Repräsentation«.*

In: G. Rusch, S. J. Schmidt, O. Breidbach (Hg.), *Interne Repräsentationen.* Neue Konzepte der Hirnforschung. DELFIN 1996. Frankfurt/M.: Suhrkamp 1996, 80-86 (Auszüge)

6. *Innere Repräsentation*

Folgt man dem skizzierten dynamischen Ansatz zur Beschreibung von Gehirnen, so stellt sich im Zusammenhang mit kognitiven Prozessen die Frage nach den inneren Repräsentationen von Strukturelementen der äußeren Welt vollkommen neu. Wie oben erwähnt, wird der Begriff der inneren Repräsentation oft mit der Computer-Metapher des Gehirns verbunden, d. h. mit der Vorstellung, das Gehirn sei ein informationsverarbeitendes System. Die Repräsentation wird dabei als durch (physikalische) Symbole realisiert gedacht. Der Konnektionismus, der sich primär mit konvergenten Netzwerken auseinandersetzte, ging einen Schritt darüber hinaus. Hier wurden Klassen von Signalkonstellationen durch die Gewichte eines Netzwerkes repräsentiert; man sprach von einer sogenannten verteilten oder sub-symbolischen Repräsentation. Beiden Ansichten ist gemeinsam, daß Repräsentation als etwas Statisches begriffen wird. Diese »klassischen« Konzeptionen denken Repräsentation als Re-Präsentation (Vergegenwärtigung) einer Form in einer anderen und verweisen damit implizit auch auf das materielle Substrat des Repräsentierenden; z. B. auf die binäre Repräsentation in digitalen Computern in Form von O/1-Zuständen ihrer Transistoren (die bisweilen gleichgesetzt werden mit dem »Feuern« und »Nichtfeuern« von Neuronen in biologischen Gehirnen). So gedacht wird Repräsentation statisch und speicherbar und erlaubt die Vorstellung bzw. Realisierung von Gedächtnis als »Informationsspeicher«, z. B. in der Form heute verwendeter Aufzeichnungsmedien.

Innere Repräsentation in biologischen Gehirnen zielt aber eher auf die Re-Generierung Bedeutung tragender neuronaler Signalfolgen als auf das »Abbild« schon existenter »objektiver« Gegebenheiten der externen Welt. Bedeutung von Signalfolgen kann ein situiertes System, also eines, das im Rahmen einer sensomotorischen Schleife agiert, nur für und aus sich selbst heraus schaffen, gegebenenfalls in sozialer Interaktion mit anderen Individuen seiner Population ... Dies ist der wesentliche Beitrag, den der reflexive, situierte Selbstorganisationsprozeß zu leisten hat, und dies ist auch der Kern jenes Prozesses, den man Adaptation oder in spezifischerer Form auf einer anderen Zeitskala Lernen nennt. Setzt man ferner voraus, daß in Gehirnen (zumindest in ihrem kognitiven Teilbereich) stationäre Systemzustände nie eingenommen werden, selbst beim Vorliegen stationärer Muster von Eingangssignalen, so kann das klassische Konzept einer statischen Repräsentation kaum aufrechterhalten werden. Vielmehr haben wir die »repräsentationalen« Eigenschaften eines kognitiven Systems dann als Ergebnis der dynamischen Interaktion zwischen einer strukturierten Umwelt und dem Selbstorganisationsprozeß eines autotropen Systems zu verstehen. Damit beziehen sich innere Repräsentationen aber sowohl auf Strukturelemente der Umwelt – und damit auf die jeweiligen Problemfelder, mit denen das System konfrontiert wird – als auch auf die physischen Eigenschaften des Lebewesens selbst, d. h. auf die materielle Beschaffenheit und Struktur seiner Sinnesorgane, seines Bewegungsapparates und seines kognitiven Systems. Bei der Herausbildung von inneren Repräsentationen werden außerdem systemintrinsische »Bedürfnisse« wie die nach Energieaufnahme oder sexueller Reproduktion eine Rolle spielen. Im Rahmen eines neurodynamischen Verständnisses ist Repräsentation dann nicht mehr als etwas Statisches zu verstehen, das in irgendeinem Medium, und sei es der biochemischen »Wetware«, räumlich gespeichert ist, also auch nicht als etwas Subsymbolisches, das in Form von Verknüpfungsstrukturen vorliegt. Repräsentation ist vielmehr als etwas Flüchtiges zu sehen, als etwas, das erscheint und wieder vergeht in der Form dynamischer Muster von Hirnaktivität. Sie ist Ausdruck einer Kohärenz zwischen internen neurodynamischen Prozessen und der Dynamik der äußeren Umwelt, die sich in den Veränderungen der Rezeptoraktivitäten widerspiegelt. In diesem Sinne schaffen Repräsentationen verhaltensrelevante Relationen zwischen externen und internen Dynamiken, d. h. sie sind gerichtet auf und bestimmt durch ein angepaßtes, überlebenssicherndes Verhalten. In dem Maße, wie sich die Strukturelemente der äußeren Umwelt ändern und damit adäquates Verhalten variiert, ändern sich auch die Randbedingungen möglicher Relationen und die damit verbundenen Repräsentationen. Repräsentiert wird auf kognitiver Ebene also nicht »die Welt«, sondern jener Teil des auf die Sensorik treffenden Stroms von Photonen, Molekülen, Schallwellen etc., der sich im Rahmen eines Adaptations- bzw. Lernprozesses für ein Überleben in der vorgefundenen ökologischen Nische als relevant erwiesen hat.

Der klassische Begriff der Repräsentation wird aber noch aus einem zweiten Grund obsolet: Er verweist als Abbildung von einer materiellen Form in eine andere immer auch auf die Strukturelemente des repräsentierenden Substrats. Solche Strukturelemente sind, als »Ziel« dieser Abbildungen auf das entsprechende Substrat (man denke z. B. an die photosensiblen Emulsionen der Fotografie oder die Transistorarrays der Computer), immer schon Teil der Repräsentation. Versteht man in bezug auf Gehirne unter einem Strukturelement eine Gruppe von »verschalteten« Neuronen, z. B. im Sinne von Modulen oder Modulaggregaten, so ergibt sich die folgende Schwierigkeit: Aufgrund der Multifunktionalität dieser Strukturelemente kann ein und dasselbe Element bei verschiedenen sensorischen Eingangsmustern in den resultierenden globalen Prozessen unterschiedliche Funktionen erfüllen, d. h. an der Repräsentation verschiedenster Aspekte beteiligt sein. Weiter kann ein und dieselbe Funktion von sehr unterschiedlichen Strukturelementen erfüllt werden. Damit verliert aber Repräsentation das Charakteristikum, an spezifische statische Strukturelemente gebunden zu sein und eine strukturelle systemintrinsische Bedeutung zu besitzen.

In bezug auf die Beschreibung kognitiver Systeme als autotrope Systeme werden wir im folgenden den Begriff der inneren Repräsentation im Sinne einer *semantischen Konfiguration* von Moduldynamiken verwenden. Als solche gewinnt oder besser: erzeugt sie »Bedeutung« nur in jenem flüchtigen Moment, in dem sie effektiv, d. h. zur Vollbringung einer verhaltensrelevanten Leistung genutzt werden kann. Als semantische Konfiguration ist eine innere Repräsentation nirgends gespeichert, sie wird erst durch die und in der globalen Dynamik eines kognitiven Prozesses entfaltet. Sie kann bestenfalls als stabile dynamische Teilstruktur einer kognitiven Dynamik verstanden werden, die vermutlich nur in Zeitintervallen von einem Sekundenbruchteil bis zu wenigen Sekunden existiert. Sie ist damit nicht nur nicht-statisch, sondern auch als Dynamik nicht-persistent. Ferner ist sie im Unterschied zur klassischen Konzeption von Repräsentation nicht »passiv«, d. h. nur Abbild von Strukturelementen der Umwelt. Als Teildynamik eines kognitiven Prozesses besitzt sie eine aktive Funktion, die darin besteht, Überleben sicherndes Verhalten zu generieren. Als kognitiver Teilprozeß wird sie von Prozessen hervorgerufen und bewirkt eine Folge von Prozessen.

Wenn eine Repräsentation als semantische Konfiguration in einem kognitiven Prozeß aufscheint, dann ist davon auszugehen, daß sie nie als distinkte, immer gleiche Teildynamik zu identifizieren ist. Sie wird als Transientendynamik in der Form eines immer wieder anderen dynamischen Prozesses ihre Funktion erfüllen. Wir haben angenommen, daß letztlich das Bassin des jeweiligen Attraktors entscheidend für ihre Wirkung ist. Damit sind aber auch die durch eine semantische Konfiguration hervorgerufenen Effekte unter verschiedenen inneren und äußeren Bedingungen, d. h. unter den verschiedenen, durch das Bassin definierten Anfangsbedingungen, reproduzierbar. Die Attraktoren selbst, und damit auch ihre Bassins und die zugehörigen semantischen Konfigurationen, sind aber veränderlich. Sie hängen davon ab, in welchem Parameterbereich die beteiligten Modelle operieren. Eine spezifische semantische Konfiguration kann also nur dann in Erscheinung treten, wenn erfahrungs-, situations- und bedürfnisbedingt eine entsprechende Konstellation von Signalen an den Parametereingängen (wieder) anliegt. Dies bedeutet, daß die innere Repräsentation von Strukturelementen der äußeren Welt vom momentanen Zustand anderer Systemgruppen abhängen kann. Ferner folgt aus dem Handlungsbezug von inneren Repräsentationen, daß ein Gehirn bei der Wahrnehmung einer sensorseitigen Signalkonstellation eine semantische Konfiguration wählen muß, in der die Erzeugung von motorischen Signalen zu angemessenem Verhalten einbegriffen ist. Bei der Konstituierung geeigneter Konfigurationen wird also auch das »Monitoring« körpereigener Position und Bewegung einen Anteil haben. So muß z. B. die reale physikalische Bewegung von externen Objekten von der durch die Motorik erzeugten »virtuellen« Bewegung auf der peripheren Sensorfläche unterschieden werden. Ein Hinweis auf das enge Zusammenspiel von sensorischen und motorischen Einflüssen bei der Konstituierung innerer Repräsentationen ist die Tatsache, daß in Gehirnen Areale gefunden werden, die Signale sowohl von der sensorischen als auch von der motorischen Seite her erhalten. Innere Repräsentation erscheint somit als Vergegenwärtigung schon dagewesener Konfigurationen von Eingangssignalen in Verbindung mit Konstellationen von Ausgangssignalen, die antrainierten oder positiv bewerteten Verhaltensmöglichkeiten entsprechen. An der Konstituierung von innerer Repräsentation als semantische Konfiguration sind also nicht nur sensoreigene Signale, sondern ebenso solche des motorischen Bereichs sowie solche anderer, innerer Teilsysteme (Aufmerksamkeit, Bewertung, Bedürfnisse usw.) beteiligt. Innere Repräsentation ist daher nicht mehr als purer »Reflex«, als Abbild einer »objektiv« gegebenen physikalischen Umwelt zu verstehen.

Das Auftreten von semantischen Konfigurationen im Rahmen eines kognitiven Prozesses kann einerseits durch die von der Umwelt verursachten sensorseitigen Signale und andererseits, und vermutlich in viel stärkerem Maße, durch die »restliche« innere Dynamik des gesamten Systems bedingt sein. Durch den Einfluß der Aktivität anderer Systemkomponenten können über semantische Konfigurationen die gleichen Effekte hervorgerufen werden wie durch das Vorliegen einer entsprechenden äußeren Stimulation. Als situierte adaptive, d. h. überlebensfähige Systeme werden kognitive Systeme durch diese *autonomen* inneren Prozesse in die Lage versetzt, Vorhersagen zu machen und sinnvolle Handlungsstrategien zu entwickeln, d. h. *prädiktive Welt-*

modelle zu erstellen. Innere Repräsentationen als intern erzeugte Konfigurationen von kohärenten Moduldynamiken sind dann als Bausteine eines Weltmodells zu verstehen, auf dessen Grundlage eine innere Exploration von Handlungsalternativen erfolgen kann. Demnach entspricht einer jeden solchen Konfiguration eine Menge von Aspekten der Umwelt, so wie sie von den Sensoren gefaßt und von der Motorik »manipuliert« werden können. Als Teildynamiken eines kognitiven Prozesses sind sie immer wieder neu assemblierbar, und um konsistente Weltmodelle zu ergeben, müssen sie miteinander »verträglich« sein. In diesem Sinne sind semantische Konfigurationen als Hypothesen zu fassen, die getestet, bestätigt oder verworfen werden müssen. Als modulare neurodynamische Prozesse werden sie also miteinander konkurrieren. Ein Kriterium für die Güte einer semantischen Konfiguration als Hypothese ist ihre Brauchbarkeit für das Lebewesen in der *Zukunft.* Erfolgreiche Konfigurationen repräsentieren in diesem Sinne Gesetzmäßigkeiten der externen dynamischen Abläufe oder anders gesagt: sie sind zugleich kohärent, d. h. in Einklang mit der externen Dynamik.

Diese Fähigkeit kognitiver Systeme zu autonomen internen Prozessen verleitet vermutlich zu der radikalen systemtheoretischen Annahme, Gehirne könnten als (irgendwie) abgeschlossene Systeme beschrieben werden, deren einziges Anliegen darin besteht, ihren eigenen Zustand zu optimieren. Der Einfluß der äußeren Welt auf das kognitive System wird so auf den einer reinen Störung der internen Dynamik reduziert, d. h. auf ein »externes Rauschsignal«, welches das System permanent zwingt, über sein motorisches Instrumentarium den angestrebten Zustand wiederherzustellen. Ein solcher Ansatz entbindet den Begriff der inneren Repräsentation jeder beschreibungsrelevanten bzw. erkenntnistheoretischen Bedeutung. Dies auch dann, wenn die Umwelt letztlich doch, auf einer anderen Zeitskala, im Rahmen der Adaptation Einfluß auf die materielle Strukturentwicklung des Systems nimmt.

Wir können unsere Überlegungen wie folgt zusammenfassen: Innere Repräsentationen biologischer Gehirne sind als Teilprozesse eines globalen kognitiven Prozesses gegeben und als solche nicht statisch und nicht persistent. Sie existieren einzig in kleinen Zeitfenstern als reproduzierbare semantische Konfigurationen von Moduldynamiken. In dieser Form sind sie nicht speicherbar und nur indirekt und nicht eindeutig durch Verknüpfungsstrukturen des Gehirns bestimmt. Sie stellen keine Widerspiegelungen einer »objektiven« externen Welt dar, sondern sind bedingt durch die sensomotorische Ausstattung eines Lebewesens und (primär) bezogen auf die selbstgenerierte Bedeutung überlebenswichtiger Aspekte der jeweils vorgefundenen Umwelt. In Abwandlung des klassischen Konzepts von innerer Repräsentation könnte man sie als Re-Generierung einer Abbildung von einer zeitlichen Form (externe Dynamik) in eine andere zeitliche Form (Kohärenz von Moduldynamiken) charakterisieren.

Anhang 4

William James, *»Der Wahrheitsbegriff des Pragmatismus.«*

In: *Was ist Pragmatismus?*
Weinheim. Beltz Athenäum 1994, 74-95 (Auszüge)

»Wahrheit ist, wie jedes Wörterbuch Ihnen sagt, eine Eigenschaft gewisser Vorstellungen. Sie bedeutet so viel als ›Übereinstimmung‹ mit der Wirklichkeit, ebenso wie Falschheit Nichtübereinstimmung mit der Wirklichkeit bedeutet. Diese Definition lassen Pragmatisten und Intellektualisten in gleicher Weise als etwas Selbstverständliches gelten. Ihr Streit beginnt erst, wenn die Frage aufgeworfen wird, was ›Übereinstimmung‹ und was ›Wirklichkeit‹ eigentlich bedeutet, wenn nämlich die Wirklichkeit etwas sein soll, womit unsere Ideen übereinstimmen sollen.

Bei der Antwort auf diese Fragen gehen die Pragmatisten mit mühevoller Zergliederung vor, die Intellektualisten hingegen sind schnell fertig und denken nicht viel nach. Die populäre Auffassung ist die, daß eine Vorstellung die ihr entsprechende Wirklichkeit abbilden muß. Wie andere volkstümliche Ansichten richtet sich auch diese nach der Analogie der allergewöhnlichsten Erfahrung. Unsere wahren Vorstellungen von wahrnehmbaren Dingen sind in der Tat Abbilder derselben. Schließen Sie Ihre Augen und stellen Sie sich die Uhr an der Wand dort vor und Sie erhalten ein wahres Abbild ihres Zifferblattes. Dagegen ist Ihre Vorstellung des Uhrwerks (wenn Sie nicht zufällig Uhrmacher sind) viel weniger als ein Abbild. Immerhin mag auch diese Vorstellung den Begriff der Wahrheit als Übereinstimmung nicht stören, denn sie gerät mit der Wirklichkeit nicht in Konflikt. Selbst, wenn sie zu dem Worte ›Uhrwerk‹ zusammenschrumpft, so leistet auch dieses Wort noch gute Dienste. Wenn wir aber von der ›zeitmessenden Funktion‹ der Uhr oder von der ›Elastizität‹ ihrer Feder sprechen, da ist es schwer, genau zu sagen, was unsere Ideen dabei abbilden.

Sie bemerken, daß hier ein Problem vorliegt. Wenn unsere Ideen ihren Gegenstand nicht genau abbilden können, was bedeutet dann die ›Übereinstimmung‹ mit dem Gegenstande. Einige Idealisten behaupten, unsere Ideen seien dann wahr, wenn sie das sind, was Gott will, daß wir über ihren Gegenstand denken. Andere führen die ›Abbilder‹-Theorie streng durch und sagen, unsere Ideen besäßen in dem Maße Wahrheit, als sie Abbilder der ewigen Gedanken des Absoluten sind.

Diese Anschauungen fordern, wie Sie sehen, zu pragmatischer Erörterung geradezu auf. Die Grund-Annahme der Intellektualisten ist die, daß die Wahrheit eine rein statische Beziehung ist. Wenn wir unsere wahre Vorstellung eines Gegenstandes gewonnen haben, dann ist die Sache zu Ende. Wir sind im Besitz; wir wissen, wir haben unsere Denk-Aufgabe erfüllt. Wir sind mit unserem Geiste dort, wo wir sein sollen; wir haben unserem kategorischen Imperativ gehorcht, auf diesen Höhepunkt unserer Vernunfterkenntnis kann nichts weiteres mehr folgen. Wir sind, erkenntnistheoretisch betrachtet, in stabilem Gleichgewicht.

Der Pragmatismus hingegen stellt seine üblichen Fragen. »Zugegeben«, sagt er, »eine Vorstellung oder ein Urteil sei wahr, welcher konkrete Unterschied wird durch diese Wahrheit im wirklichen Leben eines Menschen bewirkt? Wie wird die Wahrheit erlebt werden? Welche Erfahrungen werden anders sein, als sie wären, wenn jenes Urteil falsch wäre? Was ist, kurz gesagt, der Barwert der Wahrheit, wenn wir sie in Erfahrungsmünze umrechnen?«

In dem Augenblick, wo der Pragmatismus diese Frage stellt, sieht er auch schon die Antwort. *Wahre Vorstellungen sind solche, die wir uns aneignen, die wir geltend machen, in Kraft setzen und verifizieren können. Falsche Vorstellungen sind solche, bei denen dies alles nicht möglich ist.* Das ist der praktische Unterschied, den es für uns ausmacht, ob wir wahre Ideen haben oder nicht. Das ist der Sinn der Wahrheit, denn nur in dieser Weise wird Wahrheit erlebt.

Das ist die These, die ich zu verteidigen habe. Die Wahrheit einer Vorstellung ist nicht eine unbewegliche Eigenschaft, die ihr inhäriert. Wahrheit ist für eine Vorstellung ein Vorkommnis. Die Vorstellung *wird* wahr, wird durch Ereignisse wahr *gemacht*. Ihre Wahrheit ist tatsächlich ein Geschehen, ein Vorgang, und zwar der Vorgang ihrer Selbst-Bewahrheitung, ihre *Veri-fikation*. Die Geltung der Wahrheit ist nichts anderes als eben der Vorgang des Sich-geltend-Machens.«

[...]

»Zunächst möchte ich darauf aufmerksam machen, daß der Besitz wahrer Gedanken überall zugleich den Besitz wertvoller Mittel zum Handeln bedeutet. Unsere Pflicht, Wahrheit zu erwerben, ist also keineswegs ein aus der Luft stammendes Gebot oder eine Last, die der Intellekt sich selbst auferlegt hat, sie ruht vielmehr auf vortrefflichen praktischen Gründen.

Daß es für das menschliche Leben von Wichtigkeit ist, daß wir über Tatsachen wahre Urteile zur Verfügung haben, ist eine bekannte Sache. Wir leben in einer Welt von Wirklichkeiten, die uns unendlich nützlich und auch unendlich schädlich sein können. Gedanken, die uns sagen, was wir zu erwarten haben, gelten auf dieser primären Stufe als die wahren Gedanken, und das Streben nach dem Besitz solcher Gedanken ist eine der ersten menschlichen Pflichten. Der Besitz der Wahrheit ist hier keineswegs Selbstzweck, sondern ein Mittel zur Befriedigung irgendeines Lebensbedürfnisses.«

[...]

»›Wahr‹ ist der Name für jede Vorstellung, die den Verifikationsprozeß auslöst und ›nützlich‹ der Name für die in der Erfahrung sich bewährende Wirkung. Wahre Vorstellungen hätten sich nie von den anderen abheben, hätten nie mit einem allgemeinen gleichen Namen bezeichnet werden können und ganz gewiß nicht mit einem Namen, der an etwas Wertvolles erinnert, wenn sie nicht von Anfang an in dieser Art nützlich gewesen wären.

Aus dieser einfachen Überlegung gewinnt der Pragmatismus seinen Begriff der Wahrheit. Diese ist im wesentlichen nichts anderes als der Weg, auf dem wir von einem Stück der Erfahrung zu anderen Stücken hingeführt werden, und zwar zu solchen, die zu erreichen die Mühe lohnt. Ursprünglich und auf dem Boden des gesunden Menschenverstandes bedeutet die Wahrheit eines Bewußtseinszustandes nichts anderes als die Funktion *des Hinführens, das der Mühe lohnt.«*

[...]

»Die Wahrheit lebt tatsächlich größtenteils vom Kredit. Unsere Gedanken und Überzeugungen ›gelten‹, solange ihnen nichts widerspricht, so wie die Banknoten so lange gelten, als niemand ihre Annahme verweigert. Dies alles weist aber auf augenscheinliche Verifikationen hin, die irgendwo vorhanden sind. Ohne diese muß unsere Wahrheits-Fabrik ebenso zusammenbrechen wie ein finanzielles Unternehmen, das überhaupt keine Kapitals-Grundlage hat. Sie nehmen von mir eine Verifikation an und ich eine andere von Ihnen. Wir verkehren untereinander mit unsern Wahrheiten. Aber die Grundpfeiler des ganzen Oberhauses sind doch immer Überlegungen, die *von irgend jemandem* anschaulich verifiziert worden sind.

Ein weiterer wichtiger Grund dafür, daß wir im gewöhnlichen Leben auf vollständige Verifikation verzichten, ist, abgesehen von der Zeit-Ökonomie, auch der Umstand, daß die Dinge nicht in lauter Einzelexemplaren, sondern in Gattungen da sind. Unsere Welt hat ein für allemal diese Eigenschaft. Wenn wir also unsere Vorstellungen an einem bestimmten Exemplar einer Gattung unmittelbar verifiziert haben, so halten wir uns für berechtigt, sie ohne weitere Verifikation auf andere Exemplare anzuwenden. Ein Geist, der gewohnheitsmäßig die Gattung des Dinges, das er vor sich hat, erkennt und dann gemäß dem Gesetze der Gattung, ohne sich mit weiteren Verifikationen aufzuhalten, sofort zur Tat schreitet, wird in 99 von 100 Fällen ein ›wahrer‹ Geist sein. Die Wahrheit seiner Urteile ist dadurch bewiesen, daß seine Handlungsweise die entsprechende ist und keine Widerlegung erfährt.«

[...]

»Wir bringen unsere abstrakten Ideen miteinander in Beziehung und bauen schließlich große Systeme logischer und mathematischer Wahrheit auf, in deren einzelne Fächer die sinnenfälligen Tatsachen der Erfahrung sich selbst einordnen, so daß unsere ewigen Wahrheiten auch für die wirkliche Welt Geltung haben. Diese Verbindung von Tatsachen und Theorien ist unendlich fruchtbar. Wenn wir unsere Gegenstände richtig eingeordnet haben, so sind unsere Aussagen darüber wahr, ohne daß wir erst auf ihre Verifikation im einzelnen Falle warten müssen. Aus der inneren Struktur unseres Denkens hat sich ein Gefüge gebildet, in welches alle Arten möglicher Gegenstände hineinpassen. Wir können mit diesen abstrakten Beziehungen ebensowenig willkürlich unser Spiel treiben wie mit unseren Sinneserfahrungen. Diese Beziehungen engen uns ein, wir müssen konsequent mit ihnen operieren, mag das Ergebnis gefallen oder nicht. Die Regeln der Addition gelten für unsere Schulden ebenso streng wie für unsere Einkünfte. Die hundertste Dezimalstelle von π, der Verhältniszahl zwischen Umfang und Durchmesser des Kreises, ist idealiter vorausbestimmt, auch wenn sie noch niemand berechnet haben sollte. Wenn wir bei der Berechnung eines wirklichen Kreises diese Ziffer brauchen sollten, so müßten wir sie nach der üblichen Regel berechnen und dann richtig einsetzen; sie besitzt ebensoviel Wahrheit als diese Regeln sonst herausrechnen.«

[...]

»Inzwischen müssen wir mit der Wahrheit leben, die wir heute erreichen können, und müssen uns darauf gefaßt machen, diese Wahrheit morgen einen Irrtum zu nennen. Ptolemäische Astronomie, Euklidischer Raum, Aristotelische Logik, scholastische Metaphysik waren Jahrhunderte hindurch zweckentsprechend, aber die menschliche Erfahrung ist über diese Grenzen hinausgekommen, und wir nennen diese Dinge jetzt nur relativ wahr oder wahr innerhalb dieser Erfahrungsgrenzen. ›Absolut‹ betrachtet, sind sie falsch, denn diese Grenzen waren zufällige und hätten von vergangenen Theoretikern ebensogut überschritten werden können, wie sie von modernen Denkern überschritten worden sind.«

Literatur

Abel, Günter, 1996. »Interpretation und Realität. Erläuterungen zur Interpretationsphilosophie«. In: Allgemeine Zeitschrift für Philosophie, 21 (1996), 271-288.

Acham, Karl, 1990. »Der Mensch im Zeitalter des kulturellen Pluralismus«. In: A. Huter (Hg.), Zukunft des Fernsehens – Ende der Kultur? Internationales Forschungszentrum Salzburg. Innsbruck u. a.: Tyrolia-Verlag, 31-61.

—, 1994. Stichwort »Wissenschaftstheorie der Sozialwissenschaften«. In: K.-H. Hillmann (Hg.), Wörterbuch der Soziologie. Stuttgart: A. Kröner. 4. Auflage.

Albert, Hans / Kurt H. Stapf (Hg.), 1979. Theorie und Erfahrung. Beiträge zur Grundlagenproblematik der Sozialwissenschaften. Stuttgart: Klett Cotta.

Balzer, Wolfgang, 1985. »Stufen der Empirizität«. In: SPIEL 4 (1985), H. 1, 135-153.

Biere, Bernd Ulrich, 1996. »Fachsprachengebrauch und Verständlichkeit. Bemerkungen zum Verhältnis von Wissenschaft und Öffentlichkeit«. In: Jörg Henning / Jürgen Meier (Hg.), Varietäten der deutschen Sprache (Festschrift für Dieter Möhn). Frankfurt/M.: Lang, 213-227.

Bogumil, Jörg / Stefan Immerfall, 1985. Wahrnehmungsweisen empirischer Sozialforschung. Zum (Selbst-)Verständnis des sozialwissenschaftlichen Erfahrungsprozesses. Frankfurt/M./New York: Campus.

Bourdieu, Pierre, 1987. Sozialer Sinn. Kritik der theoretischen Vernunft. Frankfurt/M.: Suhrkamp.

Burian, Richard M., 1980. »Empirismus«. In: Josef Speck u. a. (Hg.), Handbuch wissenschaftstheoretischer Begriffe, Bd. 1. Göttingen: Vandenhoeck & Ruprecht, 150-158.

Charpa, Ulrich, 1995. Philosophische Wissenschaftshistorie. Grundsatzfragen / Verlaufsmodelle. Braunschweig / Wiesbaden: Vieweg (Wissenschaftstheorie. Wissenschaft und Philosophie, Bd. 42).

Crary, Jonathan, 1996. Techniken des Betrachters: Sehen und Moderne im 19. Jahrhundert. Dresden-Basel: Verlag der Kunst (Techniques of the Observer. Vision and Modernity in the Nineteenth Century, MIT Press 1990).

Drechsel, Paul, 1994. Sozialstruktur und kommunikatives Handeln: Reflexionen über eine postmoderne Ethno-Soziologie. Münster/Hamburg: LIT.

Elling, E., 1989. Stichworte »Pragmatismus, Pragmatizismus«. In: J. Ritter u. a. (Hg.), Historisches Wörterbuch der Philosophie, Bd. 7. Basel/Stuttgart: Schwabe, Sp. 1244-1249.

Engels, Eve-Marie, 1985. »Evolutionäre Erfahrung und Realismus«. In: SPIEL 4 (1985), H. 1, 41-69.

—, 1989. Erkenntnis als Anpassung? Eine Studie zur Evolutionären Erkenntnistheorie. Frankfurt/M.: Suhrkamp.

Esser, Hartmut, 1989. »Verfällt die ›soziologische Methode‹?« In: Soziale Welt, H. 1/2, Bd. 198 (1989), 57-75.

—, 1994. »›Kommunikation‹ und ›Handlung‹«. In: G. Rusch / S. J. Schmidt (Hg.), Konstruktivismus und Sozialtheorie. DELFIN 1994. Frankfurt/M.: Suhrkamp, 172-204.

Falk, Gunter, 1977. Die Würfel in manchen Sätzen. Spenge: K. Ramm.

Feilke, Helmuth, 1994. Common sense-Kompetenz. Überlegungen zu einer Theorie »sympathischen« und »natürlichen« Meinens und Verstehens. Frankfurt/M.: Suhrkamp.

—, 1996. Sprache als soziale Gestalt. Ausdruck, Prägung und die Ordnung der sprachlichen Typik. Frankfurt/M.: Suhrkamp.

— / Siegfried J. Schmidt, 1995. »Denken und Sprechen. Anmerkungen zur strukturellen Kopplung von Kognition und Kommunikation«. In: J. Trabant (Hg.), Sprache denken. Positionen aktueller Sprachphilosophie. Frankfurt/M.: S. Fischer, 269-297.

Feyerabend, Paul K., 1978. Der wissenschaftstheoretische Realismus und die Autorität der Wissenschaften. Ausgewählte Schriften Bd. 1. Braunschweig-Wiesbaden: Vieweg (Wissenschaftstheorie. Wissenschaft und Philosophie, Bd. 13).

—, 1981. Probleme des Empirismus: Schriften zur Theorie der Erklärung, der Quantentheorie und der Wissenschaftsgeschichte. Ausgewählte Schriften, Bd. 2. Braunschweig/Wiesbaden: Vieweg (Wissenschaftstheorie. Wissenschaft und Philosophie, Bd. 17).

Finke, Peter, 1982. Konstruktiver Funktionalismus. Die wissenschaftstheoretische Basis einer empirischen Theorie der Literatur. Braunschweig/Wiesbaden: Vieweg (Konzeption Empirische Literaturwissenschaft, Bd. 2).

Fleck, Ludwik, 1929. »Zur Krise der ›Wirklichkeit‹«. In: Die Naturwissenschaften, 17 (1929), H. 23, 425-430.

—, (1935) 1980. Entstehung und Entwicklung einer wissenschaftlichen Tatsache. Mit einer Einleitung hg. von Lothar Schäfer und Thomas Schnelle. Frankfurt/M.: Suhrkamp.

Foerster, Heinz von, 1985. Sicht und Einsicht. Versuche zu einer operativen Erkenntnistheorie. Braunschweig/Wiesbaden: Vieweg (Wissenschaftstheorie. Wissenschaft und Philosophie, Bd. 21).

—, 1993. Wissen und Gewissen. Versuch einer Brücke. Hg. von S. J. Schmidt. Frankfurt/M.: Suhrkamp.

—, 1993. »Das Gleichnis vom Blinden Fleck. Über das Sehen im allgemeinen«. In: G. J. Lischka (Hg.), 1992, 14-47.
Frey, G. / E. Scheerer, 1984. Stichwort »Operationalismus«. In: J. Ritter
u. a. (Hg.), Historisches Wörterbuch der Philosophie, Bd. 6. Basel/ Stuttgart: Schwabe, Sp. 1216-1222.
Gatzemeier, Matthias, 1982. »Zweck und Zweckmäßigkeit in der Wissenschaft«. In: Berichte zur Wissenschaftsgeschichte Bd. 5, 17-22.
Giesecke, Michael, 1991. Der Buchdruck in der frühen Neuzeit. Frankfurt/M.: Suhrkamp.
Glasersfeld, Ernst von, 1985. »Konstruktion der Wirklichkeit und des Begriffs der Objektivität«. In: H. Gumin / A. Mohler (Hg.), Einführung in den Konstruktivismus. München: Oldenbourg 1985, 1-26.
—, 1992. »Aspekte des Konstruktivismus: Vico, Berkeley, Piaget«. In: G. Rusch / S. J. Schmidt (Hg.), Konstruktivismus: Geschichte und Anwendung. DELFIN 1992. Frankfurt/M.: Suhrkamp, 20-33.
—, 1997. Radikaler Konstruktivismus. Ideen, Ergebnisse, Probleme. Frankfurt/M.: Suhrkamp (Radical Constructivism: A Way of Knowing and Learning. London 1995).
Godzich, Wlad, 1991. »Vom Paradox der Sprache zur Dissonanz des Bildes«. In: H. U. Gumbrecht / K. L. Pfeiffer (Hg.), Paradoxien, Dissonanzen, Zusammenbrüche. Situationen offener Epistemologie. Frankfurt/M.: Suhrkamp, 747-758.
Goldhammer, E. von / H. Spranger, 1991. »Kybernetik und Systemtheorie: Aus der Sicht der Medien. Kognitive Netzwerke als geschlossene und offene Systeme«. In: Kybernetik und Systemtheorie. Wissenschaftsgebiete der Zukunft? Fachberichte des ICS, Bochum 1991-1, 191-211.
Goodman, Nelson, 1989. Weisen der Welterzeugung. Frankfurt/M.: Suhrkamp (Ways of Worldmaking. Indianapolis 1978).
— / Catherine Z. Elgin, 1993. Revisionen. Philosophie und andere Künste und Wissenschaften. Frankfurt/M.: Suhrkamp (Reconceptions in Philosophy and Other Arts and Sciences. Indianapolis 1988).
Goody, Jack, 1990. Die Logik der Schrift und die Organisation von Gesellschaft. Frankfurt/M.: Suhrkamp. (The Logic of Writing and the Organization of Society. Cambridge University Press 1986).
Groeben, Norbert, 1986. Handeln, Tun, Verhalten als Einheiten einer verstehend-erklärenden Psychologie. Tübingen: Francke.
—, 1995. »Methodenprobleme der Empirischen Literaturwissenschaft«. In: S. J. Schmidt (Hg.), Empirische Literatur- und Medien-

forschung. Beobachtet aus Anlaß des 10jährigen Bestehens des LUMIS-Instituts 1994. Siegen: LUMIS-Sonderreihe 1995, 56-71.
Habermas, Jürgen / Niklas Luhmann (Hg.), 1971. Theorie der Gesellschaft oder Sozialtechnologie. Frankfurt/M.: Suhrkamp.
Hartmann, Dirk / Peter Janich (Hg.), 1996. Methodischer Kulturalismus. Zwischen Naturalismus und Postmoderne. Frankfurt/M.: Suhrkamp 1996.
Hasse, Raimund / Georg Krücken / Peter Weingart, 1994. »Laborkonstruktivismus. Eine wissenssoziologische Reflexion«. In: G. Rusch / S. J. Schmidt (Hg.), Konstruktivismus und Sozialtheorie. DELFIN 1993. Frankfurt/M.: Suhrkamp, 220-262.
Hauptmeier, Helmut / Gebhard Rusch, 1984. Erfahrung und Wissenschaft. Überlegungen zu einer konstruktivistischen Theorie der Erfahrung. LUMIS-Schriften 4, Universität-GH Siegen.
Havelock, Eric A., 1963. Preface to Plato. Oxford: Blackwell.
Heede, R., 1976. Stichwort »Instrumentalismus«. In: J. Ritter (Hg.), Historisches Wörterbuch der Philosophie. Bd. 4. Basel/Stuttgart: Schwabe, Sp. 424-428.
Hejl, Peter M., 1995. »Ethik, Konstruktivismus und gesellschaftliche Selbstregelung«. In: G. Rusch / S.J. Schmidt (Hg.), Konstruktivismus und Ethik. DELFIN 1995. Frankfurt/M.: Suhrkamp, 28-121.
Herrmann, Theo, 1979. »Zur Tauglichkeit psychologischer Theorien«. In: H. Albert / K. H. Stapf (Hg.), 1979, 195-217.
Jahraus, Oliver / Benjamin Marius, 1995. Systemtheorie und Dekonstruktion. Vergleich zweier Supertheorien (Manuskript).
James, William, 1994. Was ist Pragmatismus? Weinheim: Athenäum.
Janich, Peter, 1987. »Der Zweck heiligt die Mittel. Zum Verhältnis von Wahrheit und Nutzen in den Naturwissenschaften«. In: M. Gatzemeier (Hg.), Wissenschaftstheorie, Wissenschaft und Gesellschaft.
Aachen: Rader, 68-83.
—, 1992. »Die methodische Ordnung von Konstruktionen. Der Radikale Konstruktivismus aus der Sicht des Erlanger Konstruktivismus«. In: S. J. Schmidt (Hg.), Kognition und Gesellschaft. Der Diskurs des Radikalen Konstruktivismus 2. Frankfurt/M.: Suhrkamp, 24-41.
—, 1992a. Grenzen der Naturwissenschaft. Erkennen als Handeln. München: Beck.
—, 1993. »Über den Einfluß falscher Physikverständnisse auf die Entwicklung der Neurobiologie«. In: E. Florey / O. Breidbach (Hg.), Das Gehirn - Organ der Seele? Zur Ideengeschichte der Neurobiologie. Berlin: Akademie Verlag, 309-326.
—, 1995. »Die methodische Konstruktion der Wirklichkeit durch die Wissenschaften«. In: H. Lenk / H. Poser (Hg.), Neue Realitä-

ten – Herausforderung der Philosophie (XVI. Dt. Kongreß f. Philosophie. Berlin 20.-24. September 1993). Berlin: Akademie Verlag, 460-475.
—, 1996. Konstruktivismus und Naturerkenntnis. Auf dem Weg zum Kulturalismus. Frankfurt/M.: Suhrkamp.
—, 1996a. Was ist Wahrheit? Eine philosophische Einführung. München: Beck.
Jensen, Stefan, 1994. »Im Kerngehäuse«. In: G. Rusch / S. J. Schmidt (Hg.), Konstruktivismus und Sozialtheorie. DELFIN 1993. Frankfurt/M.: Suhrkamp, 47-108.
Jokisch, Rodrigo, 1996. Logik der Distinktionen. Zur Protologik einer Theorie der Gesellschaft. Opladen: Westdeutscher Verlag.
Juchem, Johannes G., 1996. Kommunikationssemantik. Vorläufige Ergebnisse eines DFG-Forschungsprojektes. Bonn (Manuskript).
Kambartel, Friedrich, 1972. Stichwort »Erfahrung«. In: J. Ritter u. a. (Hg.), Historisches Wörterbuch der Philosophie, Bd. 2. Basel/Stuttgart: Schwabe, Sp. 609-617.
Kamlah, Wilhelm / Paul Lorenzen, (1973) 1992. Logische Propädeutik. Vorschule des vernünftigen Redens. Mannheim u. a.: Bibliographisches Institut 1992.
Knauss, G., 1972. Stichwort »Erfahrung, innere«. In: J. Ritter (Hg.), Historisches Wörterbuch der Philosophie, Bd. 2. Basel/Stuttgart: Schwabe, Sp. 619-620.
Knorr-Cetina, Karin, 1989. »Spielarten des Konstruktivismus. Einige Notizen und Anmerkungen«. In: Soziale Welt 40 (1989), H. 1/2, 86-96.
Kobusch, Th., 1976. Stichwort »Intuition«. In: J. Ritter u. a. (Hg.), Historisches Wörterbuch der Philosophie, Bd. 4. Basel/Stuttgart: Schwabe, Sp. 524-540.
Köck, Wolfram K., 1987. »Kognition – Semantik – Kommunikation«. In: S. J. Schmidt (Hg.), Der Diskurs des Radikalen Konstruktivismus. Frankfurt/M.: Suhrkamp, 340-373.
—, 1996. »Sprache als neurale Repräsentation?« In: A. Ziemke / O. Breidbach (Hg.) 1996, 63-98.
Kramaschki, Lutz, 1994. Intersubjektivität, Empirie, Theorie. Problemaufriß zur Methodologie einer konstruktivistischen Empirischen Literaturwissenschaft. LUMIS-Schriften 40, Universität-GH Siegen.
Krämer, Sybille, 1995. »Vom Trugbild zum Topos. Über fiktive Realitäten«. In: St. Iglhaut u. a. (Hg.), Illusion und Simulation. Begegnungen mit der Realität. Ostfildern: Cantz, 130-137.
Kriz, Jürgen, 1985. »Wie empirisch ist die Empirie?« In: SPIEL 4 (1985), H. 1, 7-40.
Kruse, Peter, 1988. »Stabilität – Instabilität – Multistabilität. Selbstor-

ganisation und Selbstreferentialität in kognitiven Systemen«. In: DELFIN XI (1988), 35-57.
Kurt, Ronald, 1994. »Soziologie ohne Subjekt ist sinnlos«. In: G. Rusch / S. J. Schmidt (Hg.), Konstruktivismus und Sozialtheorie. DELFIN 1993. Frankfurt/M.: Suhrkamp, 331-358.
Lenk, Hans, 1978. »Handlung als Interpretationskonstrukt«. In: H. Lenk (Hg.), Handlungstheorie – interdisziplinär, Bd. II. München: Fink, 279-350.
Lischka, Gerhard Johann (Hg.), 1993. Der entfesselte Blick: Symposium, Workshop, Ausstellung. Bern: Benteli.
Lloyd, Geoffrey, 1966. Polarity and Analogy: Two Types of Argumentation in Early Greek Thought. Cambridge University Press.
Luhmann, Niklas, 1985. Soziale Systeme. Grundriß einer allgemeinen Theorie. Frankfurt/M.: Suhrkamp. 2. Auflage.
—, 1988. Erkenntnis als Konstruktion. Bern: Benteli.
—, 1990. Soziologische Aufklärung 5: Konstruktivistische Perspektiven. Opladen: Westdeutscher Verlag.
—, 1990a. Die Wissenschaft der Gesellschaft. Frankfurt/M.: Suhrkamp.
—, 1995. Die Realität der Massenmedien. Opladen: Westdeutscher Verlag (Vorträge Nordrhein-Westfälische Akademie der Wissenschaften: Geisteswissenschaften G 333).
—, 1995a. Die Kunst der Gesellschaft. Frankfurt/M.: Suhrkamp.
—, 1996. Die Realität der Massenmedien. Opladen: Westdeutscher Verlag. 2. erw. Auflage.
Luria, Aleksandr Romanovich, 1976. Cognitive Development: Its Cultural and Social Foundations. Cambridge/Mass./London: Harvard University Press.
Maturana, Humberto R. 1985. Erkennen: Die Organisation und Verkörperung von Wirklichkeit. Braunschweig/Wiesbaden: Vieweg (Wissenschaftstheorie. Wissenschaft und Philosophie, Bd. 19). 2. Auflage.
— / Francisco J. Varela, 1987. Der Baum der Erkenntnis. Die biologischen Wurzeln des menschlichen Erkennens. Bern u. a.: Scherz.
Meyer, Benno, 1993. Analyse und Kritik der Grundlagen der Luhmannschen Theorie sozialer Systeme aus der Sicht der allgemeinen Systemtheorie. Phil. Diss., Universität Leipzig.
Mittelstraß, Jürgen, 1984. »Forschung, Begründung, Rekonstruktion. Wege aus dem Begründungsstreit«. In: H. Schnädelbach (Hg.), 1984, 117-140.
—, 1987. »Philosophische Grundlagen der Wissenschaften. Über wissenschaftstheoretischen Historismus, Konstruktivismus und Mythen des wissenschaftlichen Geistes«. In: G. Pasternack (Hg.),

Philosophie und Wissenschaften: Das Problem des Apriorismus. Materialien des Symposiums Philosophie und Wissenschaft vom 12. - 14.2.1986 an der Universität Bremen. Frankfurt/M. u. a.: Lang, 13-42.

—, 1992. »Rationalität und Reproduzierbarkeit«. In: P. Janich (Hg.), Entwicklungen der methodischen Philosophie. Frankfurt/M.: Suhrkamp, 54-67.

Mitterer, Josef, 1992. Das Jenseits der Philosophie. Wider das dualistische Erkenntnisprinzip. Wien: Passagen Verlag (Edition Passagen, Bd. 38).

Moser, Sibylle, 1995. Zum Operationalismus in der ELW. Methodologische, philosophische und empirische Aspekte theoretischer Operationen aus konstruktivistischer Perspektive. Universität Siegen: LUMIS-Institut, Arbeitspapier.

Neurath, Otto, 1981. »Radikaler Physikalismus und ›wirkliche Welt‹«. In: O. Neurath, Gesammelte philosophische und methodologische Schriften, hg. von R. Haller / H. Rutte. Wien: Holder-Pichler-Tempsky. Bd. 2, 611-623 (1934 in: Erkenntnis, Bd. 4, 396-362).

—,1981a. »Wissen und Sein«. In: O. Neurath, Gesammelte philosophische und methodologische Schriften, hg. von R. Haller / H. Rutte. Wien: Holder-Pichler-Tempsky. Bd. 2, 833-843 (zuerst in: Algemeen Nederlands Tijdschrift voor Wijsbegeerte en Psychologie, 31, H. 5, 1938, 230-239).

Niemann, Hans-Joachim, 1993. Die Strategie der Vernunft. Rationalität in Erkenntnis, Moral und Metaphysik. Braunschweig/Wiesbaden: Vieweg (Wissenschaftstheorie. Wissenschaft und Philosophie, Bd. 38).

Nowotny, Helga, 1992. »Kommunikation, Zeit, Öffentlichkeit«. In: W. Hömberg / M. Schmolke (Hg.), Zeit, Raum, Kommunikation. München: Ölschläger, 17-29 (Schriftenreihe der deutschen Gesellschaft für Publizistik und Kommunikationswissenschaft, Bd. 18).

Nüse, Ralf, 1994. »Strukturdeterminiertheit als Basis für Intersubjektivität? Zu einigen wahrnehmungstheoretischen Implikationen eines radikal-konstruktivistischen Modells«. In: G. Hörmann (Hg.), Im System gefangen. Zur Kritik systemischer Konzepte in den Sozialwissenschaften. Münster: Hans Zygowski Bessau Verlag, 160-184.

— / Norbert Groeben / Burkhard Freitag / Margrit Schreier, 1991. Über die Erfindung/en des Radikalen Konstruktivismus: Kritische Gegenargumente aus psychologischer Sicht. Weinheim: Deutscher Studien Verlag.

Oeser, Erhard / Franz Seitelberger, 1988. Gehirn, Bewußtsein und Erkenntnis. Darmstadt: Wissenschaftliche Buchgesellschaft (Dimensionen der modernen Biologie, Bd. 2).

Ong, Walter J., 1987. Oralität und Literalität. Die Technologisierung des Wortes. Opladen: Westdeutscher Verlag 1987 (Orality and Literacy. The Technologizing of the Word. London 1982).

Pasemann, Frank, 1996. »Repräsentation ohne Repräsentation – Überlegungen zu einer Neurodynamik modularer kognitiver Systeme«. In: G. Rusch / S. J. Schmidt / O. Breidbach (Hg.), 1996, 43-95.

Pasternack, Gerhard, 1994. »Empirische Literaturwissenschaft und ihre wissenschaftsphilosophischen Voraussetzungen«. In: A. Barsch / G. Rusch / R. Viehoff (Hg.), Empirische Literaturwissenschaft in der Diskussion. Frankfurt/M.: Suhrkamp, 55-85.

—, 1995. »Wissenschaftsphilosophische Probleme der Empirischen Literaturwissenschaft«. In: S. J. Schmidt (Hg.), Empirische Literatur- und Medienforschung. Beobachtet aus Anlaß des 10jährigen Bestehens des LUMIS-Instituts 1994. Siegen: LUMIS-Sonderreihe, 41-55.

— / Arnd Mehrtens, 1990. »Wissenschaftsphilosophisches Voraussetzungssystem und Probleme der rationalen Rekonstruktion impliziter Voraussetzungen«. In: G. Pasternack (Hg.), Philosophie und Wissenschaften. Frankfurt/M.: Lang, 25-38.

Pastior, Oskar, 1980. Wechselbalg. Gedichte 1977-1980. Spenge: K. Ramm.

Patzig, Günther, 1980. Tatsachen, Normen, Sätze. Aufsätze und Vorträge. Stuttgart: Reclam.

Peschl, Markus F., 1994. Repräsentation und Konstruktion. Kognitions- und neuroinformatische Konzepte als Grundlage einer naturalisierten Epistemologie und Wissenschaftstheorie. Braunschweig/Wiesbaden: Vieweg (Wissenschaftstheorie. Wissenschaft und Philosophie, Bd. 40).

Piaget, Jean, 1974. Biologie und Erkenntnis. Über die Beziehungen zwischen organischen Regulationen und kognitiven Prozessen. Frankfurt/M.: S. Fischer (Biologie et connaissance. Paris: Gallimard 1967).

Promp, Detlef W., 1990. Sozialisation und Ontogenese – ein biosoziologischer Ansatz. Berlin/Hamburg: Parey.

Roelke, Thorsten, 1991. »Das Eineindeutigkeitspostulat der lexikalischen Fachsprachensemantik«. In: Zeitschrift für germanistische Linguistik, 19 (1991), 194-208.

Ropohl, Günter, 1978. »Einführung in die allgemeine Systemtheorie«. In: H. Lenk / G. Ropohl (Hg.), Systemtheorie als Wissenschaftsprogramm. Königstein/Ts.: Athenäum, 9-49.

Rorty, Richard, 1987. Der Spiegel der Natur: Eine Kritik der Philoso-

phie. Frankfurt/M.: Suhrkamp (Philosophy and the Mirror of Nature. Princeton University Press 1979).
–, 1992. Kontingenz, Ironie und Solidarität. Frankfurt/M.: Suhrkamp. (Contingency, Irony, and Solidarity. Cambridge University Press 1989).
Ros, Arno, 1993. Bemerkungen zum Verhältnis zwischen Neurophysiologie und Psychologie (Ms., Universität des Saarlandes, Saarbrücken).
–, 1994. »›Wirklichkeit‹ und ›Konstruktion‹. Der Status der Wirklichkeit in der Genese kognitiver Strukturen bei Jean Piaget«. In: G. Rusch / S. J. Schmidt (Hg.), Piaget und der Radikale Konstruktivismus. DELFIN 1994. Frankfurt/M.: Suhrkamp, 139-175.
–, 1994a, »›Konstruktion‹ und ›Wirklichkeit‹. Bemerkungen zu den erkenntnistheoretischen Grundannahmen des Radikalen Konstruktivismus«. In: G. Rusch / S. J. Schmidt (Hg.), Piaget und der Radikale Konstruktivismus. DELFIN 1994. Frankfurt/M.: Suhrkamp, 176-213.
Roth, Gerhard, 1995. Das Gehirn und seine Wirklichkeit. Kognitive Neurobiologie und ihre philosophischen Konsequenzen. Frankfurt/M.: Suhrkamp. 2. Auflage.
Rusch, Gebhard, 1987. Erkenntnis, Wissenschaft, Geschichte. Von einem konstruktivistischen Standpunkt. Frankfurt/M.: Suhrkamp.
–, 1995. »Erkenntnistheorie oder Theorie des Wissens? Anmerkungen zu Hans Jürgen Wendel ›Radikaler Konstruktivismus oder Erkenntnistheorie?‹« In: Information Philosophie 2, Juni 1995, 70-75.
–, 1995a. »The Notion of ›Empirical‹: *Knowing How*«. In: G. Rusch (Hg.), Empirical Approaches To Literature. Proceedings of the 4th Conference of the International Society for the Empirical Study of Literature, Budapest 1994. Siegen: Siegen University, LUMIS-Publications Special Edition, 103-108.
– / Siegfried J. Schmidt (Hg.), 1994. Piaget und der Radikale Konstruktivismus. DELFIN 1994. Frankfurt/M.: Suhrkamp.
– / Siegfried J. Schmidt / Olaf Breidbach (Hg.), 1996. Innere Repräsentationen. Neuere Konzepte der Hirnforschung. DELFIN 1996. Frankfurt/M.: Suhrkamp.
Schadewaldt, Wolfgang, 1978. Die Anfänge der Philosophie bei den Griechen. Die Vorsokratiker und ihre Voraussetzungen. Frankfurt/M.: Suhrkamp (Tübinger Vorlesungen, Bd. 1).
Scheerer, Eckard, 1993. »Mündlichkeit und Schriftlichkeit – Implikationen für die Modellierung kognitiver Prozesse«. In: J. Baurmann u. a. (Hg.), Homo Scribens: Perspektiven der Schriftlichkeitsforschung. Tübingen: Niemeyer, 141-176.
Schlosser, Gerhard, 1993. Einheit der Welt und Einheitswissenschaft.

Grundlegung einer Allgemeinen Systemtheorie. Braunschweig/Wiesbaden: Vieweg (Wissenschaftstheorie. Wissenschaft und Philosophie, Bd. 37).
Schmidt, Siegfried J., 1980. Grundriß der Empirischen Literaturwissenschaft. Bd. 1: Der gesellschaftliche Handlungsbereich Literatur. Braunschweig/Wiesbaden: Vieweg (Konzeption Empirische Literaturwissenschaft, Bd. I).
— (Hg.), 1993. Literaturwissenschaft und Systemtheorie. Positionen, Kontroversen, Perspektiven. Opladen/Wiesbaden: Westdeutscher Verlag.
—, 1993. »Kommunikationskonzepte für eine systemorientierte Literaturwissenschaft«. In: ders. (Hg.), 1993, 241-268.
—, 1993a. »Zur Ideengeschichte des Radikalen Konstruktivismus«. In: E. Florey / O. Breidbach (Hg.), Das Gehirn – Organ der Seele? Zur Ideengeschichte der Neurobiologie. Berlin: Akademie Verlag, 327-349.
—, 1994. Kognitive Autonomie und soziale Orientierung. Kontruktivistische Bemerkungen zum Zusammenhang von Kognition, Kommunikation, Medien und Kultur. Frankfurt/M.: Suhrkamp.
—, 1996a. Die Welten der Medien. Braunschweig/Wiesbaden: Vieweg (Wissenschaftstheorie. Wissenschaft und Philosophie, Bd. 46).
–, 1996b. »Trivialization and Empiricity«. In: R. Glanville (Hg.), Heinz von Foerster, a Festschrift. Systems Research, Bd. 13, Nr. 3, Sept. 1996, 385-392.
—, 1997. »Anwendungsorientierte Literaturwissenschaft. Perspektiven eines Projekts«. In: G. Jäger / J. Schönert (Hg.), Wissenschaft und Berufspraxis. Angewandtes Wissen und praxisorientierte Studiengänge in den Sprach-, Literatu-, Kultur- und Medienwissenschaften. Paderborn usw.: Schöningh, 135-144.
— / Brigitte Spieß, 1996. Die Kommerzialisierung der Kommunikation. Fernsehwerbung und sozialer Wandel 1956-1989. Frankfurt/M.: Suhrkamp.
Schnädelbach, Herbert (Hg.), 1984. Rationalität. Philosophische Beiträge. Frankfurt/M.: Suhrkamp.
Stachowiak, Herbert, 1973. Allgemeine Modelltheorie. Wien/New York: Springer.
Stadler, Michael / Peter Kruse, 1990. »Über Wirklichkeitskriterien«. In: V. Riegas / Chr. Vetter (Hg.), Zur Biologie der Kognition. Frankfurt/M.: Suhrkamp, 133-158.
Stegmüller, Wolfgang, 1954. Metaphysik, Wissenschaft, Skepsis. Frankfurt/M./Wien: Humboldt Verlag.
Stein, Gertrude, 1990. Erzählen. Vier Vorträge. Frankfurt/M.: Suhrkamp, 3. Auflage. (Narration. Four lectures by Gertrude Stein, Chicago 1935).

–, 1996. Gertrude Stein für Minuten. Ein Lesebuch, zusammengestellt von U. Michels-Wenz. Frankfurt/M.: Suhrkamp.

Treml, Alfred K., 1997. Klassiker. Die Evolution einflußreicher Semantik. Sankt Augustin: academia verlag.

Uexküll, Jakob von, 1973. Theoretische Biologie. Frankfurt/M.: Suhrkamp (1. Auflage 1928).

Vaassen, Bernd, 1996. Die narrative Gestalt(ung) der Wirklichkeit. Grundlinien einer postmodern orientierten Epistemologie der Sozialwissenschaften. Braunschweig/Wiesbaden: Vieweg (Wissenschaftstheorie. Wissenschaft und Philosophie, Bd. 44).

Varela, Francisco J. / Evan Thompson / Eleanor Rosch, 1992. Der mittlere Weg der Erkenntnis. Die Beziehung von Ich und Welt in der Kognitionstheorie. Bern/München/Wien: Scherz.

Weber, Stefan, 1996. Die Dualisierung des Erkennens. Zu Konstruktivismus, Neurophilosophie und Medientheorie. Wien: Passagen Verlag 1996.

Weibel, Peter, 1992. »Über die Grenzen des Realen. Der Blick und das Interface«. In: G. J. Lischka (Hg.), 1992, 219-248.

–, 1993 »Virtuelle Realität: Der Endo-Zugang zur Elektronik«. In: F. Rötzer / P. Weibel (Hg.), Cyberspace. Zum medialen Gesamtkunstwerk. München: Boer, 15-46.

Weischenberg, Siegfried, 1995. Journalistik. Theorie und Praxis aktueller Medienkommunikation. Bd. 2: Mediatechnik, Medienfunktionen, Medienakteure. Opladen: Westdeutscher Verlag.

Weizsäcker, Carl F. von, 1980. Der Garten des Menschlichen. Beiträge zur geschichtlichen Anthropologie. München: Hanser. 5. Auflage.

Welsch, Wolfgang, 1988. Unsere postmoderne Moderne. Weinheim: VCH, Acta Humaniora. 2. Auflage.

Wendel, Hans Jürgen, 1989. »Wie erfunden ist die Wirklichkeit?« In: DELFIN XII (1989), 79-89.

–, 1990. Moderner Relativismus: Zur Kritik antirealistischer Sichtweisen des Erkenntnisproblems. Tübingen: Mohr (Die Einheit der Gesellschaftswissenschaften, Bd. 61).

Wolters, Gereon, 1984. »Instrumentalismus«. In: J. Mittelstraß (Hg.), Enzyklopädie, Philosophie und Wissenschaftstheorie, Bd. II, Mannheim/Wien/Zürich: Bibliographisches Institut, 252-253.

Ziemke, Axel, 1992. System und Subjekt. Biosystemforschung und radikaler Konstruktivismus im Lichte der Hegelschen Logik. Braunschweig/Wiesbaden: Vieweg (Wissenschaftstheorie. Wissenschaft und Philosophie, Bd. 36).

–, 1996. »Das Ding als Wahrnehmung und seine ›Aufhebung‹ in der Handlung«. In: A. Ziemke / O. Breidbach (Hg.) 1996, 139-168.

– / Konrad Stöber, 1992. »System und Subjekt«. In: S. J. Schmidt

(Hg.), Kognition und Gesellschaft. Der Diskurs des Radikalen Konstruktivismus 2. Frankfurt/M.: Suhrkamp, 42-75.
— / Olaf Breidbach (Hg.), 1996. Repräsentationismus – Was sonst? Eine kritische Auseinandersetzung mit dem repräsentationistischen Forschungsprogramm in den Neurowissenschaften. Braunschweig/
Wiesbaden: Vieweg (Wissenschaftstheorie. Wissenschaft und Philosophie, Bd. 45).
Zitterbarth, Walter, 1991. »Der Erlanger Konstruktivismus in seiner Beziehung zum konstruktiven Realismus«. In: M. F. Peschl (Hg.), Formen des Konstruktivismus in der Diskussion. Wien: Universitätsverlag, 73-87.
Zoglauer, Thomas, 1993. Das Problem der theoretischen Terme. Eine Kritik an der strukturalistischen Wissenschaftstheorie. Braunschweig/
Wiesbaden: Vieweg. (Wissenschaftstheorie. Wissenschaft und Philosophie, Bd. 39).

Abbildungsverzeichnis

S. 99 Carlfriedrich Claus, »Wortstamm« (1960). In: Carlfriedrich Claus, Erwachen am Augenblick. Sprachblätter. Hg. von dem Städtischen Museum Karl-Marx-Stadt und dem Westfälischen Landesmuseum Münster, 1990, S. 110.

S. 102 Vergleich von Auge und Camera obscura. Frühes 18. Jahrhundert. In: J. Crary 1996: S. 59.

S. 106 Transportable Camera obscura, Mitte des 18. Jahrhunderts. In: J. Crary, 1996: S. 40.

S. 108 A. Glück, »schließen sie die augen und belassen sie es dabei (danke)«. In: Droschl Verlag, Wien, Verlagskatalog 1996.

S. 110 Stereoskopische Projektion. In: Rosalind E. Krauss, The optical unconscious. M.I.T. 1993, S. 209.

S. 111 Diagramm der Funktionsweise des Wheatstone-Stereoskops. In: J. Crary, 1996: S. 132.

S. 113 Andreas Krengel, »ohne Titel«. In: Einblick '91. Kunstlandschaft Siegen-Wittgenstein. Ausstellungskatalog des Kultur-Büros Kreis Siegen-Wittgenstein 1991.

S. 119 Manfred Stumpf, »Ohne Titel« (1985). In: Vom Zeichnen. Aspekte der Zeichnung 1960-1985. Frankfurter Kunstverein u. a. 1986, S. 395.

S. 155 René Magritte, »Le puits de vérité« (1967). In: S. Gablik, Magritte. London: Thames and Hudson LTD 1970, S. 179.

S. 158 Carlo Ciarli, »Il tavolo dell' incertezza« 1990. In: Ultra Lux, Metaphern des Lichts. Katalog der Ausstellung im Museum für Moderne Kunst, Bozen 18. 1. - 17. 3. 1991.

S. 166 S. J. Schmidt, »genealogie der moral«. In: s j schmidt, volumina I. ein buch 1968-1970. Stuttgart: 4. Brenner-Privatpublikation 1975, o. p.

S. 170 G. Falk, Die Würfel in manchen Sätzen. Spenge: K. Ramm 1977, S. 181.

S. 173 Herwig Kempinger, »Der Spiegel« (1984). In: G. L. Lischka (Hg.), ALLES und noch viel mehr. Das poetische ABC. Bern: Benteli 1985, S. 779.

S. 212 René Magritte, »Reproduction forbidden« (1937). In: Museum Boymans-van Beuninger, Rotterdam Agenda Diary 1993.

suhrkamp taschenbücher wissenschaft
Philosophie

Adorno: Ästhetische Theorie. stw 2
– Drei Studien zu Hegel. stw 110
– Einleitung in die Musiksoziologie. stw 142
– Kierkegaard. stw 74
– Die musikalischen Monographien. stw 640
– Negative Dialektik. stw 113
– Philosophie der neuen Musik. stw 239
– Philosophische Terminologie. Bd. 1. stw 23
– Philosophische Terminologie. Bd. 2. stw 50
– Zur Metakritik der Erkenntnistheorie. stw 872
Adorno-Konferenz 1983. Hg. v. L. v. Friedeburg und J. Habermas. stw 460
Analytische Handlungstheorie, *siehe Beckermann und Meggle*
Angehrn u.a. (Hg.): Dialektischer Negativismus. stw 1034
Apel: Der Denkweg von Charles Sanders Peirce. stw 141
– Diskurs und Verantwortung. stw 893
– Transformation der Philosophie. Bd. 1/2. stw 164/165
– *siehe auch Kuhlmann/Böhler*
Apel (Hg.): Sprachpragmatik und Philosophie. stw 375
Apel/Kettner (Hg.): Zur Anwendung der Diskursethik in Politik, Recht und Wissenschaft. stw 999
Assmann/Hölscher (Hg.): Kultur und Gedächtnis. stw 724
Bachelard: Die Bildung des wissenschaftlichen Geistes. stw 668
– Die Philosophie des Nein. stw 325
Barth: Wahrheit und Ideologie. stw 68
Bateson: Geist und Natur. stw 691
– Ökologie des Geistes. stw 571
Batscha: »Despotismus von jeder Art reizt zur Widersetzlichkeit.« stw 759
Batscha (Hg.): Materialien zu Kants Rechtsphilosophie. stw 171
Batscha/Saage (Hg.): Friedensutopien. stw 267
Beckermann (Hg.): Analytische Handlungstheorie. Bd. 2: Handlungserklärungen. stw 489
– *siehe auch Meggle*
Benjamin: Gesammelte Schriften I–VII. stw 931-937
– *siehe auch Tiedemann*
Berkeley: Schriften über die Grundlagen der Mathematik und Physik. stw 496
Biervert/Held/Wieland (Hg.): Sozialphilosophische Grundlagen ökonomischen Handelns. stw 870
Bloch: Werkausgabe in 17 Bänden. stw 550-566
– Bd. 1: Spuren. stw 550
– Bd. 2: Thomas Münzer als Theologe der Revolution. stw 551

201/1/8.92

– Bd. 3: Geist der Utopie. Zweite Fassung. stw 552
– Bd. 4: Erbschaft dieser Zeit. stw 553
– Bd. 5: Das Prinzip Hoffnung. 3 Bde. stw 554
– Bd. 6: Naturrecht und menschliche Würde. stw 555
– Bd. 7: Das Materialismusproblem. stw 556
– Bd. 8: Subjekt-Objekt. stw 557
– Bd. 9: Literarische Aufsätze. stw 558
– Bd. 10: Philosophische Aufsätze. stw 559
– Bd. 11: Politische Messungen, Pestzeit, Vormärz. stw 560
– Bd. 12: Zwischenwelten in der Philosophiegeschichte. stw 561
– Bd. 13: Tübinger Einleitung in die Philosophie. stw 562
– Bd. 14: Atheismus im Christentum. stw 563
– Bd. 15: Experimentum Mundi. stw 564
– Bd. 16: Geist der Utopie. Faksimile der Ausgabe von 1918. stw 565
– Bd. 17: Tendenz – Latenz – Utopie. stw 566
– Leipziger Vorlesungen zur Geschichte der Philosophie. 4 Bde. stw 567- 570
– Bd. 1: Antike Philosophie. stw 567
– Bd. 2: Philosophie des Mittelalters. stw 568
– Bd. 3: Neuzeitliche Philosophie 1. stw 569
– Bd. 4: Neuzeitliche Philosophie 2. stw 570
– Vorlesungen zur Philosophie der Renaissance. stw 252
Materialien zu Ernst Blochs »Prinzip Hoffnung«. Hg. v. B. Schmidt. stw 111
Zur Philosophie Ernst Blochs. Hg. von B. Schmidt. stw 268
Blumenberg: Die Genesis der kopernikanischen Welt. 3 Bde. stw 352
– Das Lachen der Thrakerin. stw 652
– Die Lesbarkeit der Welt. stw 592
– Der Prozeß der theoretischen Neugierde. (Die Legitimität der Neuzeit. 3. Teil) stw 24
– Schiffbruch mit Zuschauer. stw 289
Böhler/Nordenstam/Skirbekk (Hg.): Die pragmatische Wende. stw 631
Böhme, G.: Philosophieren mit Kant. stw 642
– Der Typ Sokrates. stw 1016
Böhme, H./Böhme, G.: Das Andere der Vernunft. stw 542
Braun/Holzhey/Orth (Hg.): Über Ernst Cassirers Philosophie der symbolischen Formen. stw 705
Bubner: Antike Themen und ihre moderne Verwandlung. stw 998
– Geschichtsprozesse und Handlungsnormen. stw 463
– Handlung, Sprache und Vernunft. stw 382

201/2/8.92

suhrkamp taschenbücher wissenschaft
Philosophie

Bungard/Lenk (Hg.): Technikbewertung. Philosophische und psychologische Perspektiven. stw 684
– *siehe auch Lenk*
Cassirer: *siehe Braun/Holzhey/Orth (Hg.)*
Castoriadis: Durchs Labyrinth. Seele, Vernunft, Gesellschaft. stw 435
– Gesellschaft als imaginäre Institution. stw 867
Condorcet: Entwurf einer historischen Darstellung der Fortschritte des menschlichen Geistes. stw 175
Cramer/Fulda/Horstmann/Pothast (Hg.): Theorie der Subjektivität. stw 862
Danto: Analytische Philosophie der Geschichte. stw 328
– Die Verklärung des Gewöhnlichen. stw 957
Davidson: Handlung und Ereignis. stw 895
– Wahrheit und Interpretation. stw 896
Picardi/Schulte (Hg.): Die Wahrheit der Interpretation. Beiträge zur Philosophie Donald Davidsons. stw 897
Deleuze: Foucault. stw 1023
Deleuze/Guattari: Anti-Ödipus. stw 224
Demmerling/Kambartel (Hg.): Vernunftkritik nach Hegel. stw 1038
Derrida: Vom Geist. stw 995
Descombes: Das Selbe und das Andere. stw 346
Dewey: Kunst als Erfahrung. stw 703
Dilthey: Der Aufbau der geschichtlichen Welt in den Geisteswissenschaften. stw 354
Materialien zur Philosophie Wilhelm Diltheys. Hg. von F. Rodi und H.-U. Lessing. stw 439
Duerr: Ni Dieu – ni mètre. stw 541
Dummett: Ursprünge der analytischen Philosophie. stw 1003
Durkheim: Soziologie und Philosophie. stw 176
Edelstein/Nunner-Winkler (Hg.): Zur Bestimmung der Moral. stw 628
Euchner: Naturrecht und Politik bei John Locke. stw 280
Ferguson: Versuch über die Geschichte der bürgerlichen Gesellschaft. stw 739
Fetscher: Rousseaus politische Philosophie. stw 143
Feyerabend: Wider den Methodenzwang. stw 597
Fichte: Ausgewählte politische Schriften. stw 201
– *siehe auch Batscha/Saage*
Fischer/Retzer/Schweitzer (Hg.): Das Ende der großen Entwürfe. stw 1032
Foerster: Wissen und Gewissen. stw 876
Forum für Philosophie Bad Homburg (Hg.): Die Ideen von 1789 in der deutschen Rezeption. stw 798
– Intentionalität und Verstehen. stw 856

201/3/8.92

suhrkamp taschenbücher wissenschaft
Philosophie

– Kants transzendentale Deduktion und die Möglichkeit von Transzendentalphilosophie. stw 723
– Martin Heidegger: Innen- und Außenansichten. stw 779
– Philosophie und Begründung. stw 673
– Realismus und Antirealismus. stw 976
– Zeiterfahrung und Personalität. stw 986
– Zerstörung des moralischen Selbstbewußtseins – Chance oder Gefährdung? stw 752

Foucault: Archäologie des Wissens. stw 356
– Die Ordnung der Dinge. stw 96
– Sexualität und Wahrheit 1. Der Wille zum Wissen. stw 716
– Sexualität und Wahrheit 2. Der Gebrauch der Lüste. stw 717
– Sexualität und Wahrheit 3. Die Sorge um sich. stw 718
– Überwachen und Strafen. stw 184
– Wahnsinn und Gesellschaft. stw 39

Frank, M.: Eine Einführung in Schellings Philosophie. stw 520

Frank, M. (Hg.): Selbstbewußtseinstheorien von Fichte bis Sartre. stw 964

Frank, M./Kurz (Hg.): Materialien zu Schellings philosophischen Anfängen. stw 139

Frank, Ph.: Das Kausalgesetz und seine Grenzen. stw 734

Friedeburg: *siehe Adorno-Konferenz*

Frisby: Georg Simmel. stw 926

Fulda/Horstmann/Theunissen: Kritische Darstellung der Metaphysik. stw 315

Furth: Intelligenz und Erkennen. Die Grundlagen der genetischen Erkenntnistheorie Piagets. stw 160

Gert: Die moralischen Regeln. stw 405

Gethmann (Hg.): Logik und Pragmatik. stw 399

Gethmann-Siefert/Pöggeler (Hg.): Heidegger und die praktische Philosophie. stw 694

Goodman: Tatsache, Fiktion, Voraussage. stw 732
– Weisen der Welterzeugung. stw 863

Goodman/Elgin: Revisionen. Philosophie und andere Künste und Wissenschaften. stw 1050

Haag: Der Fortschritt in der Philosophie. stw 579

Habermas: Erkenntnis und Interesse. stw 1
– Erläuterungen zur Diskursethik. stw 975
– Moralbewußtsein und kommunikatives Handeln. stw 422
– Nachmetaphysisches Denken. stw 1004
– Philosophisch-politische Profile. stw 659
– Der philosophische Diskurs der Moderne. stw 749
– Strukturwandel der Öffentlichkeit. stw 891

201/4/8.92

suhrkamp taschenbücher wissenschaft
Philosophie

– Texte und Kontexte. stw 944
– Theorie und Praxis. stw 243
– Zur Logik der Sozialwissenschaften. stw 517
– Zur Rekonstruktion des Historischen Materialismus. stw 154
– *siehe auch Honneth/Joas*
– *siehe auch McCarthy*
Hahn: Empirismus, Logik, Mathematik. stw 645
Hampe/Maaßen (Hg.): Prozeß, Gefühl und Raum-Zeit. stw 920
– Die Gifford Lectures und ihre Deutung. stw 921
Hare: Freiheit und Vernunft. stw 457
– Die Sprache der Moral. stw 412
Harman: Das Wesen der Moral. stw 324
Hausen/Nowotny (Hg.): Wie männlich ist die Wissenschaft. stw 590
Haussmann: Erklären und Verstehen: Zur Theorie und Praxis der Geschichtswissenschaft. stw 918
Hegel: Werke in 20 Bänden. stw 601-621
– Bd. 1: Frühe Schriften. stw 601
– Bd. 2: Jenaer Schriften. stw 602
– Bd. 3: Phänomenologie des Geistes. stw 603
– Bd. 4: Nürnberger und Heidelberger Schriften. stw 604
– Bd. 5: Wissenschaft der Logik I. stw 605
– Bd. 6: Wissenschaft der Logik II. stw 606
– Bd. 7: Grundlinien der Philosophie des Rechts. stw 607
– Bd. 8: Enzyklopädie der philosophischen Wissenschaften I. stw 608
– Bd. 9: Enzyklopädie der philosophischen Wissenschaften II. stw 609
– Bd. 10: Enzyklopädie der philosophischen Wissenschaften I-II. stw 610
– Bd. 11: Berliner Schriften. stw 611
– Bd. 12: Philosophie der Geschichte. stw 612
– Bd. 13: Ästhetik I. stw 613
– Bd. 14: Ästhetik II. stw 614
– Bd. 15: Ästhetik III. stw 615
– Bd. 16: Philosophie der Religion I. stw 616
– Bd. 17: Philosophie der Religion II. stw 617
– Bd. 18: Geschichte der Philosophie I. stw 618
– Bd. 19: Geschichte der Philosophie II. stw 619
– Bd. 20: Geschichte der Philosophie III. stw 620
– Bd. 21: Registerband von H. Reinicke. stw 621
Materialien zu Hegels ›Phänomenologie des Geistes‹. stw 9
Materialien zu Hegels Rechtsphilosophie. Bd. 1/2. stw 88/89
– *siehe auch Horstmann*
– *siehe auch Jakobson/Gadamer/Holenstein*
– *siehe auch Jamme/Schneider*

201/5/8.92

suhrkamp taschenbücher wissenschaft
Philosophie

– *siehe auch Kojève*
– *siehe auch Lukács*
– *siehe auch Taylor*
Hegselmann/Merkel (Hg.): Zur Debatte über Euthanasie. stw 943
Heidegger: *siehe Forum für Philosophie Bad Homburg*
– *siehe Gethmann-Siefert/Pöggeler*
Hobbes: Leviathan. stw 462
Höffe: Ethik und Politik. stw266
– Die Moral als Preis der Moderne. stw 1046
– Politische Gerechtigkeit. stw 800
– Sittlich-politische Diskurse. stw 380
– Strategien der Humanität. stw 540
Hoerster: Abtreibung im säkularen Staat. stw 929
Hogrebe: Metaphysik und Mantik. stw 1039
– Prädikation und Genesis. stw 772
d'Holbach: System der Natur. stw 259
Holenstein: Roman Jakobsons phänomenologischer Strukturalismus. stw 116
– Menschliches Selbstverständnis. stw 534
Hollis: Rationalität und soziales Verstehen. stw 928
Holzhey (Hg.): Ethischer Sozialismus. stw 949
Holzhey/Rust/Wiehl (Hg.): Natur, Subjektivität, Gott. Zur Prozeßphilosophie Alfred N. Whiteheads. stw 769
Honneth: Kritik der Macht. stw 738
– Die zerrissene Welt des Sozialen. stw 849
Honneth/Jaeggi (Hg.): Theorien des Historischen Materialismus 1. stw 182
– Arbeit, Handlung, Normativität. Theorien des Historischen Materialismus 2. stw 321
Honneth/Joas (Hg.): Kommunikatives Handeln. stw 625
Horstmann (Hg.): Dialektik in der Philosophie Hegels. stw 234
Husserl: *siehe Jamme/Pöggeler*
Jakobson/Gadamer/Holenstein: Das Erbe Hegels II. stw 440
Jamme/Pöggeler (Hg.): Phänomenologie im Widerstreit. stw 843
Jamme/Schneider (Hg.): Mythologie der Vernunft. Hegels »ältestes Systemprogramm des deutschen Idealismus«. stw 413
– Der Weg zum System. Materialien zum jungen Hegel. stw 761
Janich (Hg.): Entwicklungen der methodischen Philosophie. stw 979
Kambartel: Philosophie der humanen Welt. stw 773
Kant: Band I: Vorkritische Schriften bis 1768/1. stw 186
– Band II: Vorkritische Schriften bis 1768/2. stw 187
– Band III/IV: Kritik der reinen Vernunft 1/2. 2 Bde. stw 55

201/6/8.92

201/7/8.92

201/9/8.92

suhrkamp taschenbücher wissenschaft
Philosophie

– *siehe auch Frank/Kurz*
– *siehe auch Sandkühler*
Schleiermacher: Hermeneutik und Kritik. stw 211
Schlick: Allgemeine Erkenntnislehre. stw 269
– Fragen der Ethik. stw 477
– Philosophische Logik. stw 598
– Die Probleme der Philosophie in ihrem Zusammenhang. stw 580
Schmidt, S. J. (Hg.): Der Diskurs des Radikalen Konstruktivismus. stw 636
– Gedächtnis. stw 900
– Kognition und Gesellschaft. Der Diskurs des Radikalen Konstruktivismus 2. stw 950
Schmidt-Biggemann: Theodizee und Tatsachen. stw 722
Schnädelbach: Philosophie in Deutschland 1831-1933. stw 401
– Vernunft und Geschichte. stw 683
– Zur Rehabilitierung des animal rationale. stw 1043
Scholtz: Zwischen Wissenschaftsanspruch und Orientierungsbedürfnis. stw 966
Schopenhauer: Sämtliche Werke in 5 Bänden. stw 661-665
– Bd. 1: Die Welt als Wille und Vorstellung I. stw 661
– Bd. 2: Die Welt als Wille und Vorstellung II. stw 662
– Bd. 3: Kleinere Schriften. stw 663
– Bd. 4: Parerga und Paralipomena I. stw 664
– Bd. 5: Parerga und Paralipomena II. stw 665
Materialien zu Schopenhauers ›Die Welt als Wille und Vorstellung‹. Hg. v. V. Spierling. stw 444
Schulte: Chor und Gesetz. stw 899
Schulte (Hg.): Texte zum Tractatus. stw 771
Schwemmer: Ethische Untersuchungen. stw 599
– Handlung und Struktur. stw 669
– Philosophie der Praxis. stw 331
– Die Philosophie und die Wissenschaften. stw 869
Searle: Ausdruck und Bedeutung. stw 349
– Geist, Hirn und Wissenschaft. stw 591
– Intentionalität. stw 956
– Sprechakte. stw 458
Serres: Der Parasit. stw 677
Siep: Praktische Philosophie im Deutschen Idealismus. stw 1035
Simmel: Aufsätze 1887-1890. Über sociale Differenzierung (1890). Die Probleme der Geschichtsphilosophie (1892). stw 802
– Einleitung in die Moralwissenschaft I. stw 803
– Einleitung in die Moralwissenschaft II. stw 804
– Aufsätze und Abhandlungen 1894-1900. stw 805
– Philosophie des Geldes. stw 806

201/10/8.92

suhrkamp taschenbücher wissenschaft
Philosophie

– Aufsätze und Abhandlungen 1901-1908. Band II. stw 808
– Das individuelle Gesetz. stw 660
– *siehe auch Frisby*
Skirbekk (Hg.): Wahrheitstheorien. stw 210
Sommer: Lebenswelt und Zeitbewußtsein. stw 851
– Identität im Übergang: Kant. stw 751
Sorel: Über die Gewalt. stw 360
Spierling: *siehe Schopenhauer*
Spinner: Pluralismus als Erkenntnismodell. stw 32
Strauss: Naturrecht und Geschichte. stw 216
Taylor: Hegel. stw 416
– Negative Freiheit. stw 1027
Theorie der Subjektivität. Hg. v. K. Cramer, H. F. Fulda, R.- P. Horstmann, U. Pothast. stw 862
Theunissen: Negative Theologie der Zeit. stw 938
– Sein und Schein. stw 314
– *siehe auch Angehrn*
Theunissen/Greve (Hg.): Materialien zur Philosophie Sören Kierkegaards. stw 241
Tiedemann: Dialektik im Stillstand. stw 445
Toulmin: Kritik der kollektiven Vernunft. stw 437
– Voraussicht und Verstehen. stw 358
Tugendhat: Philosophische Aufsätze. stw 1017
– Selbstbewußtsein und Selbstbestimmung. stw 221
– Vorlesungen zur Einführung in die sprachanalytische Philosophie. stw 45
Turgot: Über die Fortschritte des menschlichen Geistes. stw 657
Varela: Kognitionswissenschaft - Kognitionstechnik. stw 882
Vranicki: Geschichte des Marxismus. stw 406
Wahl (Hg.): Einführung in den Strukturalismus. stw 10
Waldenfels: In den Netzen der Lebenswelt. stw 545
– Phänomenologie in Frankreich. stw 644
– Der Spielraum des Verhaltens. stw 311
– Der Stachel des Fremden. stw 868
Waldenfels/Broekman/Pažanin (Hg.): Phänomenologie und Marxismus. Bd. 1. stw 195
– Phänomenologie und Marxismus. Bd. 2. stw 196
– Phänomenologie und Marxismus. Bd. 3. stw 232
– Phänomenologie und Marxismus. Bd. 4. stw 273
Wellmer: Ethik und Dialog. stw 578
– Zur Dialektik von Moderne und Postmoderne. stw 532
Whitehead: Prozeß und Realität. stw 690
– Wie entsteht Religion? stw 847
– Wissenschaft und moderne Welt. stw 753
Whitehead/Russell: Principia Mathematica. stw 593
– *siehe auch Holzhey/Rust/Wiehl*

201/11/8.92

201/12/8.92